高职高专土木与建筑规划教材

建筑工程法律法规

王东明　主　编

清华大学出版社
北京

内 容 简 介

本书依据国家最新法律法规及教学大纲的特点和要求编写，介绍了我国现行的建设法规，包括建筑工程许可法规、工程承发包相关法规、建筑工程招标与投标法规、建筑工程勘察设计法规、建筑工程安全生产管理法规、建筑工程质量管理法规、建筑工程监理制度、建筑工程其他相关法规等。除此之外，本书还较为详细地介绍了与工程建设有密切关系的合同法、劳动合同法等相关法规。教材配有习题，每章后设置了"实训练习"供学生课后练习，帮助学生巩固所学内容。

本书可作为高职高专、成人高校及民办高校的建筑工程技术、工程管理、工程造价、工程监理等土建施工类专业和房地产经营与管理、物业管理等相关专业的教材，同时也可作为结构设计人员、施工技术人员、工程监理人员等相关专业技术人员、企业管理人员业务知识学习培训用书。

图书在版编目(CIP)数据

建筑工程法律法规/王东明主编. —北京：清华大学出版社，2019（2025.1重印）
(高职高专土木与建筑规划教材)
ISBN 978-7-302-51166-3

Ⅰ.①建…　Ⅱ.①王…　Ⅲ.①建筑法—中国—高等职业教育—教材　Ⅳ.①D922.297

中国版本图书馆 CIP 数据核字(2018)第 209945 号

责任编辑：桑任松
封面设计：刘孝琼
责任校对：李玉茹
责任印制：丛怀宇

出版发行：清华大学出版社
　　　网　　　址：https://www.tup.com.cn，https://www.wqxuetang.com
　　　地　　　址：北京清华大学学研大厦 A 座　　　邮　　编：100084
　　　社 总 机：010-83470000　　　　　　　　　邮　　购：010-62786544
　　　投稿与读者服务：010-62776969, c-service@tup.tsinghua.edu.cn
　　　质量反馈：010-62772015, zhiliang@tup.tsinghua.edu.cn
　　　课件下载：https://www.tup.com.cn，010-62791865

印 装 者：三河市天利华印刷装订有限公司

经　　销：全国新华书店

开　　本：185mm×260mm　　印　张：16.25　　字　数：395 千字

版　　次：2019 年 1 月第 1 版　　　　　　印　次：2025 年 1 月第 9 次印刷

定　　价：49.00 元

产品编号：078031-01

前　　言

当今的建设工程，不再是技术加劳力的活动，法律、经济等各个社会因素都对建设项目有很大的影响，而且越来越成为影响建设的重要因素；国家修订的一些法律、法规，从指导思想上也越来越体现出这种倾向。因此，社会因素成为建设领域内的重要方面，加强建设法律、法规的学习，应用相应法律、法规去认识和解决各种问题的重要性越来越明显。

建筑法律法规作为研究工程建设领域法律制度的学科，具有很强的应用性和鲜明的时代性，我国法治进程的发展以及我国建设行业的蓬勃发展必将推动建筑法学的研究内容不断地丰富和发展。

在每个章节的编排体例上，为了加强教学的指导性，本书在正文前设置了学习目标、教学要求、项目案例导入和项目问题导入等环节；在正文的编排中适当插入案例，通过案例激发学生的学习兴趣，提高学生分析问题、解决问题的能力；此外，本书在课后的习题类型上适当加以拓展，列有单项选择题、多项选择题和问答题。同时，还增加了实训工作单以方便学生更好地掌握本书的精髓。

本书与同类书相比具有如下显著特点。

(1) 新：图文并茂，生动形象，形式新颖；

(2) 全：知识点分门别类，包含全面，由浅入深，便于学习；

(3) 系统：知识讲解前呼后应，结构清晰，层次分明；

(4) 实用：理论和实际相结合，举一反三，学以致用；

(5) 赠送：除了必备的电子课件，每章习题答案外，还相应地配套有大量的讲解音频、现场视频、模拟动画等通过扫描二维码的形式再次拓展建筑工程法律法规的相关知识点，力求让学生在学习时最大化地接受新知识，最快、最高效地达到学习目的。

本书由西北政法大学王东明任主编，由河南城建学院苗道华、黄河水利职业技术学院李晓娟任副主编，参加编写的还有河南倚天剑律师事务所主任周斌(河南城建学院法学院兼职教授)、中原工学院袁振霞。具体的编写分工为李晓娟负责编写第 1 章、第 2 章；苗道华负责编写第 3 章、第 4 章、第 11 章的 11.3 与 11.4 节，并对全书进行统筹；王东明负责编写第 6 章、第 7 章、第 8 章；袁振霞负责编写第 10 章，周斌负责编写第 5 章、第 9 章、第 11 章的 11.1 与 11.2 节；在此对在本书编写过程中的全体合作者和帮助者表示衷心的感谢！

本书在编写过程中，得到了许多同行的支持与帮助，在此一并表示感谢。由于编者水平有限和时间紧迫，书中难免有错误和不妥之处，望广大读者批评指正。

编　者

目　　录

第1章　建筑工程法律法规概述................1

1.1　建筑工程法律法规的基本内容................2
　　1.1.1　建筑工程法律法规概念.............2
　　1.1.2　建筑工程法律法规的立法原则....2
　　1.1.3　建筑工程法律法规的调整对象....3
　　1.1.4　建筑工程法律法规的适用范围....4
1.2　建筑工程法律关系................4
　　1.2.1　建筑工程法律关系的含义
　　　　　与特征................4
　　1.2.2　建筑工程法律关系的构成.........5
　　1.2.3　建筑工程法律关系的产生、
　　　　　变更和终止................7
1.3　建设法规体系................8
　　1.3.1　建设法规体系概述.............8
　　1.3.2　建设法规体系构成.........8
1.4　案例分析................9
本章小结................12
实训练习................12

第2章　建筑工程许可法规................15

2.1　建筑工程报建制度................16
　　2.1.1　建筑工程报建制度概述.........16
　　2.1.2　建筑工程报建的内容和程序....17
2.2　建筑工程施工许可制度................19
　　2.2.1　建筑工程施工许可制度概述....19
　　2.2.2　申领施工许可证应具备的
　　　　　条件................19
　　2.2.3　施工许可证的申办程序....21
　　2.2.4　未经许可擅自开工的后果....22
2.3　建筑从业单位资质许可................22
　　2.3.1　建筑从业单位资质概述....22
　　2.3.2　建筑从业单位资质条件....25
　　2.3.3　建筑从业单位资质管理.........26

2.4　专业技术人员职业资格许可................28
　　2.4.1　专业技术人员职业资格概述....28
　　2.4.2　专业技术人员职业资格种类....29
2.5　案例分析................31
本章小结................32
实训练习................33

第3章　建筑工程发包与承包法规................37

3.1　建筑工程承发包概述................38
　　3.1.1　建筑工程承发包的概念....38
　　3.1.2　建筑工程承发包的原则....39
　　3.1.3　工程项目主要承发包模式....40
　　3.1.4　建筑工程承发包的相关规定....41
3.2　建筑工程承包................42
　　3.2.1　建筑工程承包的资质管理.........42
　　3.2.2　建筑工程承包的方式................44
3.3　建筑工程发包和分包................46
　　3.3.1　建筑工程发包................46
　　3.3.2　建筑工程分包................46
　　3.3.3　建设工程分包中违法行为
　　　　　和责任................48
3.4　案例分析................50
本章小结................50
实训练习................51

第4章　建筑工程招标与投标法规................55

4.1　建筑工程招标与投标概述................56
　　4.1.1　建筑工程招投标的类型、
　　　　　方式................57
　　4.1.2　建筑工程招投标的基本原则....59
　　4.1.3　建设工程招投标的法律制度....60
4.2　建筑工程项目招标................60
　　4.2.1　建设施工工程招标条件
　　　　　及程序................60

4.2.2 资格预审文件的编制 64

4.2.3 招标文件的编制 65

4.2.4 招标标底和招标控制价的
编制 65

4.2.5 组织现场勘察和投标预备会 70

4.3 建筑工程项目投标 71

4.3.1 建筑工程投标概述 71

4.3.2 建筑工程投标前的准备工作 71

4.3.3 投标文件的编制与递交 72

4.4 建筑工程项目开标、评标、定标
和签约 72

4.4.1 建筑工程项目开标 72

4.4.2 建筑工程项目评标 73

4.4.3 建筑工程项目定标 76

4.4.4 建筑工程项目签约 77

4.5 建筑工程招标投标中的法律责任 78

4.5.1 招标人、投标人和中标人的
法律责任 78

4.5.2 招标代理机构和评标委员会
成员的法律责任 79

4.5.3 国家机关及工作人员的法律
责任 80

4.6 案例分析 81

本章小结 84

实训练习 84

第5章 建筑工程合同法规 89

5.1 合同概述 90

5.1.1 合同的概念 90

5.1.2 合同的特征 91

5.1.3 合同的种类 92

5.1.4 建设工程合同 93

5.2 合同的订立 95

5.2.1 合同订立的原则 95

5.2.2 合同关系主体 96

5.2.3 合同的签订 97

5.2.4 合同的条款 99

5.2.5 合同缔约过失责任 99

5.3 合同的效力 101

5.3.1 有效合同 101

5.3.2 无效合同和无效免责条款 103

5.3.3 效力待定合同 103

5.3.4 可变更、可撤销合同 104

5.4 合同的履行 106

5.4.1 合同履行概述 106

5.4.2 合同履行的原则 106

5.4.3 合同条款不明确时的履行 106

5.4.4 合同履行过程中的抗辩权 107

5.5 合同的变更、终止、转让与解除 108

5.5.1 合同的变更 108

5.5.2 合同的终止 109

5.5.3 合同的转让 110

5.5.4 合同的解除 110

5.6 合同的违约责任 111

5.6.1 违约责任的概念 111

5.6.2 违约责任的构成 111

5.6.3 违约责任的归责原则 112

5.6.4 违约责任的承担形式 113

5.7 案例分析 114

本章小结 116

实训练习 117

第6章 建筑工程勘察设计法规 121

6.1 建筑工程勘察设计法规概述 122

6.1.1 建筑工程勘察设计的概念 122

6.1.2 建筑勘察、设计的一般要求 122

6.1.3 工程建设标准 123

6.1.4 建筑工程勘察设计的承发包 124

6.2 工程建设标准的制定与实施 124

6.3 建筑工程勘察设计文件 125

6.3.1 勘察设计文件的编制 125

6.3.2 设计阶段和内容 126

6.4 建筑工程抗震 127

6.5 施工图设计文件审查 129

6.6 建筑工程勘察设计监督管理 131

6.7 案例分析 133

本章小结 133

实训练习 134

目录

第 7 章　建筑工程安全生产管理法规 137

7.1　建筑工程安全生产管理法规概述 138
　　7.1.1　建筑工程安全生产管理法规
　　　　　 概念 138
　　7.1.2　建筑工程安全生产管理的
　　　　　 方针 139
　　7.1.3　建筑工程安全生产管理的
　　　　　 原则 139
7.2　建筑工程施工安全生产许可证制度 140
　　7.2.1　申请领取安全生产许可证的
　　　　　 条件 140
　　7.2.2　安全生产许可证的有效期和
　　　　　 政府监管的规定 141
7.3　建筑工程安全生产监督管理制度 143
7.4　建筑工程安全生产责任体系 144
　　7.4.1　建设单位的安全责任 145
　　7.4.2　施工单位的安全责任 146
　　7.4.3　勘察单位的安全责任 148
　　7.4.4　监理单位的安全责任 148
　　7.4.5　其他相关单位的责任 149
7.5　建筑工程安全生产管理制度 150
　　7.5.1　建筑工程安全生产责任制度 150
　　7.5.2　建筑工程安全生产教育培训
　　　　　 制度 152
　　7.5.3　建筑工程安全生产认证制度 152
　　7.5.4　建筑工程安全生产责任追究
　　　　　 制度 153
7.6　建筑工程安全生产应急救援和调查
　　 处理制度 154
　　7.6.1　建筑工程安全生产应急救援
　　　　　 制度 154
　　7.6.2　事故报告 156
　　7.6.3　建筑工程安全生产调查处理
　　　　　 制度 157
7.7　建筑工程安全生产保险制度 159
　　7.7.1　保险与保险索赔的规定 159
　　7.7.2　建设工程保险的主要种类和
　　　　　 投保权益 160

7.8　案例分析 162
本章小结 164
实训练习 164

第 8 章　建设工程质量管理法规 169

8.1　建设工程质量管理概述 170
　　8.1.1　建设工程质量管理的概念 170
　　8.1.2　质量管理体系 170
8.2　建筑企业质量认证体系 171
8.3　建设工程质量管理的责任 172
　　8.3.1　建设单位的质量责任 172
　　8.3.2　勘察、设计单位的质量责任 173
　　8.3.3　施工单位的质量责任 174
　　8.3.4　工程监理单位的质量责任 174
8.4　建设工程质量管理监督、检测
　　 制度 175
　　8.4.1　建设工程质量管理监督制度 175
　　8.4.2　建设工程质量管理检测制度 176
　　8.4.3　建筑工程质量验评及奖励
　　　　　 制度 177
8.5　建设工程竣工验收和质量保修制度 177
　　8.5.1　竣工验收 177
　　8.5.2　质量保修制度 178
8.6　案例分析 181
本章小结 181
实训练习 182

第 9 章　劳动合同法律法规 187

9.1　劳动合同法概述 188
　　9.1.1　劳动合同法的概念 188
　　9.1.2　劳动合同法的类型 188
　　9.1.3　劳动合同法的效力 189
9.2　劳动合同的订立 189
　　9.2.1　劳动合同订立原则 189
　　9.2.2　劳动合同订立步骤 189
　　9.2.3　劳动合同订立内容 190
9.3　劳动合同的履行和变更 191
　　9.3.1　劳动合同的履约 191
　　9.3.2　劳动合同的变更 192

9.4 劳动合同的解除和终止................193
  9.4.1 劳动合同的解除 193
  9.4.2 劳动合同的终止 196
9.5 劳动保护与劳动争议的处理............196
  9.5.1 劳动保护 196
  9.5.2 劳动争议的处理 199
9.6 案例分析................200
本章小结................202
实训练习................202

第 10 章 建筑工程监理制度................207

10.1 建筑工程监理概述................208
  10.1.1 建筑工程监理概念和范围 208
  10.1.2 建筑工程监理依据和内容 210
  10.1.3 建筑工程监理性质和作用 212
  10.1.4 建筑工程监理实施的原则 213
10.2 建筑工程监理机构................215
  10.2.1 项目监理机构人员的配备 215
  10.2.2 项目监理机构各类人员的
      基本职责 215
10.3 建筑工程监理的程序与建筑工程
  监理合同................218
  10.3.1 建筑工程监理的程序 218
  10.3.2 建筑工程监理合同 219
10.4 建筑工程各阶段的监理................219
  10.4.1 设计阶段监理 219
  10.4.2 施工阶段监理 220

10.4.3 保修阶段监理................221
10.5 案例分析................222
本章小结................224
实训练习................224

第 11 章 建筑工程其他相关法规................229

11.1 建筑工程法律责任................230
  11.1.1 法律责任概述................230
  11.1.2 行政法律责任................231
  11.1.3 民事法律责任................232
  11.1.4 刑事法律责任................232
11.2 建设工程纠纷处理法规................234
  11.2.1 建设工程纠纷的种类与处理
      方式................234
  11.2.2 和解与调解制度................235
  11.2.3 仲裁制度................236
  11.2.4 民事诉讼制度................238
  11.2.5 行政复议和行政诉讼制度....243
11.3 建筑工程绿色施工法规................245
  11.3.1 环境保护法................245
  11.3.2 节约能源法................245
  11.3.3 水土保持法................246
11.4 案例分析................246
本章小结................247
实训练习................247

参考文献................251

建筑工程法律法规
试卷-A 卷.pdf

建筑工程法律法规
试卷参考答案-A 卷.pdf

建筑工程法律法规
试卷-B 卷.pdf

建筑工程法律法规
试卷参考答案-B 卷.pdf

第 1 章　建筑工程法律法规概述　01

【学习目标】

1. 了解建筑法规的基本概念
2. 熟悉建筑法规的适用范围
3. 掌握建筑工程法律关系的产生、变更和终止
4. 熟悉建筑法规体系和构成

【教学要求】

本章要点	掌握层次	相关知识点
建筑工程法律法规概述	1. 了解建筑工程法规基本概念 2. 了解建筑法规立法原则和调整对象 3. 掌握建筑工程法律法规的适用范围	建筑工程法规概述的相关内容
建筑工程法律关系	1. 掌握建筑工程法律关系的含义 2. 掌握建筑工程法律关系的构成 3. 掌握建筑工程法律关系的产生、变更和终止	建筑工程法律关系的具体含义，特点和组成以及具体的应用
建筑工程法律法规体系	1. 了解建筑法规体系概述 2. 掌握建筑法规体系的构成	建筑工程法规体系概述的基本内容掌握

【项目案例导入】

2014 年 11 月 23 日，泰丰公司与某市土地局签订了《国有土地使用权出让合同》。约定土地局将位于该市城区西北角面积为 8939.77m² 的国有土地使用权有偿出让给泰丰公司，使用期 40 年，并约定合同签订后 30 日内，泰丰公司向土地局缴付土地使用权出让金总额

15%的定金，在签订合同后60日内，支付完全部土地使用权出让金，逾期30日仍未全部支付的，土地局有权解除合同。合同签订后，泰丰公司于2014年12月27日给付土地局全部定金及部分土地出让金。2014年12月28日，土地局给泰丰公司核发了该出让土地的土地使用权证书。然而，由于资金困难，到2015年4月1日，泰丰公司仍未将余款交付土地局。经多次催促后，土地局书面通知泰丰公司，限其于9月30日前全部履行合同，否则将按有关规定处理。泰丰公司接到通知后，经过努力却未筹集到钱款，至2015年9月30日，仍未按规定履行合同。于是，土地局决定解除合同，收回土地使用权，对所发土地使用证进行注销登记，并于2015年10月24日将该决定通知书送达泰丰公司。

 【项目问题导入】

请结合所学的有关知识，试分析本案中的建设法律关系三要素分别是什么？及各方存在的过失？

建筑工程法律
法规概述.avi

1.1 建筑工程法律法规的基本内容

1.1.1 建筑工程法律法规概念

1. 建筑法的概念

建筑法是指调整建筑活动的法律规范的总称。建筑活动是指各类房屋及其附属设施的建造和与其配套的线路、管道、设备的安装活动。

狭义的建筑法是指全国人民代表大会常务委员会于1997年11月1日通过的，1998年3月1日起施行的《中华人民共和国建筑法》。

2. 建筑工程法规的概念

建筑工程法规的
概念.mp4

建筑工程法规是指国家权力机关或其授权的行政机关制定的，旨在调整国家及其有关机构、企事业单位、社会团体、公民之间在建设活动中或建设行政管理活动中发生的各种社会关系的法律、法规的统称。

1.1.2 建筑工程法律法规的立法原则

建筑工程法规应当由有关机关在各自的权限范围内，依照法定的程序进行。

建筑工程法规应当有利于规范和加强建设活动的管理，规范和维护建设市场程序；有利于新科技的推广和利用；有利于加强建设工程质量管理和安全管理；有利于城乡建设事业的发展；有利于保护国家利益、社会组织和公民的权利。

建筑法规的立法
原则.mp4

建筑工程法规立法原则是指建设立法时所必须遵循的基本准则或要求，立法原则体现法律的精神和价值趋向。

1) 遵循市场经济规律原则

市场经济是指市场对资源配置起基础性作用的经济体制。社会主义市场经济是指与社会主义基本制度相结合的，市场在国家宏观调控下对资源配置起基础性作用的经济体制。

(1) 遵循市场经济规律，建立健全市场主体体系。

(2) 确立建设市场体系具有统一性。

(3) 确立以间接手段为主的宏观调控体系。

(4) 立法本身具有完备性。

2) 法制统一原则

法制统一原则是指国家必须制定统一的宪法和法律，并保证它们在全国范围内和全体公民中得到统一的遵守和执行。法制统一原则一方面是立法本身的要求，即规范化、科学化的要求；另一方面是便于实际操作，不至于因法律制度的价值不同而自相矛盾，导致建设法律的无所适从。

3) 责权利相一致原则

责权利相一致原则是对建设行为主体的权利和义务或责任在建设立法上提出的一项基本要求。具体表现为：建设法律主体享有的权利和履行的义务是统一的；建设行政主管部门行使行政管理权既是其权利，也是职责、责任。

【案例 1-1】某市政府为了吸引外商对某工程建设项目进行投资，专门制定了《外商投资管理办法》，对外商作出一系列承诺，并规定政府承担污水处理费优先支付和差额补足的义务，该办法至合作期结束时废止。但《外商投资管理办法》的相关规定与《国务院办公厅关于妥善处理现有保证外方投资固定回报项目有关问题的通知》的精神相违背。

问题：

请根据所学知识，分析市政府的行为违背了哪项立法原则？

1.1.3 建筑工程法律法规的调整对象

1. 建筑活动中的行政管理关系

建设活动与国家经济发展、人民的生命财产安全、社会的文明进步息息相关，国家对之必须进行全面严格的管理。当国家以及建设行政主管部门在对建筑活动进行管理时，就会与建设单位(业主)，设计单位、施工单位、建筑材料和设备的生产供应单位，以及建筑监理等单位产生管理和被管理的关系，在法制社会里，这种关系要由相应的建筑法规来调整。行政管理关系是一种上下级的关系，是管理和被管理的关系，是一种不对等的关系。

建筑工程法律法规
的调整对象.mp4

2. 建筑活动中的经济协作关系

建筑活动中存在大量的人员、经济方面的合作关系，由此而产生的相应的权利和义务关系也应该由建筑法规来加以调整和规范。经济协作关系是平等民事主体之间的关系，是一种对等的关系，关系双方在享受权利的同时也承担相应的义务。

3. 建筑活动中的民事关系

某些建筑活动会涉及公民个人的权利，如土地征用、房屋拆迁、从业人员及相关人员的人身和财产的伤害、财产及相关权利的转让等，由之产生的国家、单位与公民之间的民事权利与义务关系，也应该由建筑法规以及其他的民事法律法规加以规范调整。

建筑法规调整的三种社会关系中，对于建筑活动中的行政管理关系，主要用行政手段加以调整；对于建筑活动中的经济协作关系，则采用行政、经济、民事等各种手段相结合加以调整；对于建筑活动中的民事关系，则主要采用民事的手段加以调整。

1.1.4 建筑工程法律法规的适用范围

1. 建筑法在时间上的适用范围

(1) 建筑法的生效时间有三种情况：一是自法律公布之日起生效；二是由该法律规定具体的生效时间；三是规定法律公布后符合一定条件时生效。

(2) 建筑法的失效时间又称法律终止生效，就是法律效力的消灭，一般分为明示的废止和默示的废止两类。

(3) 建筑法的溯及力是指法律对其生效以前的事件和行为是否适用。

建筑工程法律法规
的调整范围.mp4

2. 建筑法在空间上的适用范围

建筑法在空间上的适用范围即法律的空间效力，是指法律在哪些地域有效力，适用于哪些地区。

3. 建筑法对人的适用范围

建筑法对人的适用范围即建筑法适用的主体范围，是指建筑法律规范对哪些人具有法律效力。

4. 建筑法对事的适用范围

建筑法对事的适用范围也称对事的效力，是指法律对哪些行为或法律关系起调整作用。

1.2 建筑工程法律关系

1.2.1 建筑工程法律关系的含义与特征

1) 建筑工程法律关系的概念

建设关系是指法律规范调整一定社会关系而形成的权利与义务关系。法律关系是前提，法律规范调整是社会关系的结果。

2) 建筑工程法律关系的特征

(1) 建筑工程法律关系不是单一的,而带有明显的综合性。建设法律规范是由建设行政法律、建设民事法律和建设技术法规构成的。这三种法律规范在调整建设活动中是相互作用、综合运用的。

建筑工程法律关系的含义和特征.mp4

(2) 建筑工程法律关系是涉及面广、内容复杂的权利义务关系。

(3) 建筑工程法律关系是以受国家计划制约的建设管理、建设协作过程中形成的权利和义务为内容的。

(4) 建设行政法律关系决定、制约、影响着计划因素的协作关系。建设业的法律调整是以行政管理法律规范为主的。建设民事法律规范调整建设业活动是由建设行政法律关系决定的,并受其制约。如建设单位与设计单位签订的勘察设计合同,在执行过程中,因国家法律认可的国家建设计划变更或解除,则建设单位的合同也要变更或解除。

1.2.2 建筑工程法律关系的构成

1. 建筑法律关系主体

建筑法律关系主体,是指依照建筑法律规范,参与或监督管理建筑活动,在法律上享有权利、承担义务的自然人、法人或其他组织。

建筑工程法律关系的构成.mp4

1) 自然人

自然人是基于出生而成为法律关系主体的有生命的人,包括公民、外国人、无国籍的人。这里的自然人必须具备相应的民事权利能力和民事行为能力。

2) 法人

法人是具有民事权利能力和民事行为能力,依法独立享有民事权利,承担民事义务的组织。法人又分为企业法人和非企业法人。

a. 企业法人。如:建设单位、中国建设银行、勘察设计单位、城市规划编制单位、施工企业、城市综合开发公司。

b. 非企业法人。如:机关法人(国家权力机关、行政机关)、事业单位法人、社会团体法人。

法人应具备的条件:

a. 依法成立;

b. 有必要的财产、经费;

c. 有自己的名称、组织机构、场所;

d. 能独立承担民事责任。

注意:一个法人单位下设的分支机构,具备上述条件,但不能独立承担民事责任的,不属于法人,如清华大学下的建工系。

3)　其他组织

例如，一些不具备法人资格的个人独资企业、合伙企业、法人的分支机构。

2. 建筑法律关系内容

建筑法律关系的内容是指建筑法律关系的当事人所享有的权利和承担的义务。

建筑民事法律关系中主体享有的权利和承担的义务既有法律规范规定的，也有当事人依法设定的。建筑行政法律关系中主体的权利义务一般是法定的。

【案例 1-2】　王某与张某育有二子，长子王甲，次子王乙。王甲娶妻李某，并于 1995 年生有一子王小甲。王甲于 1999 年 5 月遇车祸身亡。王某于 2000 年 10 月病故，留有与张某婚后修建的面积相同的房屋 6 间。王某过世后，张某随儿媳李某生活，该 6 间房屋暂时由次子王乙使用。2000 年 11 月，王乙与曹某签订售房协议，以 12 万元的价格将该 6 间房屋卖给曹某。张某和李某获悉后表示异议，后因王乙答应取得售房款后在所有继承人间合理分配，张某和李某方表示同意。王乙遂与曹某办理了过户登记手续，曹某当即支付购房款 5 万元，并答应 6 个月后付清余款。曹某取得房屋后，又与朱某签订房屋转让协议，约定以 15 万元的价格将房屋卖给朱某。在双方正式办理过户登记及付款前，曹某又与钱某签订了房屋转让协议，以 18 万元的价格将房屋卖给钱某，并办理了过户手续。

问题：

简述此案例中法律关系的构成？

3. 建筑法律关系客体

建筑法律关系客体是指参加建筑法律关系的主体享有的权利和承担的义务所共同指向的对象。

1)　物

物是指可以为人们控制和支配的、具有一定经济价值的、以物质形态表现出来的自然存在和人工创造的物质财富。

2)　货币和有价证券

货币是充当一般等价物的特殊商品，在生产流通过程中，货币是以价值形态表现的资金。有价证券是具有一定票面金额，代表某种财产权的凭证。

3)　行为

法律意义上的行为是指人的有意识的活动。在建设法律关系中，行为通常表现为需要完成一定的工作，如勘察设计、施工安装、检查验收等。如勘察设计合同的标的，是按照合同的约定完成一定的勘察设计任务；工程施工合同的标的，是按照合同约定的期限完成一定质量的施工工作。

4)　智力成果

智力成果是指通过人的智力活动创造出的精神成果，包括知识产权、技术秘密等。如工程设计合同中，由设计单位向业主提交的工程设计图纸就属于智力成果，设计单位对其依法享有知识产权。

1.2.3 建筑工程法律关系的产生、变更和终止

1) 法律关系的产生

法律关系的产生是指法律关系的主体之间形成了一定的权利和义务关系(如主体 A 与主体 B 签订了合同，主体双方就产生了相应的权利和义务，此时受法律规范调控的法律关系即告产生)。

2) 法律关系的变更

(1) 主体变更有主体数目发生变化和主体的改变两种表现形式。主体数目发生变化表现为主体的数目增加或者减少；主体改变也称为合同转让，由另一个新主体代替原主体享有权利，承担义务。

建筑工程法律关系的
产生变更和终止.mp4

(2) 客体变更是指法律关系中权利义务所指向的事物发生变化。客体变更可以是其范围变更也可以是其性质变更。

(3) 法律关系主体与客体的变更，必然导致相应的权利和义务的变更，即内容的变更。

3) 法律关系的终止

法律关系的终止是指法律关系主体之间的权利义务不复存在，彼此丧失了约束力，包括：

(1) 自然终止即法律关系所规范的权利义务顺利履行，从而使法律关系达到完结。

(2) 协议终止是指法律关系主体之间协商解除某类工程建筑工程法律关系规范的权利义务，致使该法律关系归于消灭。

(3) 违约终止是指法律关系主体一方违约，或发生不可抗力，致使某类法律关系规范的权利不能实现。

4) 法律事实

建筑法律事实是建筑法律规范所确定的，能够引起建筑法律关系产生、变更或解除的客观现象和客观事实。建筑法律关系不会自然而然地产生，也不能仅凭建筑法律规范的规定，就可在当事人之间发生具体的建筑法律关系。只有通过一定的建筑法律事实，才能在当事人之间产生一定的建筑法律关系，或者使原来的建筑法律关系变更或解除。不是任何事实都可成为建筑法律事实，只有当建筑法规把某种客观情况同一定的法律后果联系起来时，这种事实才被认为是建筑法律事实，成为产生建筑法律关系的原因，从而和法律后果形成因果关系。

【案例 1-3】 李先生和陈女士为夫妻，拥有 A、B 两套住房。2015 年 3 月，李先生未与陈女士商量，擅自将 A 房租给了刘先生，两人签订了租赁合同，租期三年，但未到房地产管理部门办理租赁登记。事后，李先生将此事告诉了陈女士，陈女士未表态。2016 年 8 月，房地产价格大涨，李、陈决定将 A 房卖掉，遂与幸女士签订了房屋买卖合同，还到公证处办理了公证手续，但未将该房已出租的情况告知幸女士。随后，李、陈以 A 房已出卖为由要求刘先生尽快搬走，刘先生不同意，理由是租期未到。而李、陈认为，该租赁合同一是未经陈女士签名同意，二是未到房地产管理部门办理租赁登记，故无效。以后，幸女士也持房屋买卖合同要求刘先生搬离 A 房，认为房屋买卖合同已由买卖双方签字并已到公

证处公证，具有法律效力。遭到刘先生拒绝后，辛女士要求李、陈退款并赔偿损失。

问题：

简述此案例中法律关系的产生和变更？

1.3 建设法规体系

1.3.1 建设法规体系概述

建设工程法规体系是指已经制定和需要制定的建设法律、建设行政法规和建设部门规章构成的一个相互联系、相互补充、相互协调的完整统一的框架结构。

建筑法规体系概述.mp4

1.3.2 建设法规体系构成

建设法律体系的基本框架由纵向结构和横向结构组成。从纵向结构看，是以建设法律为龙头，建设行政法规为主干，建设部门规章和地方建筑工程法规、地方建设规章为支干而构成的。

建筑法规体系的构成.mp4

1. 建设法律

建设法律指全国人民代表大会及其常务委员会审议发布的属于国务院建设行政主管部门主管业务范围的各项法律。建设法律在建筑工程法规体系框架中位于顶层，其法律地位和效力最高，是建筑工程法规体系的核心和基础。

例如：城市规划法、建筑法、工程勘察设计法、村镇建设法、风景名胜区法、住宅法、城市房地产管理法、市政公用事业法等八项。

2. 建设行政法律

建设行政法律是指国务院依法制定并颁布的属于国务院建设行政主管部门主管业务范围的各项法规。建设行政法规的法律地位和效力低于建设法律。

例如：建设工程勘察设计管理条例、建设工程质量管理条例等。

3. 建设部门规章

建设部门规章是由国务院建设行政主管部门根据国务院规定的职责范围，依法制定并发布的规章，或由国务院建设行政主管部门与国务院有关部门联合制定并发布的规章，其地位和效力低于建设行政法规。

4. 地方性建筑工程法规

地方性建筑工程法规是指在不与宪法、法律、行政法规相抵触的前提下，由省、自治区、直辖市人民代表大会及其常委会制定并发布的建设方面的法规。

5. 地方性建设规章

地方性建设规章是指省、自治区、直辖市以及省会城市和经国务院批准的较大城市的人民政府，根据法律和国务院的行政法规制定并颁布的建设方面的规章。

1.4　案　例　分　析

1. 案例 1

原告：甲电力公司

第一被告：丙建筑设计院

第二被告：乙建筑承包公司

基本案情：

甲电力公司因建办公楼与乙建筑承包公司签订了工程总承包合同。其后，经甲同意，乙分别与丙建筑设计院和丁建筑工程公司签订了工程勘察设计合同和工程施工合同。勘察设计合同约定：由丙对甲的办公楼及其附属工程提供设计服务，并按勘察设计合同的约定交付有关的设计文件和资料。施工合同约定：由丁根据丙提供的设计图纸进行施工，工程竣工时依据国家有关验收规定及设计图纸进行质量验收。合同签订后，丙按时将设计文件和有关资料交付给丁，丁依据设计图纸进行施工。工程竣工后，甲会同有关质量监督部门对工程进行验收，发现工程存在严重质量问题，是由于设计不符合规范所致。原来丙未对现场进行仔细勘察就自行进行设计，导致设计不合理，给甲带来了重大损失。丙以与甲没有合同关系为由拒绝承担责任，乙又以自己不是设计人为由推卸责任，甲遂以丙为被告向法院起诉。法院受理后，追加乙为共同被告，判决乙与丙对工程建设质量问题承担连带责任。

问题一：本案中的法律主体及相互关系是什么？

问题二：对出现的质量问题，以上法律主体将如何承担责任？

案例解析：

(1) 本案中，甲是发包人，乙是总承包人，丙和丁是分包人，《建筑法》第二十九条规定："建筑工程总承包单位可以将承包工程中的部分工程发包给具有相应资质条件的分包单位。但是，除总承包合同中约定的分包外，必须经建设单位认可。施工总承包的，建筑工程主体结构的施工必须由总承包单位自行完成。建筑工程总承包单位按照总承包合同的约定对建设单位负责；分包单位按照分包合同的约定对总承包单位负责。总承包单位和分包单位就分包工程对建设单位承担连带责任。禁止总承包单位将工程分包给不具备相应资质条件的单位。禁止分包单位将其承包的工程再分包。"

(2) 对工程质量问题，乙作为总承包人应承担责任，而丙和丁也应该依法分别向发包人甲承担责任。总承包人以不是自己勘察设计和建筑安装的理由企图不对发包人承担责任，以及分包人以与发包人没有合同关系为由不向发包人承担责任，这种做法是错误的。

2. 案例 2

某建筑公司与某学校签订一教学楼施工合同，并明确约定施工单位要保质保量保工期完成学校的教学楼施工任务。工程竣工后，承包方向学校提交了竣工报告。学校为了不影响学生上课，还没组织验收就直接投入了使用。使用过程中，校方发现了教学楼存在的质量问题，要求施工单位修理。施工单位认为工程未经验收，学校提前使用出现质量问题，施工单位不应再承担责任。试问：

(1) 本案中的建筑工程法律关系三要素分别是什么？

(2) 应如何具体地分析该工程质量问题的责任及责任的承担方式，为什么？

案例解析：

(1) 本案中的建筑工程法律关系主体是某建筑公司和某学校；客体是施工的教学楼。本案法律关系的内容是主体双方各自应当享受的权利和应当承担的义务，具体而言是某学校按照合同的约定，承担按时、足额支付工程款的义务，在按合同约定支付工程款后，该学校就有权要求建筑公司按时交付质量合格的教学楼。建筑公司的权利是获取学校的工程款，在享受该项权利后，就应当承担义务，即按时交付质量合格的教学楼给学校，并承担保修义务。

(2) 因为校方在未组织竣工验收的情况下就直接投入了使用，违反了工程竣工验收方面的有关法律法规。所以，一般质量问题，应由校方承担。但是，若涉及结构等方面的质量问题，还是应按照造成质量缺陷的原因分解责任。因为承包方已向学校提交竣工报告，说明施工单位的自行验收已经通过，学校教学楼仅供学校日常教学使用，不存在不当使用问题，所以，该教学楼的质量缺陷是客观存在的。承包方还是应该承担维修义务，至于产生的费用应由相关责任方承担，协商不成，可请求仲裁或诉讼。

3. 案例 3

2015 年 5 月，某市一小区 9 幢住宅楼内的张三等 9 位购房者，先后向其居住所在市消费者协会里的分会投诉：据了解，他们于 2011 年 5 月向某房地产开发公司所购的 9 间 3 层住宅用房，存在挑梁、墙体裂缝，屋内漏水等严重质量问题，故要求房地产开发公司退房或者赔偿损失。本市消协分会受理投诉后，及时进行了调查了解。购房户要求每户所得赔偿费 2 万元来自行修理，而开发公司只同意补偿 5000 元，修复由公司负责。公司认为："宁愿修房花费 5 万，也不能多赔 5000 元。"张三等人根据双方签订的《购房合同》第 13 条第 3 款"房屋发生严重质量问题时，有权退房"的约定要求退房。房产公司认为该幢房屋经质监部门验收为合格工程，房屋渗水是通病，不存在严重质量问题，因此不同意退房。

6 月 2 日，经消协分会委托，市质监部门两位工程师到现场目察，发现 T 轴挑梁混凝土疏松，多根挑梁有明显裂缝。工作人员对该楼 30 根挑梁进行了混凝土回弹及碳化测试，但回弹和碳化测试因混凝土浇制成型日期已超过 1000 天，所测数据只能作为参考，而最精确的检测只能是钻孔取样。为了安全，必须对底层挑梁全部砌砖柱加固，但购房户只同意对钻芯的挑梁做临时性加固。

6 月 16 日，开发公司、设计单位、质监部门与购房户协商后，确定钻芯部位，于 17 至 18 日对 5 根挑梁实施了临时性加固。6 月 20 日，市质监站对该楼底层阳台及 2 层阳台 6 根挑梁钻芯取样，检验结果 6 根挑梁抗压强度平均为 15.77MPa，最低只有 12.10MPa，均不能达到原设计强度等级 C20，该楼 1 层、2 层部分挑梁存在结构安全危险。7 月 7 日，市房屋安全鉴定站对该房进行了全面鉴定，鉴定结果为：第一 2 层阳台隔墙有由外向内、自上而下的斜裂缝；第二阳台挑梁混凝土强度偏低，部分挑梁有斜向发丝裂缝；第三室内预应力圆孔板间有纵向裂缝；第四屋面渗水；第五 3 层窗台处有水平裂缝；第六楼面混凝土现浇层强度低、起砂、起粉；第七 2 层阳台栏板处有斜裂缝 2 处。经鉴定认为该建筑各承重结构尚未达到其承载能力的极限状态或处于危险状态，可以安全使用；但由于挑梁有严重缺陷，存在一定的隐患，须立即采取加固措施。

8 月 6 日，消协分会召集开发公司、购房户协商补偿问题。经调解达成协议：由开发公司补偿给每位购房户 29500 元，共 265500 元；挑梁由开发公司按设计单位出具的加固施工图并按质监部门认可的内容进行加固，费用由开发公司承担；如该房今后再发现结构问题，严重影响安全使用，由开发公司负责；此次检测和鉴定的费用由开发公司承担。

案例问题：

(1)　本案中的经济法律关系的三要素是什么？请分别指出。

(2)　市质监站和市房屋安全鉴定站的检测结果，从性质而言是何种法律事实？对张三等居民和开发公司产生怎样的影响？

(3)　消费者协会、市质监站和市房屋安全鉴定站这些主体在本案中是属于何种性质的主体？

案例解析：

(1)　法律关系的三要素是主体、客体和内容。

本案中的主体是张三等 9 位购房户和某房地产开发公司，客体是那 9 套存在质量问题的商品房。

本案法律关系的内容是主体双方各自应当享受的权利和应当承担的义务。具体而言是张三等 9 位购房户按照合同的约定，承担按时、足额支付购房款的义务；在按合同约定支付房款后，该 9 位购房人就有权要求开发商某房地产公司按时交付质量合格的商品房。开发商某房地产公司的权利是收取购房人的购房款；在享受该项权利之后，就应当承担义务，即按时交付合格的商品房给购房人，并协助购房人办理产权过户手续。

(2)　市质监站和市房屋安全鉴定站的检测结果证明开发公司的房屋存在质量问题，是属于法律事实中的行为，开发公司在履行与购房户签订的《购房合同》中，存在违约行为。正是开发公司的违约行为，使得在开发公司与张三等 9 位购房户之间产生了修理、修复和违约赔偿关系。

(3)　消费者协会在本案中属于第三人，是双方都认可的、调解双方纠纷的第三人。市质监站和市房屋安全鉴定站是属于为建筑业和房地产业服务的社会组织。在消费者协会的委托下，与消费者协会产生委托检测和鉴定的法律关系。

本 章 小 结

通过对本章的学习，学生可以了解建筑工程法律法规的基本概念、立法原则以及建筑法规的适用范围和调整对象。重点学习掌握法律法规关系的构成和相互之间的联系，掌握自然人，法人的概念和区别，知道建筑法规体系的组成。本章学完之后，学生可以运用所学的相关法律法规知识结合本章节案例进行分析和理解，可以达到学法、懂法、用法的基本水平。

实训练习

一、单选题

1. 下列不属于建筑工程法律关系构成要素的是(　　)。
   A. 法律关系的主体　　　　　　　　B. 法律关系的客体
   C. 法律关系的形式　　　　　　　　D. 法律关系的内容

2. 工程建设法除具有一般法律的基本特征之外，还有不同于其他法律的特征，如：政策性、经济性以及(　　)。
   A. 行政隶属性　　B. 客观性　　　C. 复杂性　　　D. 时效性

3. 建筑工程法律关系中，建设工程合同的主体一般只能是(　　)。
   A. 公民　　　　B. 法人　　　　C. 个体工商户　　D. 其他社会组织

4. 以下不属于建筑工程从业的经济组织是(　　)。
   A. 施工单位　　　　　　　　　　　B. 勘察设计单位
   C. 工程监理单位　　　　　　　　　D. 房地产经纪机构

5. 下列不属于法人的是(　　)。
   A. 公民　　　　B. 事业单位　　　C. 教育局　　　D. 法院

6. 甲公司决定向乙公司购买一批进口钢材，签订合同前，甲得知乙新到一批采用最新技术生产的进口钢材，于是决定改购买这批新品种的钢材。甲乙之间法律关系的变化属于(　　)。
   A. 主体变更　　B. 客体变更　　　C. 权利变更　　D. 义务变更

7. 主体变更，指法律关系主体数目增多或减少，也可以是主体改变，在合同中，客体不变，相应权利义务也不变，此时主体改变也称为(　　)。
   A. 合同转变　　B. 合同转让　　　C. 合同变更　　D. 合同终止

8. 参加或者管理、监督建设活动，受建设工程法律规范调整，在法律上享有权利、承担义务的自然人、法人或其他组织，是(　　)。
   A. 法律关系主体　　　　　　　　　B. 法律关系客体
   C. 法律关系的内容　　　　　　　　D. 法律关系的标的

二、多选题

1. 建设工程监理的作用在于(　　)。
   A. 有利于政府对工程建设参与各方的建设行为进行监督管理
   B. 可以对承包单位的建设行为进行监督管理
   C. 可以对建设单位的建设行为进行监督管理
   D. 尽可能避免发生承包单位的不当建设行为

    E. 尽可能避免发生建设单位的不当建设行为

2. 建设单位拟装修其办公楼，其中涉及承重结构变动。则下列表述正确的有(　　)。

    A. 建设单位将装修方案报有关主管部门审批后，方可施工

    B. 建设单位在委托原设计单位提出设计方案后，方可施工

    C. 建设单位在委托相应资质等级设计单位提出设计方案后，方可施工

    D. 建设单位提出装修方案后，即可要求承包单位施工

    E. 建设单位可直接将装修任务发包给劳务公司

3. 建筑工程第三者责任险的保险范围是指在保险期限内，因发生与所保工程直接相关的意外事故引起工地内及邻近区域的第三者(　　)。

    A. 人身伤亡　　　　　　　　B. 疾病

    C. 财产损失　　　　　　　　D. 被保险人因上述原因而支付的诉讼费用

    E. 事后经保险人书面同意而支付的其他费用

4. 按照我国现行规定可以作为"建筑工程一切险"被保险人的有(　　)。

    A. 工程所有人　　　B. 承包人　　　　　　C. 业主聘用的工程师

    D. 分包人　　　　　E. 材料供应商

5. 甲擅自将乙借给他的一块手表出让给丙，下列表述中哪些是正确的(　　)。

    A. 甲以自己的名义把手表出让给丙，甲、丙之间的合同属于效力未定的合同

    B. 甲以乙的名义把手表出让给丙，甲、丙之间的行为属于无权代理的行为

    C. 丙因善意取得而取得该手表的所有权

    D. 丙只能因乙的追认才能取得该手表的所有权

    E. 甲有权出让该手表

三、问答题

1. 简述建筑工程法律法规的立法原则？

2. 简述建筑法在时间上的适用范围？

3. 简述建筑工程法律关系的含义与特征？

第1章　课后题
答案.pdf

实训工作单

班级		姓名		日期	
教学项目			建筑工程法律法规概述		
任务	学习建筑工程法律关系	学习途径	本书中的案例分析，自行查找相关法律书籍		
学习目标		掌握建筑工程法律关系			
学习要点					
学习查阅记录					
评语			指导教师		

第 2 章 建筑工程
许可法规教案.pdf

【学习目标】

1. 了解建筑工程报建基本制度
2. 熟悉建筑工程施工许可制度
3. 掌握建筑施工许可证的申领要求和时间效力
4. 熟悉建筑从业单位资质和专业技术人员职业资格许可制度

建筑工程许可法规.avi

【教学要求】

本章要点	掌握层次	相关知识点
建筑工程报建制度	1. 了解建筑工程报建制度概述 2. 掌握建筑工程报建的内容和基本流程	建筑工程报建制度的具体内容和流程的实施
建筑工程施工许可制度	1. 了解建筑工程施工许可制度的概念 2. 掌握申领施工许可证应具备的条件 3. 掌握施工许可证的申领程序以及擅自无证开工的后果	建筑工程施工许可证的申领流程以及相关内容
建筑工程从业单位资质许可	1. 了解建筑从业单位资质概述 2. 掌握建筑从业单位资质条件和资质管理	建筑从业单位资质管理以及从业单位条件相关知识
专业技术人员职业资格许可	1. 了解建筑专业技术人员职业资格概述 2. 了解建筑专业技术人员从业资格种类	建筑专业技术人员资格种类和相关管理

【项目案例导入】

据新华社衡阳(2003 年)11 月 15 日电，湖南衡阳"11·3"特大火灾坍塌事故重大嫌疑人——坍塌的衡州大厦开发商永兴集团有限公司董事长李文革已被当地警方控制。

记者从联合调查组了解到，李文革当年在没有取得施工许可证和工程规划许可证的情况下，没有通过正规设计单位，擅自施工和雇请设计人员，设计了两套设计施工图纸，一套用于实际施工，一套用于报建，报建图纸和实际施工图纸不一样；私自更改了规划平面布置图，将原来三栋平行建筑楼改为"回"字形的建筑楼，并且将设计的 7 层楼增至 8 层，局部增至 9 层。此外，李文革还采取了少报多建，逃避规费的手段，擅自扩大建筑面积；企业没有建筑施工资质，私自雇请人员组织施工，没有经过质量监督部门的工程监理，并在补办手续过程中编造虚假合同和许可证件。衡州大厦竣工以后，没有组织验收便投入使用。在使用过程中，又私自改变衡州大厦底层的使用性质，没有办理报批程序。企业安全管理混乱，制度不健全。鉴于这些原因，联合调查组建议有关部门对李文革采取强制性措施，以配合调查组做好调查工作。记者从联合调查组了解到，李文革 14 日上午已被当地警方滞留询问。与此同时，一些与坍塌的衡州大厦相关建筑设计人员、组织施工人员、物业管理人员等涉嫌违法违规的人员，也已被当地警方采取强制性措施。

 【项目问题导入】

请结合所学的相关知识，试分析永兴集团在衡州大厦的建设中有何过错，应如何处理？

2.1 建筑工程报建制度

2.1.1 建筑工程报建制度概述

1. 建筑工程报建制度

建筑工程报建制度是指建设单位在工程项目通过项目建议书、可行性研究、编制设计任务书、选择建设地点、立项审批、规划许可等前期的筹备工作结束后，向建设行政主管部门申请转入工程建设的实施阶段，由建设行政主管部门依法对建设工程是否具备发包条件进行审查的一项制度。

建筑工程报建制度
概述.mp4

2. 建筑工程报建的范围

凡在我国境内投资兴建的工程建设项目，都必须实行报建制度，接受当地建设行政主管部门或其授权机构的监督管理。

3. 建筑工程报建的时间

建筑工程报建的时间是在建筑工程建设项目的可行性研究报告或其他立项文件批准后、建筑工程发包前，由建设单位到当地建设行政主管部门报审。

2.1.2　建筑工程报建的内容和程序

1. 项目建议书审批

(1) 所需资料：立项申请；项目建议书；政府的会议纪要或工作报告。

(2) 主办部门：发改委。

(3) 取得要件：项目建议书的批复。

(4) 报件方式：将立项申请与项目建议书(设计单位或咨询公司编制)送至区发改委，待批复。

(5) 办件时间：5 个工作日。

建筑工程报建
的内容.mp4

备注：立项申请与项目建议书内的涉及的项目规模和投资额需斟酌准确，涵盖项目范围应尽量完善。

【案例 2-1】 某乡镇为改善当地的经济环境，大力发展果品产业。在镇政府的倡导下，某果品加工厂决定投资 800 万元投资建设果汁生产分厂，计划用地 30 亩，用于水果储存加工。经镇政府土地管理科批准，颁发了《建设工程用地许可证》和《建设工程用地规划许可证》。在工程建设中，县建设局在巡视过程中发现了此项违规建设，责令立即停工并限期拆除非法建筑，返还农业用地。

问题：

本案例中果品加工工厂有何过错，应如何处理？

2. 规划选址

(1) 所需资料：选址申请报告；1∶500 实测现状地图(市勘院出具)；用地范围示意图；选址申请表；项目建议书的批复。

(2) 主办部门：规划局。

(3) 取得要件：选址意见书。

(4) 报件方式：将上述资料报送至区规划分局，待批复。

(5) 办件时间：10 个工作日。

3. 国有土地用地预审

(1) 所需资料：预审申请报告；拟审查用地范围示意图(勘界单位出具)；选址申请表；项目建议书的批复、选址意见书；地质灾害评估报告(地质勘探单位出具)。

(2) 主办部门：国土局。

(3) 取得要件：用地预审意见书及附图。

(4) 报件方式：将上述资料报送至区国土分局，待批复。

(5) 办件时间：10 个工作日。

4. 用地规划许可

(1) 所需资料：用地规划许可申请报告；拟审查用地范围示意图(纸质件和电子件)；用

地规划许可申请表；项目建议书的批复、选址意见书、用地预审意见书取得要件：用地规划许可证及附图。

(2) 报件方式：将上述资料报送至区规划分局，待批复。

(3) 办件时间：10 个工作日。

5. 规划方案审查

(1) 所需资料：设计方案申请报告；设计方案(两本纸质文本加电子光盘)；方案审查申请表。

(2) 主办部门：规划局。

(3) 协办部门：环保局、人防办(国家人民防空办公室)、消防队、园林局、供电局(具体协办单位以规划局要求为准)。

(4) 取得要件：方案审查意见。

(5) 报件方式：将上述资料报送至区规划分局，待规划局审查同意设计方案后下发协办通知，分别向各协办单位报送资料并征求各协办单位意见；所有协办单位都出具同意意见后，规划局核发方案审查意见。

(6) 办件时间：30 个工作日。

6. 国有建设用地划拨

(1) 所需资料：用地划拨申请报告；规划选址意见书、用地规划许可证证及附图、方案审查意见；已通过审查方案；项目建议书的批复；经征地办行政确认的用地成本说明；勘界报告及附图(三份)；企业营业执照、企业法人身份证、经办人身份证、授权委托书。

(2) 征地批文主办部门：国土局。

(3) 取得要件：用地划拨批复及附图。

(4) 报件方式：将上述资料报送至区国土分局，由国土分局初审后代区政府拟稿报市政府、市国土局，待批复。

(5) 办件时间：20 个工作日。

7. 可行性研究报告审批

(1) 所需资料：设计方案审查意见通知书；建设用地预审意见书；项目环境影响评价报告书；可行性研究报告；可行性研究报告审批申请。

(2) 主办部门：发改委。

(3) 取得要件：可行性研究报告的批复。

(4) 报件方式：将上述资料送至区发改委，召开可研评审会后待批复。

(5) 办件时间：20 个工作日。

2.2　建筑工程施工许可制度

2.2.1　建筑工程施工许可制度概述

1. 建筑许可的概念

许可：准许或容许，即行政管理机关根据个人、组织的申请，依法准许申请者从事某种活动的行政行为，申请者的申请一旦获准，被批准者即依法获得了从事所申请行业活动的某种权利能力或从业资格。

建筑工程施工许可
制度概述.mp4

建筑许可是指建设行政主管部门或其他行政主管部门准许、变更或中止公民、法人和其他组织从事建筑活动的具体行政行为。

2. 建筑许可的实施具有重要意义

(1)　体现了国家对基本建设的宏观调控，对从事建筑活动的单位和人员的总量控制；

(2)　规范了建筑市场，保证了建筑工程质量和建筑安全生产；

(3)　保护了建设单位、从事建设活动的单位和个人的合法权益。

3. 建筑行政许可的特点

(1)　行政许可是行政机关管理性的行政行为；

(2)　行政许可是对社会实践的外部管理行为；

(3)　行政许可是根据公民、法人或其他组织提出的申请产生的行政行为；

(4)　行政许可是准予相对人从事特定活动的行为。

4. 建筑工程许可的作用

(1)　建筑工程许可制度的实施，可以监督建设单位尽快实施和建成拟建项目，防止土地闲置，实现土地的有效集中利用，避免拟建工程可能出现的延期影响公众利益。

(2)　建筑工程许可制度的实施，可以保证建筑工程项目开工后的顺利进行，避免由于不具备施工条件而盲目上马，给参与工程建设的单位造成不必要的损失。

(3)　建筑工程许可制度的实施，有助于建设行政主管部门对在建项目实施有效的监督管理，避免国家对建设工程管理的失控。

2.2.2　申领施工许可证应具备的条件

申领施工许可证
应具备的条件.mp4

领取施工许可证的时间必须是在开工日期之前。开工日期是指建设项目或单项工程设计文件中规定的永久性工程计划开始施工的时间，以永久性工程正式破土开槽开始施工的时间为准。

申请领取施工许可证，应当具备下列条件：

(1) 已经办理建筑工程用地批准手续，即获得有效的建设用地使用权证书。根据《土地管理法》的规定，建设单位可以通过出让和划拨的方式取得建筑工程的土地使用权。

(2) 在城市规划区进行建设的建筑工程，已经取得建设工程规划许可证和建设工程用地规划许可证。

城市规划区是我国《城市规划法》规定的城市市区、近郊区以及城市行政区域内因城市建设和发展需要实行规划控制的区域。在城市规划区新建、扩建和改建建筑物、构筑物、道路、管线和其他工程设施，必须持有关批准文件向城市规划行政主管部门提出申请，由城市规划行政主管部门根据城市规划提出的规划设计要求，核发建设工程规划许可证件。

建设用地规划许可证是由建设单位和个人提出建设用地申请，城市规划行政主管部门根据规划和建设项目的用地需要，确定建设用地位置、面积界限的法定凭证。

(3) 需要拆迁的，其拆迁进度要符合施工要求。拆迁是指根据城市规划和国家专项工程的拆迁计划以及当地政府的用地文件，拆除和迁移建设用地范围内的房屋及其附属物，并由拆迁人对房屋及建筑物所有人或使用人进行补偿和安置的行为。房屋拆迁的程序主要经过申请、审批、房屋拆迁行政公告、签订拆迁协议、实施拆迁等过程。

(4) 已经确定建筑施工企业。在建筑工程开工前，建设单位必须确定有相应资质的建筑施工企业承包该建筑工程的建筑施工。

(5) 有满足工程施工需要的施工图纸及技术资料，且施工图设计文件已经按照规定通过审查。施工图纸是实现工程建筑的最基本的技术文件，是施工的依据。技术资料包括地形、地质、水文、气象等自然条件的资料和主要原材料、燃料来源，水电供应和运输条件等技术经济条件资料。

(6) 有保证工程质量和安全的具体措施。施工组织设计的编制是施工准备工作的中心环节。施工组织设计主要内容包括：工程任务情况、施工总方案、主要施工办法、工程施工进度计划、主要单位工程综合进度计划和施工力量、施工机械部署、施工组织技术措施、施工总平面图、总包和分包的分工范围以及交叉施工的部署等。

施工组织设计出建筑施工企业负责编制，按照隶属关系及工程性质、规模、技术繁简程度实行分级审批。

(7) 建设资金已经落实。在建筑工程开工前，建设资金必须足额落实。按照国家有关规定应当纳入投资计划的，已经列入年度计划。建设工期不足一年的，到位资金原则上不得少于工程合同价的 50%，建设工期超过一年的，到位资金原则上不得少于工程合同价的30%。建设单位应当提供银行出具的资金到位证明，有条件的可以实行银行付款保函或其他第三方担保。

(8) 按照规定应该委托工程监理的建设工程已委托工程监理。必须实行监理的建设工程包括：国家重点建设工程；大中型公用事业工程；成片开发建设的住宅小区工程；利用外国政府或者国家组织贷款、援助资金的工程；国家规定必须实行监理的其他工程。

(9) 法律、法规规定的其他条件。法律法规规定的其他条件是指相关法律法规对施工许可证申领条件的特别规定。

2.2.3　施工许可证的申办程序

1. 申请办理施工许可证的程序

(1)　建设单位向发证机关领取《建筑工程施工许可证申请表》；

(2)　建设单位持加盖单位及法定代表人印鉴的《建筑工程施工许可证申请表》，并附相关证明文件，向发证机关提出申请；

(3)　发证机关在收到建设单位报送的《建筑工程施工许可证申请表》和所附证明文件后，对于符合条件的，应当自收到申请之日起十五日内颁发施工许可证；对于证明文件不齐全或者失效的，应当限期要求建设单位补正，审批时间可以自证明文件补正齐全后作相应顺延；对于不符合条件的，应当自收到申请之日起十五日内书面通知建设单位，并说明理由。

施工许可证申办
程序.mp4

2. 施工许可证的时间效力

根据《建筑法》第九条的规定，施工许可证的有效条件和延期的限制包括以下几个方面：

(1)　建设单位应当自领取建设施工许可证起三个月内开工。领证之日为建设行政主管部门签发交付建设单位建筑工程施工许可证之日。

(2)　建设单位因故不能按期开工的，可以向发证机关申请延期。申请延期的理由，应是指不可抗力或难以补救的现象。

(3)　延期申请以两次为限，每次不得超过三个月。既不开工又不申请延期的许可证自行作废。

3. 中止施工和恢复施工报告制度

在建的建筑工程因故中止施工的，建设单位应当自中止施工之日起一个月内向发证机关报告。报告内容包括中止施工的时间、原因、在施部位、维修管理措施等，并按照规定做好建筑工程的维护管理工作，避免遭受损失，保证工程恢复施工时可以顺利进行。

在造成中止施工的情况消除后，建筑工程恢复施工时，应当向发证机关报告恢复施工情况。中止施工满一年的工程恢复施工前，建设单位应当报发证机关核验施工许可证。

(1)　经发证机关审查认为具备施工条件的恢复施工；

(2)　经发证机关审查不符合条件的收回施工许可证，待具备条件后，建设单位应重新申领施工许可证。

【案例 2-2】　某房地产公司要开发建设一个大型多功能商业广场，以 EPC 模式发包给某建设集团，并于 2010 年 3 月 20 日申领到施工许可证，在按期开工后因故于 2010 年 10 月 15 日中止施工，直到 2012 年 3 月 1 日拟恢复施工。

问题：

(1) 该商业广场项目应当由谁申领施工许可证？

(2) 该商业广场项目中止施工后，最迟应当在何时向发证机关报告？

(3) 2012 年 3 月 1 日后恢复施工时应该履行哪些程序？

2.2.4 未经许可擅自开工的后果

《建筑法》第六十四条规定，违反本法规定，未取得施工许可证或者开工报告未经批准擅自施工的，责令改正，对不符合开工条件的责令停止施工，可以处以罚款。

《建设工程施工许可管理办法》第十条规定，对于未取得施工许可证或者为规避办理施工许可证将工程项目分解后擅自施工的，由有管辖权的发证机关责令改正，对于不符合开工条件的责令停止施工，并对建设单位和施工单位分别处以罚款。

未经许可擅自动工
的后果.mp4

2.3 建筑从业单位资质许可

2.3.1 建筑从业单位资质概述

从业单位资质制度是指建设行政主管部门对从事建筑活动的建筑施工企业、勘察单位、设计单位和工程监理单位拥有的注册资本、专业技术人员、技术装备和已完成的建筑工程业绩、管理水平等进行审查，以此确定其承担业务的范围，发给相应的资质证书，并允许其在资质等级许可的范围内从事建筑活动的一种制度。

建筑从业单位资质
概述.mp4

1．建筑施工企业

建筑业企业应当按照其拥有的注册资本、净资产、专业技术人员、技术装备和已完成的建筑工程业绩等资质条件申请资质，经审查合格，取得相应等级的资质证书后，方可在其资质等级许可的范围内从事建筑活动。

1）资质分类

建筑业企业资质分为施工总承包、专业承包和劳务分包三个序列。

(1) 获得施工总承包资质的企业，可以对工程实行施工总承包或者对主体工程实行施工承包。

建筑从业单位资质
管理.mp4

(2) 获得专业承包资质的企业，可以承接施工总承包企业分包的专业工程或者建设单位按照规定发包的专业工程。

(3) 获得劳务分包资质的企业，可以承接施工总承包企业或者专业承包企业分包的劳务作业。施工总承包资质、专业承包资质、劳务分包资质序列按照工程性质和技术特点分别划分为若干资质类别。各资质类别按照规定的条件划分为若干等级。

2）资质申请与审批

(1) 施工总承包序列特级和一级企业、专业承包序列一级企业资质经省级建设行政主管部门审核同意后，由国务院建设行政主管部门审批。

(2)　施工总承包序列和专业承包序列二级及二级以下企业资质，由企业注册所在地省、自治区、直辖市人民政府建设行政主管部门审批。

(3)　劳务分包序列企业资质由企业所在地省、自治区、直辖市人民政府建设行政主管部门审批。建筑业企业申请晋升资质等级或者主项资质以外的资质，在申请之日前一年内有下列行为之一的，建设行政主管部门不予批准：

①　与建设单位或者企业之间相互串通投标，或者以行贿等不正当手段谋取中标的；

②　未取得施工许可证擅自施工的；

③　将承包的工程转包或者违法分包的；

④　严重违反国家工程建设强制性标准的；

⑤　发生过三级以上工程建设重大质量安全事故或者发生过两起以上四级工程建设质量安全事故的；

⑥　隐瞒或者谎报、拖延报告工程质量安全事故或者破坏事故现场、阻碍对事故调查的；

⑦　按照国家规定需要持证上岗的技术工种的作业人员未经培训、考核，未取得证书上岗，情节严重的；

⑧　未履行保修义务，造成严重后果的；

⑨　违反国家有关安全生产规定和安全生产技术规程，情节严重的；

⑩　其他违反法律、法规的行为。

3)　资质监督管理

县级以上人民政府建设行政主管部门和其他有关部门应当加强对建筑业企业资质的监督管理。禁止任何部门采取法律、行政法规规定以外的其他资质、许可等建筑市场准入限制。

建设行政主管部门对建筑业企业资质实行年检制度。

2．勘察单位和设计单位

1)　勘察设计单位资质分类、分级

工程勘察资质分为工程勘察综合资质、工程勘察专业资质、工程勘察劳务资质。

工程设计资质分为工程设计综合资质、工程设计行业资质、工程设计专项资质。

2)　资质申请与审批

工程勘察甲级、建筑工程设计甲级资质及其他工程设计甲、乙级资质由国务院建设行政主管部门审批。

工程勘察乙级资质、工程勘察劳务资质、建筑工程设计乙级资质和其他建设工程勘察、设计丙级以下资质(包括丙级)，由企业工商注册所在地省、自治区、直辖市人民政府建设行政主管部门审批。

建设工程勘察、设计企业申请晋升资质等级、转为正式等级或者申请增加其他工程勘察、工程设计资质，在申请之日前一年内有下列行为之一的，建设行政主管部门不予批准：

(1)　与建设单位勾结，或者企业之间相互勾结串通，采用不正当手段承接勘察、设计业务的；

(2)　将承接的勘察、设计业务转包或者违法分包的；

(3) 注册执业人员未按照规定在勘察设计文件签字的;

(4) 违反国家工程建设强制性标准的;

(5) 因勘察设计原因发生过工程重大质量安全事故的;

(6) 设计单位未根据勘察成果文件进行工程设计的;

(7) 设计单位违反规定指定建筑材料、建筑构配件的生产厂、供应商的;

(8) 以欺骗、弄虚作假等手段申请资质的;

(9) 超越资质等级范围勘察设计的;

(10) 转让资质证书的;

(11) 为其他企业提供图章、图签的;

(12) 伪造、涂改资质证书的;

(13) 其他违反法律、法规的行为。

3) 资质监督管理

国务院建设行政主管部门对全国的建设工程勘察、设计资质实施统一的监督管理。县级以上地方人民政府建设行政主管部门负责对本行政区域内的建设工程勘察、设计资质实施监督管理。

建设行政主管部门对建设工程勘察、设计资质实行年检制度。

4) 企业资质年检制度

工程勘察乙级资质、工程勘察劳务资质、建筑工程设计乙级资质和其他建设工程勘察、设计丙级以下资质(包括丙级)由企业工商注册所在地省、自治区、直辖市人民政府建设行政主管部门负责年检。

工程勘察甲级、建筑工程设计甲级资质及其他工程设计甲、乙级资质由国务院建设行政主管部门委托企业工商注册所在地省、自治区、直辖市人民政府建设行政主管部门负责年检。

建设工程勘察、设计企业连续两年资质年检合格,方可申请晋升资质等级;资质年检不合格或者连续两年基本合格的,应当重新核定其资质;新核定的资质应当低于原资质等级;达不到最低资质等级标准的,应当取消其资质。

3. 工程监理单位

工程监理企业应当按照其拥有的注册资本、专业技术人员和工程监理业绩等资质条件申请资质。国务院建设行政主管部门负责全国工程监理企业资质的归口管理工作。

省、自治区、直辖市人民政府建设行政主管部门负责本行政区域内工程监理企业资质的归口管理工作。

工程监理企业的资质等级分为甲级、乙级和丙级三级,并按照工程性质和技术特点划分为若干工程类别。

4. 工程造价咨询单位

工程造价咨询单位应当取得《工程造价咨询单位资质证书》,并在资质证书核定的范围内从事工程造价咨询业务。工程造价咨询单位资质等级分为甲级、乙级。

1) 工程造价咨询单位业务的承接

甲、乙级工程造价咨询单位承接业务按照下列规定执行：

(1) 甲级工程造价咨询单位在全国范围内承接各类建设项目的工程造价咨询业务；

(2) 乙级工程造价咨询单位在本省、自治区、直辖市范围内承接中、小型建设项目的工程造价咨询业务。

2) 工程造价咨询公司

工程造价咨询合同一般包括下列主要内容：

(1) 当事人的名称、地址；

(2) 咨询项目的名称、委托内容、要求、标准；

(3) 履行期限；

(4) 咨询费、支付方式和时间；

(5) 违约责任和纠纷解决方式；

(6) 当事人约定的其他内容。

2.3.2 建筑从业单位资质条件

建筑活动从业资格许可制度包括从事建筑活动的单位的从业资格许可制度和从事建筑活动的个人的执业资格许可制度。

从事建筑活动的单位的从业资格制度是指建设行政主管部门对从事建筑活动的建设施工企业、勘察设计单位和工程监理单位的人员素质、管理水平、资金数量、业务能力等内容进行审查，以确定其承担相关业务的能力和范围，并发给相应的资质证书的一种管理制度。

建筑从业单位资质条件.mp4

从事建筑活动的执业资格制度是指建设行政主管部门对从事建筑活动的专业技术人员，依法进行考试、注册，并颁发执业资格证书的一种管理制度。

1. 建筑工程从业资格许可的法律依据

建筑工程从业资格许可的法律依据有：《建筑企业资质等级标准》《建筑工程监理单位资质管理施行办法》《工程勘察资格分级标准》《建筑业企业资质管理办法》《工程勘察和工程设计单位资格管理办法》《建设监理单位资质管理施行办法》《中华人民共和国注册建筑师条例》《中华人民共和国注册建筑师条例实施细则》《监理工程师资格考试和注册施行办法》《注册结构工程师执业资格制度暂行规定》以及《中华人民共和国建筑法》的相关规定。

2. 建筑工程从业许可的内容

(1) 建筑施工企业、勘察单位、设计单位和工程监理单位从事建筑活动应具备的条件；

(2) 建筑施工企业、勘察单位、设计单位和工程监理单位应在建筑工程从业许可范围内从事建筑活动；

(3) 建筑工程执业的专业技术人员从事建筑活动应依法取得执业资格证书。

3. 建筑工程从业许可的条件

从事建筑活动的建筑施工企业、勘察单位、设计单位和工程监理单位应符合以下四方面的条件：

(1) 有符合国家规定的注册资本；

(2) 有与其从事建筑活动相适应的具有法定执业资格的专业技术人员；

(3) 有从事相关建筑活动所应有的技术装备；

(4) 法律、行政法规规定的其他条件。

2.3.3 建筑从业单位资质管理

1. 监督管理

(1) 施工总承包特级企业资质和一级企业资质、专业承包一级企业资质，由国务院建设行政主管部门负责年检；其中铁道、交通、水利、信息产业、民航等方面的建筑业企业资质，由国务院建设行政主管部门会同国务院有关部门联合年检。

施工总承包、专业承包二级及二级以下企业资质、劳务分包企业资质，由企业注册所在地省、自治区、直辖市人民政府建设行政主管部门负责年检；其中交通、水利、通信等方面的建筑业企业资质，由建设行政主管部门会同同级有关部门联合年检。

(2) 建筑业企业资质年检按照下列程序进行

① 企业在规定时间内向建设行政主管部门提交《建筑业企业资质年检表》、《建筑业企业资质证书》及其他有关资料，并交验《企业法人营业执照》。

② 建设行政主管部门会同有关部门在收到企业年检资料后40日内对企业资质年检作出结论，并记录在《建筑业企业资质证书》副本的年检记录栏内。

(3) 建筑业企业资质年检的内容是检查企业资质条件是否符合资质等级标准，是否存在质量、安全、市场行为等方面的违法违规行为。建筑业企业年检结论分为合格、基本合格、不合格三种。

(4) 建筑业企业资质条件符合资质等级标准，且在过去一年内未发生《建筑企业资质管理规定》第十四条所列行为的，年检结论为合格。

(5) 建筑业企业资质条件中，净资产、人员和经营规模未达到资质等级标准，但不低于资质等级标准的 80%，其他各项均达到标准要求，且过去一年内未发生《建筑企业资质管理规定》第十四条所列行为的，年检结论为基本合格。

(6) 有下列情形之一的，建筑业企业的资质年检结论为不合格

① 资质条件中净资产、人员和经营规模任何一项未达到资质等级标准的 80%，或者其他任何一项未达到资质等级标准的；

② 有《建筑企业资质管理规定》第十四条所列行为之一的，已经按照法律、法规的规定予以降低资质等级处罚的行为，年检中不再重复追究。

(7) 建筑业企业资质年检不合格或者连续两年基本合格的，建设行政主管部门应当重新核定其资质等级。新核定的资质等级应当低于原资质等级，达不到最低资质等级标准的，取消资质。

(8)　建筑业企业连续三年年检合格，方可申请晋升上一个资质等级。

(9)　建筑业企业资质升级，由企业在资质年检结束后两个月内提出申请，分批集中办理；建筑业企业资质其他变更事项，应当随时办理。

(10)　降级的建筑业企业，经过一年以上时间的整改，经建设行政主管部门核查确认，达到规定的资质标准，且在此期间内未发生《建筑企业资质管理规定》第十四条所列行为的，可以按照《建筑企业资质管理规定》重新申请原资质等级。

(11)　在规定时间内没有参加资质年检的建筑业企业，其资质证书自行失效，且一年内不得重新申请资质。

(12)　建筑业企业遗失《建筑业企业资质证书》，应当在公众媒体上声明作废。

(13)　建筑业企业变更名称、地址、法定代表人、技术负责人等，应当在变更后的一个月内，到原审批部门办理变更手续。其中由国务院建设行政主管部门审批的企业除企业名称变更由国务院建设行政主管部门办理外，企业地址、法定代表人、技术负责人的变更委托省、自治区、直辖市人民政府建设行政主管部门办理，办理结果向国务院建设行政主管部门备案。

【案例 2-3】某村镇企业(以下简称甲方)与本村一具有维修和承建小型非生产性建筑工程资质证书的工程队(以下简称乙方)订立了建筑工程承包合同。合同中规定：乙方为甲方建设框架结构的厂房，总造价为 98.9 万元；承包方式为包工包料；开、竣工日期为 2008 年 11 月 2 日至 2010 年 3 月 10 日。自开工至 2010 年底，甲方付给乙方工程款共 101.6 万元，到合同规定的竣工期限仍未能完工，并且部分工程质量不符合要求。为此，双方发生纠纷。

问题：

(1)　本案中的乙方有何违法行为？

(2)　本案中的违法行为应当承担哪些法律责任？

2. 处罚规定

(1)　涂改、伪造或者采取不正当手段骗取《建筑业企业资质证书》的，吊销资质证书，处工程合同价款 2%以上 4%以下的罚款；有违法所得的，予以没收。

(2)　未取得《建筑业企业资质证书》承揽工程的，予以取缔，并处工程合同价款 2%以上 4%以下的罚款；有违法所得的，予以没收。

(3)　超越本单位资质等级承揽工程的，责令停止违法行为，处工程合同价款 2%以上 4%以下的罚款，可以责令停业整顿，降低资质等级；情节严重的，吊销资质证书；有违法所得的，予以没收。

(4)　转让、出借《建筑业企业资质证书》的，责令改正，没收违法所得，处工程合同价款 2%以上 4%以下的罚款；可以责令停业整顿，降低资质等级；情节严重的，吊销资质证书。

(5)　未在规定期限内办理资质变更手续的，责令限期办理，处 1 万元以上 3 万元以下的罚款。

(6)　将承包的工程转包或者违法分包的，责令改正，没收违法所得，处工程合同价款 0.5%以上 1%以下的罚款；可以责令停业整顿，降低资质等级；情节严重的，吊销资质证书。

(7)　有下列行为之一的，依照有关法律、行政法规责令改正，处以罚款；情节严重的，责令停业整顿，降低资质等级或者吊销资质证书：

①　施工中偷工减料的，使用不合格的建筑材料、建筑构配件和设备的，或者有不按照工程设计图纸或者施工技术标准施工的其他行为的；

②　未对建筑材料、建筑构配件、设备和商品混凝土进行检验，或者未对涉及结构安全的试块、试件以及有关材料取样检测的；

③　其他违法违规行为。

(8)　建筑企业资质管理规定的责令停业整顿，降低资质等级和吊销资质证书的行政处罚，由颁发资质证书的机关决定；其他行政处罚，由建设行政主管部门或者其他有关部门依照法定职权决定。

(9)　资质审批部门未按照规定的权限和程序审批资质的，由上级资质审批部门责令改正，已审批的资质无效。

(10) 从事资质管理的工作人员在资质审批和管理工作中玩忽职守、滥用职权、徇私舞弊的，依法给予行政处分；构成犯罪的，依法追究刑事责任。

2.4　专业技术人员职业资格许可

中国是一个考试大国，有着十分悠久的历史，从纵向的历史中我们还可以借鉴到许多。我国现代的资格考试，虽然参考人数巨大，但考试科学水平却与历史渊源的考试大国身份不相匹配。当然，资格制度出现矛盾和问题正是我们需要不断要加以变革的重要原因，需要通过不断改革和创新逐步地完善。

中国历史上的反复产生了有很多不同的文官制度、选士制度等人才选拔制度，例如，两汉的察举制度、魏晋南北朝的九品中正制、唐至清代的科举制等，其中也不乏有针对专业类人才的评价，如何从中国考试历史中汲取专业考试丰富的营养和内涵，也需要历史学家进行专门的发掘。

2.4.1　专业技术人员职业资格概述

资格考试是评价人才的重要方法，但是从资格制度而言，考试却不是唯一的方法。我国职业资格制度不仅包括了作为主要评价方式的资格考试，还存在着资格认定、评考结合、技能鉴定等其他的方式。因此，应该科学、合理地善用考试这个工具。

资格考试最重要的工作是制定考试标准。在中共中央国务院的《人才决定》中非常明确地阐述了人才评价总体目标是"从规范职位分类与职业标准入手，建立以业绩为依据，由品德、知识、能力等要素构成的各类人才评价指标体系。"因此，建立与不断完善职业标准和要素评价体系应该是含资格考试在内的资格制度的人才评价始终要奋斗的重要目标之一。

专业技术人员职业
资格概述.mp4

从国外几十年到上百年的职业资格发展过程来看，新中国的职业资格发展过程是迅速而短暂的，同时这又是一个充满了不断改革创新与完善的过程。

我国专业技术人员职业资格制度从制度的准备、建立、实施、规范发展经历了二十多年的历史阶段。在这二十多年的发展历程中，专业技术人员职业资格制度先后在人事部、人力资源和社会保障部的组织领导下，经过全国人事系统内外各方面包括专家、学者和业内人士的共同努力，才形成了我国目前专业技术人员职业资格制度的基本格局。在这个上述的历史过程中，国家奠定了专业技术人员资格考试的实践基础；建立了职业资格证书制度的基本框架；构建了资格制度管理的工作体系；提出了资格制度着力发展的评价标准方向；强调了准入类职业资格须经相应的法律程序的设置等规范。这个历史时期的职业资格变化体现了管理部门对职业资格的认识的不断深化，不同类别的资格制度的变化也是职业资格制度逐步完善的必然过程。通过职业资格的清理规范，人们逐步对职业资格本质有了比较清晰的认识，伴随着职业资格的清理规范活动的不断延伸，我国职业资格制度迈入了一个制度建设的法制化时代。

2.4.2 专业技术人员职业资格种类

从业人员执业资格审查制度是指对具有一定专业学历、资历的从事建筑活动的专业技术人员，通过国家相关考试和注册确定其执业的技术资格，获得相应的建筑工程文件签字权的一种制度。

专业技术人员职业
资格种类.mp4

1. 注册建筑师

注册建筑师是指依法取得注册建筑师证书，并从事房屋建筑设计及相关业务的专业技术人员。

注册建筑师的报考条件根据申请的级别不同而不同。报考者只要符合规定条件之一即可报考。

一级注册建筑师考试合格者，由全国注册建筑师管理委员会核发《一级注册建筑师考试合格证书》，并在全国注册建筑师管理委员会注册。二级注册建筑师考试合格者，由省、自治区、直辖市注册建筑师管理委员会核发《二级注册建筑师考试合格证书》，在省、自治区、直辖市注册建筑师管理委员会注册。

1) 有下列情形之一的不予注册

(1) 不具有完全民事行为能力的。

(2) 因受刑事处罚，自处罚执行完毕之日起至申请注册之日止不满 5 年的。

(3) 因在建筑设计或相关业务中犯有错误，受行政处罚或撤职以上行政处分的，自处罚(处分)；决定之日起至申请注册之日止不满 2 年的。

(4) 受吊销注册建筑师证书的行政处罚，自处罚决定之日起至申请注册之日止不满 5 年的。

(5) 有国务院规定不予注册的其他情形的。

2) 注册建筑师的执业范围

注册建筑师的执业范围包括建筑设计、建筑设计技术咨询、建筑物调查与鉴定、对本人主持设计的项目进行指导和监督、国务院建设行政主管部门规定的其他业务。

2. 注册监理工程师

监理工程师是指经全国统一考试合格并注册取得监理工程师岗位证书的工程建设监理人员。经监理工程师考试合格者，由监理工程师注册机关核发《监理工程师资格证书》。自领取证书起，5年内未注册的，其证书失效。

取得《监理工程师资格证书》的人员，由拟聘用申请者的工程建设监理单位统一向本地区或本部门的监理工程师注册机关提出注册申请。对符合条件的申请者予以注册，颁发《监理工程师岗位证书》，并报全国监理工程师注册机关备案。

3. 注册结构工程师

注册结构工程师是指取得注册结构工程师执业资格证书，并从事房屋结构、桥梁结构及塔架结构等工程设计及相关业务的专业技术人员。

我国注册结构工程师分为一级注册结构工程师和二级注册结构工程师。考试合格者颁发《注册结构工程师执业资格证书》。对准予注册的申请人，分别由全国注册结构工程师管理委员会和省、自治区、直辖市注册结构工程师管理委员会核发《注册结构工程师注册证书》。

注册结构工程师的执业范围主要包括：结构工程师设计，结构工程师设计技术咨询，建筑物、构筑物、工程设施等调查和鉴定；对本人主持设计的项目进行施工指导和监督；建设部和国务院有关部门规定的其他业务。

4. 注册城市规划师

注册城市规划师是指通过全国统一考试，取得注册城市规划师执业资格证书，并经注册登记后从事城市规划业务工作的专业技术人员。

注册城市规划师执业资格考试合格者，由建设部和省、自治区、直辖市人事部门颁发《注册城市规划师执业资格证书》。

5. 注册造价工程师

造价工程师是指经全国造价工程师执业资格统一考试合格，取得造价工程师注册证书并从事建筑工程造价活动的人员。

通过造价工程师考试合格者，由省、自治区、直辖市人事部门颁发人事部统一印制、人事部和建设部共同监印的《造价工程师执业资格合格证书》。

造价工程师的执业范围主要包括：建设项目投资估算的编制、核审及项目经济评价；工程概预算、结算、决算、工程招标投标书的编制审核；工程变更及合同价款的调整和索赔费用的计算；建设项目各阶段的工程造价控制；工程经济纠纷的鉴定；工程造价依据的编制、核审以及与工程造价有关的其他业务。

6. 注册建造师

建造师是指从事建设工程项目总承包和施工管理关键岗位的专业技术人员。建造师分为一级建造师和二级建造师。

取得建造师执业资格证书且符合注册条件的人员，经过注册登记后，即获得一级或二级建造师注册证书。注册后的建造师方可受聘执业。建造师执业资格注册有效期满前，要办理再次注册手续。一级注册建造师资格证书全国通用，二级注册建造师在省内有效。

2.5 案 例 分 析

1. 案例 1

1) 背景

2015 年，某房地产公司与出租汽车公司(以下合并简称建设方)合作，在某市市区共同开发房地产项目。该项目包括两部分，一部分是 6.7 万 m² 的住宅工程，另一部分是与住宅相配套的 3.6 万 m² 的综合楼。该项目的住宅工程各项手续和证件齐备，自 2012 年开工建设到 2015 年 4 月已经竣工验收。综合楼工程由于合作双方对于该工程是作为基建计划还是开发计划申报问题没能统一意见，从而使综合楼建设工程的各项审批手续未能办理。由于住宅工程已竣工验收，配套工程急需跟上，在综合楼施工许可证未经审核批准的情况下开始施工。该行为被市监督执法大队发现后及时制止，并责令停工。

2) 问题

建设方在综合楼项目的建设中有何过错，应如何处理？

3) 分析

本案中，建设方在综合搂项目的建设中违反了《建筑法》第七条规定："建筑工程开工前，建设单位应当按照国家有关规定向工程所在地县级以上人民政府建设行政主管部门申请领取施工许可证。"建设方在未取得施工许可证的情况下擅自开工的行为属于严重的违法行为。

根据《建筑法》第六十四条规定："未取得施工许可证或者开工报告未经批准擅自施工的，责令改正，对不符合开工条件的责令停止施工，可以处以罚款。"

《建设工程质量管理条例》第五十七条规定："建设单位未取得施工许可证或者开工报告未经批准，擅自施工的，责令停止施工，限期改正，处工程合同价款百分之一以上百分之二以下的罚款。"据此，该市监督执法大队责令其停工的做法是正确的，并应当处以罚款。

2. 案例 2

1) 背景

2007 年 9 月，某房产商把一项施工任务委托给了不具有相应资质的某建筑公司。

情景一：刘某被甲建筑公司聘为合同工，从事高空建筑作业。一次在施工中不慎从高楼坠下，当场死亡。刘某家属多次找建筑公司交涉，要求享受工亡待遇。但公司声称，双方定有劳动合同，其中明确规定，工伤及工亡由工人自己承担责任，公司概不负责，且建筑公司也没有参加工伤保险，因此，一切后果只能有刘某自己承担。

情景二：初次完工后，出现部分墙皮脱落，每逢雨天有渗水现象，给业主带了很大不便。经验收建筑工程质量不合格。于是，房产商把该建筑公司叫来进行修复。经过近半个月的日夜兼程施工，建筑队完工。经再次竣工检查验收，质量达标。然而，建筑公司按照合同约定要求房产商支付 500 余万元工程款时，遭到房产商的拒绝。他们的理由是，该建筑公司不具备相应的资质等级，建筑工程施工合同无效，不需给建筑公司工程款。

2) 问题

(1) 刘某与建筑公司签订的合同中"工伤及工亡由工人自己承担责任"条款是否有效？建筑公司是否需要承担责任？

(2) 没有相应资质的能拿到工程款吗？其与房产商之间的纠纷属于劳动纠纷，还是合同纠纷？

3) 分析

(1) 刘某与建筑公司之间劳动合同中的"工伤及工亡由工人自己承担责任"条款即所谓"生死条款"违反了法律法规的强制性规定，应为无效条款。刘某家属在交涉没有结果的情况下，可向劳动争议仲裁机构提起劳动争议仲裁申请。

根据有关工伤事故的劳动保护法规，该建筑公司虽未参加工伤保险，但也应参照企业职工工伤保险有关办法支付工伤待遇。据此，该建筑公司应支付刘某医疗费、丧葬补助金、一次性供养亲属抚恤金及工亡补助金。

(2) 可以拿到工程款。根据我国《合同法》和《解释》以及《招标投标法》的相关规定，建设工程承包人在未取得建筑施工企业资质或者超越资质等级情形下，订立的建设工程施工合同是无效的，具有过错的一方应赔偿对方相应的损失。结合本案，该建筑队由于不具有相应的施工资质，因此与开发商所签合同无效，由此给业主造成的损失，开发商也有一定过错，也应承担相应的民事责任。

《解释》第二条同时规定，建设工程施工合同无效，但建设工程经竣工验收合格，承包人请求参照合同约定支付工程价款的，应予支持。第三条规定，建设工程施工合同无效，且建设工程经竣工验收不合格的，按照以下情形分别处理：(一)修复后的建设工程经竣工验收合格，发包人请求承包人承担修复费用的，应予支持；(二)修复后的建设工程经竣工验收不合格，承包人请求支付工程价款的，不予支持。

结合本案，工程在建设工程合同无效，且验收不合格，但经过修复后已达到验收标准了，发包人房产尚应参照施工合同的约定支付建筑公司 500 余万元的工程款。当然，在修复费用承担的问题上，依据上述规定，如果开发商要求施工队伍承担的，法院会予以支持的。

本 章 小 结

通过本章学习，学生可以了解建筑许可的基本含义；掌握建筑工程施工许可制度，掌握施工许可证的申领要求和时间效力；熟悉建筑工程企业资质等级制度，勘察、设计、施工、监理单位的从业条件和资质分类，建筑工程从业人员执业资格的法律规定等内容，为之后的学习和工作打下一个良好的基础。

实训练习

一、单选题

1. 建筑企业注册工程师是指( )。
   A. 通过国家任职资格考试合格并取得资格证书的人员
   B. 经建设行政主管部门注册并取得注册资格证书的人员
   C. 参加国家任职资格统一考试的人员
   D. 企业聘任的具有执业资格证书并从事相关工作的人员

2. 关于领取施工许可证建设资金落实情况的表述正确的是( )。
   A. 建设工期不足一年的，到位资金原则上不得少于工程合同价的70%
   B. 建设工期超过1年的，到位资金原则上不得少于工程合同价的50%
   C. 建设单位应当提供银行出具的到位资金证明
   D. 有条件的可以要求建设单位实行银行担保

3. 某施工单位中标一住宅楼工程，工程价为500万元。招标文件规定合同工期为15个月，建设单位在申请施工许可证时，其落实的资金最低不得少于( )万元。
   A. 250   B. 150   C. 200   D. 100

4. 某建设单位2015年3月5日领取了施工许可证，由于周边关系协调问题一直没有开工，也未办理延期手续，同年12月7日，该单位准备开工，下列表述正确的是( )。
   A. 建设单位应当向发证机关报告
   B. 建设单位应当报发证机关核验施工许可证
   C. 建设单位应重新领取施工许可证
   D. 是否重新办施工许可证由办证单位决定

5. 我国甲级工程造价咨询单位中从事工程造价专业工作的专职人员和取得造价工程师注册证书的人员分别不少于( )人。
   A. 20和10   B. 20和8   C. 12和8   D. 12和6

6. 根据我国现行规定，甲级和乙级工程造价咨询企业专职从事工程造价专业工作的人员中，取得造价工程师注册证书的人员分别不得少于( )人。
   A. 20和12   B. 16和8   C. 10和6   D. 8和6

7. 以欺骗、贿赂等不正当手段取得工程造价咨询企业资质的，由资质许可机关予以警告，并处一定数额的罚款，申请人在规定期限内不得再次申请工程造价咨询企业资质。其罚款的数额和规定期限分别是( )。
   A. 5000元以上2万元以下和3年   B. 1万元以上3万元以下和3年
   C. 1万元以上3万元以下和1年   D. 5000元以上2万元以下和1年

8. 项目经理王某经考试合格取得了一级建造师资格证书，2006年3月受聘于一家拥有甲级资质的专门从事招标代理的单位，王某可以以建造师的名义从事( )。
   A. 建设工程项目总承包管理   B. 建设监理
   C. 建设工程项目管理服务有关工作   D. 建设工程施工的项目管理

9.　2007 年 6 月，王某与单位解除了聘用合同，选择一家在本专业有多项工程服务资质的单位担任建设工程施工的项目经理，则他必须进行(　　)。

　　A. 初始注册　　　B. 延续注册　　　C. 变更注册　　　D. 增项注册

10.　王某与原执业单位解除合同关系时，为了不影响原单位的资质等级和工作，将自己的注册证书复制了一分交给了单位，则王某的注册证书将(　　)。

　　A. 被吊销　　　　B. 被撤销　　　　C. 延续有效　　　D. 引起诉讼

二、多选题

1.　施工企业安全生产管理的责任有(　　)。

　　A. 保证本单位安全生产条件所需资金的投入

　　B. 办理施工许可证或开工报告时应当报送安全施工措施

　　C. 如实、及时报告生产安全事故

　　D. 对所承担建设工程进行定期和专项安全检查，并做好安全检查记录

　　E. 施工单位应当根据工程特点组织制定安全施工措施，消除安全事故隐患

2.　住宅室内装饰装修管理办法规定住宅室内装饰装修活动，禁止下列行为(　　)。

　　A. 未经原设计单位或者有相应资质等级的设计单位提出设计方案，变动建筑主体和承重结构

　　B. 将没有防水要求的房间或者阳台改为卫生间、厨房间

　　C. 将阳台进行封闭

　　D. 扩大承重墙上原有的门窗尺寸，拆除连接阳台的砖、混凝土墙体

　　E. 损坏房屋原有节能设施，降低节能效果

3.　某工程，经建设单位同意，甲施工单位选择了乙施工单位作为分包单位。工程竣工验收合格后投入使用。建设单位后因使用需要，要求乙施工单位按其示意图在已验收合格的承重墙上开门洞，结果因开门洞施工，使该工程给排水管道大量漏水。以上行为中，建设行政主管部门应对(　　)进行处罚。

　　A. 甲施工单位　　B. 乙施工单位　　C. 监理单位　　D. 设计单位　　E. 建设单位

4.　根据我国《建设工程施工合同(示范文本)》规定，应由发包人完成的工作包括(　　)。

　　A. 负责组织图纸会审和组织设计交底　　B. 提供工程进度计划及相应进度统计报表

　　C. 施工单位使用的临时设施　　　　　　D. 协调处理施工现场地下管线的保护工作

　　E. 施工中保护好水准点与坐标控制点

5.　根据有关规定，关系社会公共利益、公众安全的公用事业项目包括(　　)。

　　A. 邮政、电信枢纽、通信、信息网络等邮电通讯项目　　　B. 商业大楼

　　C. 体育、旅游等项目　　　D. 商品住宅，包括经济适用住房

　　E. 科技、教育、文化等项目

三、问答题

1.　简述建筑工程报建制度？

2.　简述建筑工程从业资格许可的法律依据？

3.　建筑施工企业资质有哪些分类？

第 2 章　课后题

答案.pdf

实训工作单一

班级		姓名		日期	
教学项目			建筑工程报建制度		
任务	学习建筑工程报建的内容和程序	学习途径	本书中的案例分析，自行查找相关法律书籍		
学习目标		掌握建筑工程报建的内容和程序			
学习要点					
学习查阅记录					
评语				指导教师	

实训工作单二

班级		姓名		日期	
教学项目			建筑从业单位资质许可		
任务	学习建筑从业单位资质条件和资质管理	学习途径	本书中的案例分析，自行查找相关法律书籍		
学习目标		掌握建筑从业单位资质条件和资质管理			
学习要点					
学习查阅记录					
评语			指导教师		

第3章 建筑工程发包与承包法规 03

 【学习目标】

建筑工程发包与承包
法规.avi

1. 了解建筑工程发承包的基本概念和相关规定
2. 熟悉建筑工程发承包的基本原则和模式
3. 掌握建筑工程承包和发包的具体概念和方式
4. 掌握建筑工程分包中相关的注意事项以及违法行为和责任

 【教学要求】

本章要点	掌握层次	相关知识点
建筑工程承发包概述	1. 了解建筑工程承发包的概念 2. 了解建筑工程发包的原则 3. 掌握建筑工程承发包的主要模式和相关规定	建筑工程承发包的概念、原则和主要模式以及相关知识学习
建筑工程承包	1. 了解建筑工程承包的资质管理 2. 掌握建筑工程承包的方式	建筑工程承包的具备内容和相关规定
建筑工程发包和分包	1. 掌握建筑工程发包和分包的具体内容 2. 知道建筑工程分包中的违法行为和责任	建筑工程发包和分包的具体规定和违法责任

 【项目案例导入】

2015 年 9 月 22 日被告就某住宅项目进行邀请招标，原告与其他 3 家建筑公司共同参加了投标，结果由原告中标。2015 年 10 月 14 日，被告就该项工程向原告发出中标通知书。该通知书载明：工程建筑面积 82174m^2，中标造价 8000 万元人民币，要求 10 月 25 日签订工程承包合同，10 月 28 日开工。

中标通知书发出后，被告提出，为抓紧工期，应该先做好施工准备，后签工程合同。原告同意了这个意见。随后，原告进场，平整了施工场地，将打桩桩架运入现场，并配合被告在 10 月 28 日打了两根桩，完成了项目的开工仪式。但是，工程开工后，还没有等到正式签订承包合同，双方就因为对合同内容的意见不一而发生了争议。2016 年 3 月 1 日，被告函告原告："将另行落实施工队伍。"

双方协商不成，原告只得诉至法院。在法庭上，原告指出，被告既已发出中标通知书，就表明招投标过程中的要约已经承诺，按照投标文件和《施工合同示范文本》的有关规定，签订工程承包合同是被告的法定义务。因此，原告要求被告继续履行合同。但被告辩称：虽然已发了中标通知书，但这个文件并无合同效力，且双方的合同尚未签订，因此，双方还不存在合同上的权力义务关系，被告有权另行确定合同相对人。

 【项目问题导入】

请根据本章所学的相关知识，试分析原告和其他 3 家建筑公司在此事件中有何过错，应该如何处理？

3.1　建筑工程承发包概述

建筑工程的发包与承包单位必须按照《中华人民共和国合同法》订立书面合同。建筑工程发包与承包的招标投标活动，应按照《中华人民共和国招标投标法》的规定，遵循公开、公平、公正和诚实信用的原则，择优选择承包单位。

3.1.1　建筑工程承发包的概念

承发包是一种经营方式，是指交易的一方负责为交易的另一方完成某项工作或供应一批货物，并按一定的价格取得相应报酬的一种交易行为。

我国在工程建设中所采取的经营方式有自营方式和承包方式两种。承包方式又可分为指定承包、协议承包和招标承包。

指定承包是指国家对承包人下达工程施工任务，承包人接收任务并完成。

建筑工程发包
概念.mp4

协议承包是指发包人与建筑施工企业就工程内容及价格进行协商，签订承包合同。

招标承包是指由三家以上建筑施工企业进行承包竞争，建设单位择优选定建筑施工企业与其签订承包合同。

我国工程承发包业务的发展大致可划分为四个阶段：

(1) 鸦片战争后外国建筑承包商进入中国，包揽官方及私营的土建工程；

(2) 新中国成立以后到 1958 年间由基本建设主管部门按照国家计划，把建设单位的工程任务以行政指令方式分配给建筑施工企业承包；

（3）1958—1976 年建筑施工企业处于徘徊不前的状态；

（4）1978 年至今建立、推行和完善了四项工程建设基本制度：

①　颁布和实施了建筑法、招标投标法、合同法等法律法规，为建筑业的发展提供了法制基础；

②　制定和完善了建设工程合同示范文本，贯彻合同管理制；

③　大力推行招标投标制，把竞争机制引入建筑市场；

④　创建了建设监理制，改革建设工程的管理体制。

工程承发包包含的内容非常广泛，既可以对工程项目建设的全过程进行总承发包，也可以分别对工程项目的项目建议书、可行性研究、勘察设计、材料及设备采购供应、建筑安装工程施工、生产准备和竣工验收等阶段进行阶段性承发包。

3.1.2　建筑工程承发包的原则

建筑工程发包、承包活动是一项特殊的商品交易活动，同时又是一项重要的法律活动，因此，承发包双方必须共同遵循交易活动的一些基本原则，依法进行，才能确保活动的顺利、高效、公平地进行。

建筑工程承发包
原则.mp4

建筑工程发包与承包活动应当共同遵守的基本原则包括：建筑工程的发包与承包双方应当依法订立合同，全面履行合同约定义务的原则；建筑工程发包与承包的招标投标活动应当遵循公开、公正、平等竞争的原则；在建筑工程的发包与承包活动中禁止任何形式的行贿受贿行为的原则；建筑工程的造价应当由合同双方依法约定以及发包单位应当依照合同约定及时拨付工程款项的原则；建筑工程发包方与承包方应当依法订立合同的规定。

【案例 3-1】　2016 年 7 月 4 日，被告中电公司向深圳市建设局申请对中电照明研发中心工程进行对外招标，7 月 11 日获得批准。8 月 11 日，原告达诚公司向被告支付了保证金100 万元人民币，并于 8 月 18 日向深圳市建设工程交易服务中心呈送《中电照明研发中心标书》。8 月 29 日，中电公司在深圳市建设工程交易服务中心第四会议室召开中照研发中心开标会。会上由深圳市建设工程造价管理站(简称造价站)公开宣读中照研发中心的标底为人民币 19010550.12 元，然后公开了 6 个投标单位的投标价，其中原告的投标价为人民币17004308.68 元。9 月 20 日，被告向造价站发函，以造价站的标底与其送审的预算数额有出入为由，要求标底按隐框玻璃幕墙进行调整并重新定标。造价站回函称，被告送交的资料没有任何说明铝合金固定窗修改为隐框玻璃幕墙的资料，同意仅就该工程量清单中第 143项(铝合金固定窗)用同一工程量按隐框玻璃幕墙单价计算调整。9 月 30 日，被告以修改后的标底召开定标会，重新确定投标价为 1991.7393 万元，并宣布深圳市第三某建筑工程总公司(简称三建)得分最高为中标单位。原告则以其已中标但被告拒发中标通知书为由诉至深圳市福田区人民法院，请求判令被告违约并双倍返还保证金 200 万元人民币。

问题：

请根据所学的知识，试分析本案例中原告与被告各存在哪些过错，原告的诉求是否合理？

3.1.3　工程项目主要承发包模式

1. PMC(项目管理承包)模式——工程建设项目管理承包

PMC(项目管理承包)模式是指业主将建设工程项目管理任务委托给一家工程项目管理咨询公司，即"代建制"；或业主和工程管理咨询公司组成一体化联合组织共同管理工程建设项目。

优点：可以充分利用工程项目管理咨询公司的人员、技术、管理经验优势，避免设置庞大的机构，解决了工程完成后人员安置难题，可以提高项目净现值。

工程项目主要
承发包模式.mp4

缺点：项目管理承包商择优性差，合同价较高。

2. CMC(施工管理承包)模式——施工项目管理承包

CMC(施工管理承包)模式是指业主委托一家承包商来负责与设计协调，并管理施工。要求在设计尚未结束之前，当工程某些部分的施工图设计已经完成，就先进行该部分施工招标，从而使这部分施工提前到项目尚处于设计阶段。

优点：设计、招标、施工三者充分搭接，施工可以在尽可能早的时间开始，大大缩短了整个项目的建设周期。

缺点：施工总造价很难在工程开始前得到确定或保证。

3. EPC(设计采购施工总承包)模式——工程总承包

EPC(设计采购施工总承包)模式是指业主将设计、采购、施工等一系列工作发包给一家承包商作为总承包单位，由总承包单位最后向业主交付一个符合动用条件的工程项目。

优点：有利于合同管理、组织协调、缩短工期和投资控制。

缺点：承包商择优性差，业主参与程度低，合同价一般较高。

4. EP+C(设计采购+施工总承包)模式——设计施工联合体进行工程总承包

EP+C(设计采购+施工总承包)模式是指业主将设计采购和施工等一系列工作发包给由一家设计单位和一家施工单位组成的设计施工联合体。

优点：实用性较广，合同数量少，选择承建商的择优性较强，可以发挥联合体各家所长。

缺点：联合体内部协调工作量大，业主受约束程度大。

5. CGC(施工总承包)模式——施工项目施工总承包

CGC(施工总承包)模式是指业主将施工任务集中发包给一家施工总包单位，总包单位可以将其中一部分施工任务分包给其他承建单位。

优点：有利于项目的组织管理。

缺点：工期一般难以缩短。

3.1.4　建筑工程承发包的相关规定

1. 工程发包管理

发包管理内容主要有：工程建设报建制度；发包单位和个人应具备的条件；发包工程勘察设计应具备的条件；发包工程施工应具备的条件等。

建筑工程承发包
的规定.mp4

1) 工程建设报建制度

固定资产投资计划下达后，建设项目的建设单位须向工程所在地的建设行政主管部门办理报建手续，使政府了解固定资产投资和工程建设情况，以便制定政策，调控建筑市场供求，这是管理建筑市场的龙头。

2) 发包单位应具备的条件

为了加强对发包方的资质管理，文件规定发包方应具备的条件是：

① 是法人、依法成立的其他组织或个人；

② 有与发包的建设项目相适应的技术、经济管理人员；

③ 具备编制招标文件和组织开标、评标、定标的能力。

不具备上述②③条条件的，须委托具有相应资质的建设监理、咨询单位等代理。

3) 发包工程勘察设计应具备的条件

对于发包工程勘察设计，应具备的条件是：

① 工程项目可行性研究报告或项目建议书已获批准；

② 已经办理了建设用地规划许可证等手续；

③ 具有工程设计需要的基础资料等。

4) 发包工程施工应具备的条件

发包工程施工应具备的条件是：

① 初步设计及概算已经批准；

② 工程项目已列入年度建设计划；

③ 有能够满足施工需要的施工图纸及有关的技术资料；

④ 建设资金和主要建筑材料、设备来源已经落实；

⑤ 建设用地的征用已经完成，拆迁已符合工程进度要求。

5) 关于工程发包的管理

工程的勘察、设计和施工都必须发包给持有营业执照和相应资质等级证书的勘察、设计单位或施工企业。

建设工程的发包分为招标发包和直接发包，实行公开招标发包的，发包单位应当依照法定程序和方式在有形建筑市场(即建设工程交易中心)发布招标公告。招标工作中开标、评标、定标均由建设单位组织实施，也可以委托招标代理机构负责组织。招标工作要接受有关行政主管部门的监督。

建设单位可以将建设工程的勘察、设计、施工或加上设备采购均发包给一个工程总承包单位，也可以将上述任务的一项或者多项发包给一个工程总承包单位；但是，不得将应当由一个承包单位完成的建筑工程肢解成若干部分发包给几个承包单位。建设单位一般不得直接指定分包单位；确有特殊情况需要指定的，须征得承包单位的同意。建设单位在工程发包工作中不得收受贿赂、回扣或进行其他非法活动。

2. 工程承包管理

工程总承包企业、勘察、设计单位、施工企业等都必须持有营业执照、资质证书或产品生产许可证、开户银行资信证明等证件，方可开展承包业务。承包方必须按照其资质等级和核准的经营范围承包任务，不得无证承包或者未经批准越级、超范围承包。

建筑工程总承包单位可以将承包工程中的部分工程发包给具有相应资质条件的分包单位；但是，除总承包合同中约定的分包外，分包单位必须经建设单位认可。施工总承包的，建筑工程主体结构的施工必须由总承包单位自行完成。

工程的勘察、设计、施工，应当严格按照有关的工程建设标准进行，并按照国家有关规定接受当地建设行政主管部门的监督检查。没有出厂合格证或质量不合格的建筑材料、构配件、设备等不得在工程上使用。

承包工程施工不得非法转包，不得利用行贿、提供回扣或其他好处等不正当手段承揽工程。禁止分包单位将其承包的工程再分包。

对违反发包和承包方面有关法规的行为，均要受到相应处罚。

3.2 建筑工程承包

3.2.1 建筑工程承包的资质管理

房屋建筑工程施工总承包企业资质分为特级、一级、二级、三级。

1. 一级资质标准

1）企业资产
企业净资产 1 亿元以上。

2）企业主要人员

建筑工程承包的
资质管理.mp4

（1）建筑工程、机电工程专业一级注册建造师合计不少于 12 人，其中建筑工程专业一级注册建造师不少于 9 人；

（2）技术负责人具有 10 年以上从事工程施工技术管理工作经历，且具有结构专业高级职称；建筑工程相关专业中级以上职称人员不少于 30 人，且结构、给排水、暖通、电气等专业齐全；

（3）持有岗位证书的施工现场管理人员不少于 50 人，且施工员、质量员、安全员、机械员、造价员、劳务员等人员齐全；

（4）经考核或培训合格的中级工以上技术工人不少于 150 人。

3）企业工程业绩
近 5 年承担过下列 4 类中的 2 类工程的施工总承包或主体工程承包，工程质量合格。

（1）地上 25 层以上的民用建筑工程 1 项或地上 18～24 层的民用建筑工程 2 项；

(2)　高度 100m 以上的构筑物工程 1 项或高度 80～100m(不含)的构筑物工程 2 项；

(3)　建筑面积 3 万 m² 以上的单体工业、民用建筑工程 1 项或建筑面积 2 万～3 万平方米(不含)的单体工业、民用建筑工程 2 项；

(4)　钢筋混凝土结构单跨 30m 以上(或钢结构单跨 36m 以上)的建筑工程 1 项或钢筋混凝土结构单跨 27～30m(不含)(或钢结构单跨 30～36m(不含))的建筑工程 2 项。

2. 二级资质标准

1)　企业资产

企业净资产 4000 万元以上。

2)　企业主要人员

(1)　建筑工程、机电工程专业注册建造师合计不少于 12 人，其中建筑工程专业注册建造师不少于 9 人；

(2)　技术负责人具有 8 年以上从事工程施工技术管理工作经历，且具有结构专业高级职称或建筑工程专业一级注册建造师执业资格；建筑工程相关专业中级以上职称人员不少于 15 人，且结构、给排水、暖通、电气等专业齐全；

(3)　持有岗位证书的施工现场管理人员不少于 30 人，且施工员、质量员、安全员、机械员、造价员、劳务员等人员齐全；

(4)　经考核或培训合格的中级工以上技术工人不少于 75 人。

3)　企业工程业绩

企业近 5 年承担过下列 4 类中的 2 类工程的施工总承包或主体工程承包，工程质量合格。

(1)　地上 12 层以上的民用建筑工程 1 项或地上 8～11 层的民用建筑工程 2 项；

(2)　高度 50m 以上的构筑物工程 1 项或高度 35～50m(不含)的构筑物工程 2 项；

(3)　建筑面积 1 万平方米以上的单体工业、民用建筑工程 1 项或建筑面积 0.6 万～1 万 m²(不含)的单体工业、民用建筑工程 2 项；

(4)　钢筋混凝土结构单跨 21m 以上(或钢结构单跨 24m 以上)的建筑工程 1 项或钢筋混凝土结构单跨 18～21m(不含)(或钢结构单跨 21～24m(不含))的建筑工程 2 项。

3. 三级资质标准

1)　企业资产

企业净资产 800 万元以上。

2)　企业主要人员

(1)　建筑工程、机电工程专业注册建造师合计不少于 5 人，其中建筑工程专业注册建造师不少于 4 人；

(2)　技术负责人具有 5 年以上从事工程施工技术管理工作经历，且具有结构专业中级以上职称或建筑工程专业注册建造师执业资格；建筑工程相关专业中级以上职称人员不少于 6 人，且结构、给排水、电气等专业齐全；

(3)　持有岗位证书的施工现场管理人员不少于 15 人，且施工员、质量员、安全员、机械员、造价员、劳务员等人员齐全；

(4) 经考核或培训合格的中级工以上技术工人不少于 30 人；

(5) 技术负责人(或注册建造师)主持完成过本类别资质二级以上标准要求的工程业绩不少于 2 项。

4. 承包工程范围

1) 一级资质

一级资质可承担单项合同额 3000 万元以上的下列建筑工程的施工：

(1) 高度 200m 以下的工业、民用建筑工程；

(2) 高度 240m 以下的构筑物工程。

2) 二级资质

二级资质可承担下列建筑工程的施工：

(1) 高度 100m 以下的工业、民用建筑工程；

(2) 高度 120m 以下的构筑物工程；

(3) 建筑面积 4 万 m^2 以下的单体工业、民用建筑工程；

(4) 单跨跨度 39m 以下的建筑工程。

3) 三级资质

三级资质可承担下列建筑工程的施工：

(1) 高度 50m 以下的工业、民用建筑工程；

(2) 高度 70m 以下的构筑物工程；

(3) 建筑面积 1.2 万 m^2 以下的单体工业、民用建筑工程；

(4) 单跨跨度 27m 以下的建筑工程。

注意：(1) 建筑工程是指各类结构形式的民用建筑工程、工业建筑工程、构筑物工程以及相配套的道路、通信、管网管线等设施工程。工程内容包括地基与基础、主体结构、建筑屋面、装修装饰、建筑幕墙、附建人防工程以及给水排水及供暖、通风与空调、电气、消防、防雷等配套工程。

(2) 建筑工程相关专业职称包括结构、给排水、暖通、电气等专业职称。

(3) 单项合同额 3000 万元以下且超出建筑工程施工总承包二级资质承包工程范围的建筑工程的施工，应由建筑工程施工总承包一级资质企业承担。

3.2.2 建筑工程承包的方式

1. 建筑工程承包的分类

(1) 按承包的范围和内容可以分为全过程承包、阶段承包和专项承包。

(2) 按承包中相互结合的关系，可分为总承包、分承包、独家承包、联合承包等。

(3) 按承包合同类型和计价方法，可分为总价合同、单价合同和成本加酬金合同。

建筑工程承包的
方式.mp4

我国《建筑法》提倡对建筑工程实行总承包。

2. 建筑工程总承包的规定

1) 建设工程承包制度

(1) 设计采购施工。设计采购施工总承包是指工程总承包企业按照合同约定，承担工程项目的设计、采购、施工、试运行服务等工作，并对承包工程的质量、安全、工期、造价全面负责。交钥匙总承包是设计采购施工总承包业务和责任的延伸，最终是向建设单位提交一个满足使用功能、具备使用条件的工程项目。

(2) 设计施工总承包。设计施工总承包是指工程总承包企业按照合同约定，承担工程项目设计和施工，并对承包工程的设计和施工的质量、安全、工期、造价负责。

(3) 设计采购总承包。设计采购总承包是指工程总承包企业按照合同约定，承担工程项目设计和采购工作，并对工程项目设计和采购的质量、进度等负责。

(4) 采购施工总承包。采购施工总承包是指工程总承包企业按照合同约定，承担工程项目的采购和施工，并对承包工程的采购和施工的质量、安全、工期、造价负责。

2) 工程总承包单位与工程项目管理

工程项目管理是指从事工程项目管理的企业受工程建设单位委托，按照合同约定，代表建设单位对工程项目的实施进行全过程或若干阶段的管理和服务。工程项目管理企业不直接从事该工程项目的勘察、设计、施工等，但可以按合同约定，协助业主与工程项目的总承包企业或勘察、设计、供货、施工等企业签订合同，并受业主委托监督合同的履行。

工程总承包单位可以接受建设单位委托，按照合同约定承担工程项目管理业务，但不应在同一个工程项目上同时承担工程总承包和工程项目管理业务，也不应与承担工程总承包或者工程项目管理业务的另一方企业有隶属关系或者其他利害关系。

3) 总承包单位的责任

《建筑法》规定，建筑工程总承包单位按照总承包合同的约定对建设单位负责;分包单位按照分包合同的约定对总承包单位负责。总承包单位和分包单位就分包工程对建设单位承担连带责任。

3. 联合共同承包

共同承包是指由两个以上具备承包资格的单位共同组成非法人的联合体，以共同的名义对工程进行承包的行为。

在国际工程发承包活动中，由几个承包方组成联合体进行工程承包是一种通行的做法。采用这种方式进行承包，至少有如下优越性：利用各自优势进行联合投标可以减弱相互间的竞争，增加中标的机会；减少承包风险，争取更大的利润；有助于企业之间相互学习先进技术与管理经验，促进企业发展。

1) 联合共同承包的适用范围

《建筑法》规定，大型建筑工程或者结构复杂的工程，可以由两个以上的承包单位联合共同承包。

2) 联合共同承包的责任

《招标投标法》规定，联合体中标的，联合体各方应当共同与招标人签订合同，就中标项目向招标人承包连带责任。《建筑法》也规定，共同承包的各方对承包合同的履行承担连带责任。

3.3 建筑工程发包和分包

3.3.1 建筑工程发包

1. 建筑工程发包方式

1) 直接发包

直接发包是对特殊建筑工程或法律规定应招标发包范围以外的工程，发包方直接与承包方签订承包合同的行为。

2) 招标发包

招标发包包括两种方式：公开招标和邀请招标。

建筑工程发包.mp4

公开招标是指招标人按照法定程序，在公开的媒体上发布招标公告，公开招标文件，使所有潜在的投标人都可以平等参加投标竞争，招标人择优选定中标人。

邀请招标是指招标人根据自己所掌握的情况，预先确定一定数量的符合招标项目基本要求的投标单位，发出投标邀请书，从中确定中标人。

2. 建筑工程发包行为规范

(1) 发包单位及其工作人员在建筑工程发包中不得收受贿赂、回扣或者索取其他好处。

(2) 发包单位应当按照合同的约定及时拨付工程款项。

(3) 发包单位应当依照法定程序和方式进行公开招标。

(4) 发包单位应当将建筑工程发包给依法中标的承包单位。

(5) 禁止将建筑工程肢解发包。

(6) 发包单位不得指定承包单位购入用于工程的建筑材料、建筑构配件和设备或者指定生产厂、供应商。

3.3.2 建筑工程分包

1. 分包的定义

(1) 分包分为专业工程分包和劳务作业分包。专业工程分包是指施工总承包企业将其所承包工程中的专业工程发包给具有相应资质的其他建筑业企业完成的活动；劳务作业分包是指施工总承包企业或者专业承包企业将其承包工程中的劳务作业发包给劳务分包企业完成的活动。

建筑工程分包.mp4

(2) 分包工程承包人必须具有相应的资质，并在其资质等级许可的范围内承揽业务。

2. 合法分包应具备的条件

(1) 按照合同约定或者经招标人同意，可以将中标项目的部分非主体、非关键性工作分包给他人完成。投标人根据招标文件载明的项目实际情况，拟在中标后将中标项目的部分非主体、非关键性工作进行分包的，应当在投标文件中载明；

(2) 分包单位应当具有相应的资质条件；

(3) 专业工程分包除在施工总承包合同中有约定外，必须经建设单位认可。专业分包工程承包人必须自行完成所承包的工程。劳务作业分包由劳务作业发包人与劳务作业承包人通过劳务合同约定。劳务作业承包人必须自行完成所承包的任务；

(4) 禁止分包单位将其承包的工程再分包。

【案例 3-2】 A 施工公司中标了某大型建设项目的桩基工程施工任务，但该公司拿到桩基工程后，由于施工力量不足，就将该工程全部转交给了具有桩基施工资质的 B 公司。双方还签订了《桩基工程施工合同》，就合同单价、暂定总价、工期、质量、付款方式、结算方式以及违约责任等进行了约定。在合同签订后，B 公司组织实施并完成了该桩基工程施工任务。建设单位在组织竣工验收时，发现有部分桩基工程质量不符合规定的质量标准，便要求 A 公司负责返工、修理，并赔偿因此造成的损失。但 A 公司以该桩基工程已交由 B 公司施工为由，拒不承担任何的赔偿责任。

问题：

(1) A 公司在该桩基工程的承包活动中有何违法行为？

(2) A 公司是否应对该桩基工程的质量问题承担赔偿责任？

3. 建设工程分包中应注意的问题

(1) 分包工程发包人和分包工程承包人应当依法签订分包合同，并按照合同履行约定的义务。分包合同必须明确约定支付工程款和劳务工资的时间、结算方式以及保证按期支付的相应措施，确保工程款和劳务工资的支付。

分包工程发包人应当在订立分包合同后 7 个工作日内，将合同送工程所在地县级以上地方人民政府建设行政主管部门备案。分包合同发生重大变更的，分包工程发包人应当自变更后 7 个工作日内，将变更协议送原备案机关备案。

(2) 分包工程发包人应当设立项目管理机构，组织管理所承包工程的施工活动。项目管理机构应当具有与承包工程的规模、技术复杂程度相适应的技术、经济管理人员。其中，项目负责人、技术负责人、项目核算负责人、质量管理人员、安全管理人员必须是本单位的人员。以上所指本单位人员，是指与本单位有合法的人事或者劳动合同、工资以及社会保险关系的人员。

(3) 分包工程发包人可以就分包合同的履行，要求分包工程承包人提供分包工程履约担保；分包工程承包人在提供担保后，要求分包工程发包人同时提供分包工程付款担保的，分包工程发包人应当提供。

4. 承包、分包单位的责任关系

(1) 建设工程总承包单位按照总承包合同的约定对建设单位负责；分包单位按照分包合同的约定对总承包单位负责。总承包单位和分包单位就分包工程对建设单位承担连带责任。

(2) 工程质量连带责任。建设工程实行总承包的,工程质量由工程总承包单位负责,总承包单位将建设工程分包给其他单位的,应当对分包工程的质量与分包单位承担连带责任。分包单位应当接受总承包单位的质量管理。

(3) 安全生产责任。施工现场安全由建筑施工企业负责。实行施工总承包的,由总承包单位负责。分包单位向总承包单位负责,服从总承包单位对施工现场的安全生产管理。

专业分包工程承包人应当将其分包工程的施工组织设计和施工安全方案报分包工程发包人备案,专业分包工程发包人发现事故隐患,应当及时作出处理。

3.3.3 建设工程分包中违法行为和责任

1. 分包中的禁止行为

(1) 禁止总承包单位将工程分包给不具备相应资质条件的单位。

(2) 禁止分包单位将其承包的工程再分包。

(3) 禁止建设单位直接指定分包工程承包人。

(4) 禁止个人承揽分包工程业务。

分包.avi 违法分包责任.mp4

(5) 禁止转包。转包是指承包单位承包建设工程后,不履行合同约定的责任和义务,将其承包的全部建设工程转给他人或将其承包的全部建设工程肢解以后以分包的名义分别转给其他单位承包的行为。

凡承包单位在承接工程后,对该工程不派出项目管理班子,不进行质量、安全、进度等管理,不依照合同约定履行承包义务;无论是将承包的工程全部转给他人,还是以分包的名义将工程肢解后分别转包给他人的,均属违法的转包行为。

(6) 建设工程总承包合同中未有约定,又未经建设单位认可,承包单位将其承包的部分建设工程交由其他单位完成的。

(7) 施工总承包单位将建设工程主体结构的施工分包给其他单位的。

【案例 3-3】 上海市静安区胶州路 728 号公寓大楼所在的胶州路教师公寓小区于 2015年 9 月 24 日开始实施节能综合改造项目施工,建设单位为上海市静安区建设和交通委员会,总承包单位为上海市静安区建设总公司,设计单位为上海静安置业设计有限公司,监理单位为上海市静安建设工程监理有限公司。施工内容主要包括外立面搭设脚手架、外墙喷涂聚氨酯硬泡体保温材料、更换外窗等。上海某有限公司出借资质给个体人员张利分包外墙保温工程,上海迪姆物业管理有限公司(以下简称迪姆公司)出借资质给个体人员支上邦和沈建丰合伙分包脚手架搭建工程。支上邦和沈建丰合伙借用迪姆公司资质承接脚手架搭建工程后,又进行了内部分工,其中支上邦负责胶州路 728 号公寓大楼的脚手架搭建,同时支上邦与沈建丰又将胶州路教师公寓小区三栋大楼脚手架搭建的电焊作业分包给个体人员沈建新。

2015 年 11 月 15 日 14 时 14 分,电焊工吴国略和工人王永亮在加固胶州路 728 号公寓大楼 10 层脚手架的悬挑支架过程中,违规进行电焊作业引发火灾,造成 58 人死亡、71 人受伤，建筑物过火面积 $12000m^2$，直接经济损失 1.58 亿元。

问题：

请根据所学的知识，试分析本案中各方存在的过错？

2. 违法分包的法律责任

承包人转包项目或将中标项目的部分主体、关键性工作分包给他人的，或者分包人再次分包的，转让、分包无效，处转让、分包项目金额 0.5%以上 1%以下的罚款；对勘察、设计、监理单位处合同约定的勘察费、设计费、监理费 25%以上 50%以下的罚款，有违法所得的，并处没收违法所得；可以责令停业整顿；情节严重的，由工商行政管理机关吊销营业执照。

勘察、设计、施工、工程监理单位超越本单位资质等级承揽工程的，责令停止违法行为，对勘察、设计单位或者工程监理单位处合同约定的勘察费、设计费或者监理酬金 1 倍以上 2 倍以下的罚款；对施工单位处工程合同价款 2%以上 4%以下的罚款，可以责令停业整顿，降低资质等级；情节严重的，吊销资质证书；有违法所得的，予以没收。

以欺骗手段取得资质证书承揽工程的，吊销资质证书，依照上述规定处以罚款；有违法所得的，予以没收。

违反规定，转包、违法分包或者允许他人以本企业名义承揽工程的，按照上述规定予以处罚；对于接受转包、违法分包和用他人名义承揽工程的，处 1 万元以上 3 万元以下的罚款。

3. 纠纷处理

工程分包过程中发生纠纷，各方当事人应进行协商；协商不成的按照合同约定的争议解决方式解决；合同未约定、约定不明确或约定无效的，当事人可以达成仲裁协议，向选定的仲裁机构申请仲裁；若达不成仲裁协议，当事人可以向有管辖权的人民法院起诉，当事人也可不经仲裁直接起诉。

具有劳务作业法定资质的承包人与总承包人、分包人签订的劳务分包合同，当事人以转包建设工程违反法律规定为由请求确认无效的，不予支持。

承包人具有下列情形之一，发包人请求解除建设工程施工合同的，应予支持：

(1) 明确表示或者以行为表明不履行合同主要义务的；

(2) 合同约定的期限内没有完工，且在发包人催告的合理期限内仍未完工的；

(3) 已经完成的建设工程质量不合格，并拒绝修复的；

(4) 将承包的建设工程非法转包、违法分包的。

因建设工程质量发生争议的，发包人可以以总承包人、分包人和实际施工人为共同被告提起诉讼。

实际施工人以转包人、违法分包人为被告起诉的，人民法院应当依法受理。实际施工人以发包人为被告主张权利的，人民法院可以追加转包人或者违法分包人为本案当事人。发包人只在欠付工程价款范围内对实际施工人承担责任。

总承包单位依法将建设工程分包给其他单位的，分包单位应当按照分包合同的约定对其分包工程的质量向总承包单位负责，总承包单位与分包单位对分包工程的质量承担连带责任。

3.4 案 例 分 析

1. 背景

某大型综合超市工程，发包方通过邀请招标的方式确定了本工程的承包商为乙，双方签订了工程总承包合同。在征得发包方书面同意的情况下，承包商乙将桩基础工程分包给了具有相应资质的专业分包商丙，并签订了专业分包合同。

另外，在甲方不知情的情况下，承包商乙又与另一家具有施工总承包一级资质的某知名承包商丁签订了主体工程分包合同，合同约定承包商丁可以以承包商乙的名义进行施工，双方按约定的方式进行结算。

2. 问题

(1) 什么是工程分包？

(2) 什么是工程转包？

(3) 承包商乙与分包商丙签订的桩基础工程分包合同是否有效？为什么？

(4) 承包商乙将主体工程分包给承包商丁在法律上属于何种行为，为什么？

3. 案例解析

(1) 工程分包，是相对总承包而言的。所谓工程分包，是指施工总承包企业将所承包的建设工程中的专业工程或劳务作业发包给其他建筑企业完成的活动。

(2) 工程转包，是指承包单位承包建设工程，不履行合同约定的责任和义务，将其所承包的全部建设工程转给他人或者将其承包的全部建设工程肢解后以分包的名义分别转给其他单位承包的行为。

(3) 有效。根据有关规定，在征得建设单位书面同意的情况下，施工总承包企业可以将非主体工程或者劳务作业分包给具有相应专业承包资质或者劳务分包资质的其他建筑业企业。

(4) 该主体工程的分包在法律上属于违法分包行为。根据《建设工程质量管理条例》第78条之规定，下列行为均为违法分包：总承包单位将建设工程分包给不具备相应资质条件的单位的；建设工程总承包合同中未有约定，又未经建设单位认可，承包单位将其承包的部分建设工程交由其他单位完成的；施工总承包单位将建设工程主体结构的施工分包给其他单位的；分包单位将其承包的建设工程再分包的。

本 章 小 结

通过本章学习，学生可以了解工程建设项目的发包承包的基本概念和适用对象与活动原则；掌握发包方和承包方的具体行为规范，熟悉建设行政主管部门对于发包承包管理的基本原则；熟悉建筑工程的承发包模式，注意工程发包在实际中的应用的注意事项和禁忌以及相关的法律责任和处罚原则等相关知识，为以后的学习、工作打下基础。

实训练习

一、单选题

1. 根据《建筑业企业资质管理规定》，关于我国建筑业企业资质的说法，错误的是(　　)。
   A. 建筑业企业资质分为施工总承包、专业承包和劳务分包三个序列
   B. 建筑业企业按照各自工程性质和技术特点，分别划分为若干资质类别
   C. 各资质类别按照各自规定的条件划分为若干等级
   D. 房屋建筑工程施工总承包企业资质分为特级、一级、二级三个等级

2. 由两个以上的承包单位联合共同承包大型建筑工程的，共同承包的各方对所签订的承包合同履行(　　)。
   A. 共同承担责任
   B. 按照承揽工程的比例分别承担责任
   C. 承担连带责任
   D. 各自承担责任

3. 有关总分包的责任承担叙述错误的是(　　)。
   A. 总承包单位按照总承包合同的约定对建设单位负责
   B. 分包单位按照分包合同的约定对总承包单位负责
   C. 总承包单位和分包单位就分包工程对建设单位承担各自的责任
   D. 总承包单位和分包单位就分包工程对建设单位承担连带责任

4. 关于工程建设勘察、设计单位将其所承揽的工程勘察、设计任务进行分包的说法不正确的是(　　)。
   A. 不得将承揽的工程建设勘察设计任务肢解后全部分包出去
   B. 经发包方书面同意
   C. 选择具有相应资质等级的勘察设计单位为分包单位
   D. 分包必须选择招标方式

5. 施工承包合同承包人按合同规定，将施工组织设计和工程进度计划提交工程师，工程师审查后在规定时间内予以确认。施工过程中，承包人发现该施工组织设计和工程进度计划本身存在缺陷，对此应由(　　)承担责任。
   A. 发包人　　　B. 工程师　　　C. 工程师与承包人共同　　　D. 承包人

6. 甲公司中标成为某市一商务中心工程的施工总承包人，该中心由一幢28层酒店式公寓和一幢16层写字楼组成。在签订总包合同后，甲公司将16层写字楼工程主体结构的施工分包给一家三级资质房屋建筑工程公司乙，业主提出异议，认为未经事先认可，且乙公司不具备相应资质等级。根据建筑法的规定，甲公司的行为属于违法分包，建设行政主管部门给甲公司的最低处罚应是(　　)。
   A. 责令改正，交由业主办理　　　B. 吊销资质证书
   C. 没收违法所得，并处罚款　　　D. 责令停业整顿，降低资质等级

7. 总承包单位依法将建设工程分包给其他单位的，分包单位应当服从总承包单位的安全生产管理，分包单位不服从管理导致生产安全事故的，由分包单位承担(　　)。
   A. 全部责任　　　B. 次要责任　　　C. 主要责任　　　D. 同等责任

二、多选题

1. 甲施工企业总承包了一个高档酒店工程，经建设单位同意，甲施工企业将其中的大堂装修工程分包给符合资质条件的乙装饰公司，分包合同写明："大堂装修工程质量完全由乙方负责"。以下说法正确的是(　　)。

   A. 该分包合同约定无效

   B. 该分包合同约定有效

   C. 该分包合同约定不得对抗建设单位

   D. 分包工程出现质量问题，建设单位可以要求总承包单位赔偿全部损失

   E. 总承包单位向建设单位赔偿损失后，可以依据分包合同约定向分包单位追偿

2. 甲施工单位(总包单位)将部分非主体工程分包给具有相应资质条件的乙施工单位，且已征得建设单位同意。下面关于该分包行为的说法正确的是(　　)。

   A. 甲必须上级主管部门批准备案

   B. 甲就分包工程质量和安全对建设单位承担连带责任

   C. 乙应按照分包合同的约定对甲负责

   D. 建设单位必须与乙重新签订分包合同

   E. 建设单位必须重新为分包工程办理施工许可证

3. 建设工程招标人的下列行为中，违法的有(　　)。

   A. 将建筑工程的勘察、设计、施工和设备采购分别发包给了 4 个总承包单位

   B. 要求投标人结成联合体投标

   C. 在招标文件中规定有最低投标限价

   D. 在评标委员会推荐的中标候选人之外确定了中标人

   E. 因评标排名第一的中标候选人放弃中标而宣布重新招标

4. 投标人的下列行为中，违法的有(　　)。

   A. 相互协商投标报价与策略

   B. 属于同一集团的企业法人按该集团的要求协同投标

   C. 不同的投标人委托同一单位办理投标事宜

   D. 允许信得过的长期合作伙伴以自己的名义投标

   E. 拒绝招标人延长投标有效期的要求

5. 《招标投标法》规定，招标人应当根据招标项目的特点和需要编制招标文件。招标文件应当包括(　　)等所有实质性要求和条件。

   A. 招标项目的技术要求　　　　　　B. 对投标人资格审查的标准

   C. 投标报价要求和评标标准　　　　D. 标明特定的生产供应者

   E. 不允许投标的潜在投标人

三、问答题

1. 简述建筑工程承发包的原则？

2. 建筑工程承包的方式有哪些？

3. 建筑工程有哪些发包方式？

第 3 章 课后题答案.pdf

实训工作单一

班级		姓名		日期	
教学项目			建筑工程承包		
任务	学习建筑工程承包的资质管理及承包方式	学习途径	本书中的案例分析，自行查找相关法律书籍		
学习目标		掌握建筑工程承包的资质管理及承包方式			
学习要点					
学习查阅记录					
评语				指导教师	

实训工作单二

班级		姓名		日期	
教学项目			建筑工程发包和分包		
任务	学习工程发包、分包以及分包中违法行为	学习途径	本书中的案例分析，以及相关视频		
学习目标		重点掌握分包中违法行为			
学习要点					
学习查阅记录					
评语			指导教师		

第4章　建筑工程招标
与投标法规教案.pdf

第4章　建筑工程招标与投标法规 04

【学习目标】

1. 了解建筑工程招投标法的基础知识
2. 熟悉建筑工程招投标的基本过程和程序
3. 掌握建筑工程招投标的内容和相关的法律责任

建筑工程招标
与投标法规.avi

【教学要求】

本章要点	掌握层次	相关知识点
建筑工程招标与投标概述	1. 了解建筑工程招投标的类型、方式及适用范围 2 熟悉建设工程招投标的法律制度	建筑工程招投标 建设工程招投标的法律制度
建筑工程招标	1. 了解建设施工工程招标条件及程序 2. 掌握建筑工程招标文件的编制 3. 掌握招标标底和招标控制价的编制	建设施工工程招标 招标标底 招标控制价
建筑工程投标	1. 了解了解建设工程投标条件及程序 2. 掌握投标文件的编制	建设工程投标 投标文件的编制
建筑工程项目开标、评标、定标和签约	1. 熟悉建筑工程开标 2. 熟悉建筑工程评标 3. 熟悉建筑工程定标 4. 熟悉建筑工程签约	开标 评标 定标 签约
建筑工程招标投标中的法律责任	1. 掌握招标人、投标人和中标人的法律责任 2. 掌握招标代理机构和评标委员会成员的法律责任 3. 熟悉国家机关及工作人员的法律责任	招标人、投标人和中标人相关法律责任 招标代理机构 评标委员会

【项目案例导入】

　　某投标人通过资格预审后，对招标文件进行了仔细分析，发现招标人所提出的工期要求过于苛刻，且合同条款中规定每拖延1天逾期违约金为合同价的1%。若要保证实现该工期要求，必须采取特殊措施，从而大大增加成本；还发现原设计结构方案采用框架剪力墙体系过于保守。因此，该投标人在投标文件中说明招标人的工期要求难以实现，因而按自己认为的合理工期(比招标人要求的工期增加 6 个月)编制施工进度计划并据此报价；还建议将框架剪力墙体系改为框架体系，并对这两种结构体系进行了技术经济分析和比较，证明框架体系不仅能保证工程结构的可靠性和安全性、增加使用面积、提高空间利用的灵活性，而且可降低造价约3%。

　　该投标人将技术标和商务标分别封装，在封口处加盖本单位公章和项目经理签字后，在投标截止日期前1天上午将投标文件报送招标人。次日(即投标截止日当天)下午，在规定的开标时间前 1 小时，该投标人又递交了一份补充材料，其中声明将原报价降低 4%。但是，招标人的有关工作人员认为，根据国际上"一标一投"的惯例，一个投标人不得递交两份投标文件，因而拒收该投标人的补充材料。

　　开标会由市招投标办的工作人员主持，市公证处有关人员到会，各投标人代表均到场。开标前，市公证处人员对各投标人的资质进行审查，并对所有投标文件进行审查，确认所有投标文件均有效后，正式开标。主持人宣读投标人名称、投标价格、投标工期和有关投标文件的重要说明。

【项目问题导入】

　　请根据本章所学的相关知识，试分析招标人对投标人进行资格预审应包括哪些内容？从所介绍的背景资料来看，在该项目招标程序中存在哪些不妥之处？请分别作简单说明。

4.1　建筑工程招标与投标概述

　　招标与投标，实际上是一种商品交易方式。这种交易方式的交易成本比较高，但具有很强的竞争性。特别是建设工程的发包，我国的法律法规明确规定除不宜招标的工程项目外，都应当实行招标发包。

　　建设工程招标是业主就拟建工程项目发出要约邀请，并对应邀提起要约参与竞争的承包(供应)商进行审查、评选，并择优做出承诺，从而确定工程项目建设承包人的活动。它是业主订立建设工程合同的准备活动。

　　建设工程投标是承包(供应)商针对业主的要约邀请，以明确的价格、期限、质量等具体条件，向业主发出要约，通过竞争获得经营业务的活动。建设工程招标与投标，是承发包双方合同管理的第一环节。

建设工程招标.mp4　　　　建设工程投标.mp4

4.1.1　建筑工程招投标的类型、方式

工程项目招标投标多种多样，按照不同的标准可以进行不同的分类。

1. 按照工程建设程序分类

按照工程建设程序可以将建设工程招标投标分为建设项目前期咨询招标投标、工程勘察设计招标投标、材料设备采购招标投标、施工招标投标。

1) 建设项目前期咨询招标投标

建设项目前期咨询招标投标是指对建设项目的可行性研究任务进行的招标投标。投标方一般为工程咨询企业。中标的承包方要根据招标文件的要求，向发包方提供拟建工程的可行性研究报告，并对其结论的准确性负责。承包方提供的可行性研究报告，应获得发包方的认可，认可的方式通常为专家组评估鉴定。

建设项目前期咨询
招标投标

项目投资者缺乏建设管理经验的，可以通过招标选择项目咨询者及建设管理者，即工程投资方在缺乏工程实施管理经验时，通过招标方式选择具有专业管理经验的工程咨询单位，为其制定科学、合理的投资开发建设方案，并组织控制方案的实施。这种集项目咨询与管理于一体的招标类型的投标人一般也为工程咨询单位。

建设项目前期咨询
招标投标.mp4

2) 勘察设计招投标

勘察设计招投标指根据批准的可行性研究报告，择优选择勘察设计单位的招标。勘察和设计是两种不同性质的工作，可由勘察单位和设计单位分别完成。勘察单位最终提出施工现场的地理位置、地形、地貌、地质、水文等在内的勘察报告；设计单位最终提供设计图纸和成本预算结果。设计招标还可以进一步分为建筑方案设计招标、施工图设计招标。当施工图设计不是由专业的设计单位承担时，而是由施工单位承担，一般不进行单独招标。

勘察设计招标.mp4

3) 材料设备采购招投标

材料设备采购招标是指在工程项目初步设计完成后，对建设项目所需的建筑材料和设备(如电梯、供配电系统、空调系统等)采购任务进行的招标。投标方通常为材料供应商、成套设备供应商。

材料设备采购招标.mp4

工程施工招标.mp4

4) 工程施工招投标

工程施工招投标是指在工程项目的初步设计或施工图设计完成后，用招标的方式选择施工单位的行为。施工单位最终向业主交付按招标设计文件规定的建筑产品。

2. 按工程项目承包的范围分类

按工程项目承包的范围分类可将工程招标划分为项目总承包招投标、项目阶段性招投

标、设计施工招投标、工程分承包招投标及专项工程承包招投标。

  1) 项目全过程总承包招标

  项目全过程总承包招投标。即选择项目全过程总承包人招投标，这种又可分为两种类型，其一是指工程项目实施阶段的全过程招投标；其二是指工程项目建设全过程的招投标。前者是在设计任务书完成后，从项目勘察、设计到施工交付使用进行一次性招投标；后者则是从项目的可行性研究到交付使用进行一次性招投标，业主只需提供项目投资和使用要求及竣工、交付使用期限，其可行性研究、勘察设计、材料和设备采购、土建施工、设备安装及调试、生产准备和试运行、交付使用，均由一个总承包商负责承包，即所谓"交钥匙工程"。承揽"交钥匙工程"的承包商被称为总承包商，绝大多数情况下，总承包商要将工程部分阶段的实施任务分包出去。

  2) 工程分承包招标

  工程分承包招投标是指中标的工程总承包人作为其中标范围内的工程任务的招标人，将其中标范围内的工程任务，通过招标投标的方式，分包给具有相应资质的分承包人，中标的分承包人只对招标的总承包人负责。

  3) 专项工程承包招标

  专项工程承包招投标指在工程承包招标中，对其中某项比较复杂、专业性强、施工和制作要求特殊的单项工程进行单独招投标工作。

3. 按与工程建设相关的业务性质及专业类别划分

  按与工程建设相关的业务性质及专业类别划分可将工程招投标分为土木工程招投标、勘察设计招投标、材料设备采购招投标、安装工程招投标、建筑装饰装修招投标、生产工艺技术转让招投标、咨询服务(工程咨询)及建设监理招投标等。

  (1) 土木工程招标投标是指对建设工程中土木工程施工任务进行的招投标。

  (2) 勘察设计招标投标是指对建设项目的勘察设计任务进行的招标投标。

  (3) 货物采购招标投标是指对建设项目所需的建筑材料和设备采购任务进行的招标投标。

  (4) 安装工程招标投标是指对建设项目的设备安装任务进行的招标投标。

  (5) 建筑装饰装修招标投标是指对建设项目的建筑装饰装修的施工任务进行的招标投标。

  (6) 生产工艺技术转让招标投标是指对建设工程生产工艺技术转让进行的招标投标。

  (7) 工程咨询和建设监理招标投标是指对工程咨询和建设监理任务进行的招标投标。

4. 按工程承发包模式分类

  随着建筑市场运作模式与国际接轨进程的深入，我国承发包模式也逐渐呈多样化，按承发包模式分类可将工程招投标划分为工程咨询招投标、交钥匙工程招投标、设计施工招投标、设计管理招投标、BOT工程招投标。

5. 按照工程是否具有涉外因素分类

  按照工程是否具有涉外因素，可以将建设工程招投标分为国内工

拓展资源 1.pdf

程招标投标和国际工程招标投标。

1)　国内工程招投标

国内工程招标投标是指对本国没有涉外因素的建设工程进行的招标投标。

2)　国际工程招标投标

国际工程招标投标是指对有不同国家或国际组织参与的建设工程进行的招标投标。国际工程招标投标包括本国的国际工程(习惯上称涉外工程)招标投标和国外的国际工程招标投标两个部分。国内工程招标投标和国际工程招标投标的基本原则是一致的，但在具体做法有差异。随着社会经济的发展和与国际接轨的深化，国内工程招标投标和国际工程招标投标在做法上的区别已越来越小。

4.1.2　建筑工程招投标的基本原则

招标与投标都是民事主体的民事法律行为，均应遵循《民法通则》的基本原则。招投标法特别规定的必须遵循的原则如下。

1)　公平、公正、公开原则

招投标活动必须做到公平、公开、公正，招投标双方及评标委员会应当遵守下列行为规范：

(1)　招标人的行为规范。

招标人及其代理人不得有下列行为：

①　泄露应当保密的与招投标活动有关的情况和资料；

②　以不合理的条件限制或排斥潜在投标人投标，或对某些潜在投标人实行歧视待遇；强制投标人组成联合体共同投标；或者限制投标人之间的竞争等；

③　向他人透露已获取招标文件的潜在投标人的名称、数量以及可能影响公平竞争的有关招投标的其他情况(例如泄露标底等)。

(2)　投标人的行为规范。

投标人不得相互串通投标或者与招标人串通招投标。

(3)　对评标委员会及其成员的规定。

①　与投标人有利害关系的人不得进入评标委员会，评标委员会成员的名单应保密。

②　评标委员会成员不得收受投标人的财物或其他任何好处。

(4)　任何单位和个人不得限制或者排斥本地区、本系统以外的法人或者其他组织参加投标，不得为招标人指定招标代理机构。

2)　诚实信用原则

招投标双方应遵守下列规定：

(1)　投标人不得以他人名义投标或者以其他方式弄虚作假骗取中标；

(2)　招标人应当对招标文件的内容负责，必须在评标委员会依法推荐的中标候选人名单中确定中标人；

(3)　招标人与中标人应当按照招标文件和中标人的投标文件订立合同，中标人不得将中标项目转让或肢解后转让给他人，也不得违法分包给他人。

4.1.3 建设工程招投标的法律制度

为了规范招标投标活动，保护国家利益、社会公共利益和招标投标活动当事人的合法权益，提高经济效益，保证项目质量，制定中华人民共和国招标投标法。

1）《招标投标法》的立法宗旨

立法宗旨，又称立法目的，是一部法律所要达到的目标。制定《招标投标法》的根本目的，是维护市场平等竞争秩序，完善社会主义市场经济体制。而其直接立法目的是：规范招标投标活动，保护国家利益、社会公共利益和招标投标活动当事人的合法权益，提高经济效益，保证项目质量。

2）《招标投标法》的适用范围

《招标投标法》第2条规定："在中华人民共和国境内进行招标投标活动，适用本法。"即《招标投标法》适用于在我国境内进行的各类招标投标活动，这是《招标投标法》的空间效力。依据"一国两制"的制度安排，《招标投标法》不适用于香港、澳门和台湾地区。

《招标投标法》的适用主体范围很广泛，只要是在我国境内进行的招标投标活动，无论是哪类主体都要执行《招标投标法》。

《招标投标法》第67条规定了例外适用情况："使用国际组织或者外国政府贷款、援助资金的项目进行招标，贷款方、资金提供方对招标投标的具体条件和程序有不同规定的，可以适用其规定，但违背我国的社会公共利益的除外。"

3）《招标投标法》的调整对象

法律的调整对象是指一部法律所调整的社会关系。《招标投标法》是调整"招标投标活动"中产生的社会关系，比如招标人和投标人平等主体之间的平等关系、招标投标活动过程中的有关行政监督部门和被监督对象之间的监督与被监督的关系等。凡是在中国境内进行的招标投标活动。不论是属于必须进行招标的项目，还是属于自愿进行招标的项目，其招标投标活动均适用《招标投标法》。需要注意的是，根据强制招标项目和非强制招标项目的不同情况，《招标投标法》作了有所区别的规定。有关招标投标规则和程序的强制性规定及法律责任的规定，主要适用于强制招标的项目。

4.2 建筑工程项目招标

4.2.1 建设施工工程招标条件及程序

1. 招标人必须具备的条件

(1) 招标人必须具备民事主体资格。

(2) 招标人自行办理招标，必须具备编制招标文件和组织评标的能力，具体条件主要包括：

① 设有专门的招标组织机构。

招投标.avi

②　有与工程规模、技术复杂程度相适应，并具有同类工程招标经验、熟悉有关招标法律法规的工程技术、工程造价及工程管理的专业人员。

(3)　招标人委托代理招标。

(4)　招标人自行办理招标或委托代理招标，均应在发布招标公告(或投标邀请书)的 5 日前向工程所在地县级以上建设行政主管部门备案，并报送下列材料：

①　按照国家规定办理审批手续的各项批准文件；

②　编制招标文件和组织评标等能力的证明材料，包括专业技术人员的名单及其职务证书或执业资格证书，以及工作经验的证明材料；或招标代理机构的资格资质证件；

③　法律法规和规章规定的其他材料。

2. 工程招标代理机构的资格条件

1)　招标代理机构资质等级

工程招标代理机构资格分为甲级、乙级和暂定级三个等级。

2)　招标代理机构业务范围

(1)　甲级工程招标代理机构可以承担各类工程的招标代理业务；

(2)　乙级工程招标代理机构只能承担工程总投资 1 亿元人民币以下的工程招标代理业务；

(3)　暂定级工程招标代理机构，只能承担工程总投资 6000 万元人民币以下的工程招标代理业务；

3)　资质证书的有效期

(1)　甲级、乙级工程招标代理机构资格证书的有效期为 5 年。

(2)　暂定级工程招标代理机构资格证书的有效期为 3 年。

4)　工程招标代理机构应当具备的及基本条件

(1)　是依法设立的中介组织，具有独立法人资格；

(2)　与行政机关和其他国家机关没有行政隶属关系或者其他利益关系；

(3)　有固定的营业场所和开展工程招标代理业务所需设施及办公条件；

(4)　有健全的组织机构和内部管理的规章制度；

(5)　具备编制招标文件和组织评标的相应专业力量；

(6)　具有可以作为评标委员会成员人选的技术、经济等方面的专家库；

(7)　法律、行政法规规定的其他条件。

5)　甲级工程招标代理机构的资质条件

除应具备上述 4)条件外，甲级工程招标代理机构还应当具备下列条件：

(1)　取得乙级工程招标代理资格满 3 年；

(2)　近 3 年内累计工程招标代理中标金额在 16 亿元人民币以上(以中标通知书为依据，下同)；

(3)　具有中级以上职称的工程招标代理机构专职人员不少于 20 人，其中具有工程建设类注册执业资格人员不少于 10 人(其中注册造价工程师不少于 5 人)，从事工程招标代理业务 3 年以上的人员不少于 10 人；

(4)　技术经济负责人为本机构专职人员，具有 10 年以上从事工程管理的经验，具有高

级技术经济职称和工程建设类注册执业资格;

(5) 注册资本金不少于 200 万元。

6) 乙级工程招标代理机构的资质条件

申请乙级工程招标代理资格的机构,除具备上述 4)外还应当:

(1) 取得暂定级工程招标代理资格满 1 年;

(2) 近 3 年内累计工程招标代理中标金额在 8 亿元人民币以上;

(3) 具有中级以上职称的工程招标代理机构专职人员不少于 12 人,其中具有工程建设类注册执业资格人员不少于 6 人(其中注册造价工程师不少于 3 人),从事工程招标代理业务 3 年以上的人员不少于 6 人;

(4) 技术经济负责人为本机构专职人员,具有 8 年以上从事工程管理的经历,具有高级技术经济职称和工程建设类注册执业资格;

(5) 注册资本金不少于 100 万元。

7) 暂定级工程招标代理资格

新设立的工程招标代理机构具备上述 4)项和乙级中的(3)、(4)、(5)项条件的,可以申请暂定级工程招标代理资格。

【案例 4-1】 某建设工程的建设单位自行办理招标事宜。由于该工程技术复杂且需采用大型专用施工设备,经有关主管部门批准,建设单位决定采用邀请招标,共邀请 A、B、C 三家国有特级施工企业参加投标。

投标邀请书中规定: 6 月 1 日至 6 月 3 日 9:00～17:00 在该单位总经济师室出售招标文件。招标文件中规定: 6 月 30 日为投标截止日;投标有效期到 7 月 30 日为止;招标控制价为 4000 万元;投标保证金统一定为 100 万元;评标采用综合评估法,技术标和商务标各占 50%。

在评标过程中,鉴于各投标人的技术方案大同小异,建设单位决定将评标方法改为经评审的最低投标价法。评标委员会根据修改后的评标方法,确定的评标结果排名顺序为 A 公司、C 公司、B 公司。建设单位于 7 月 8 日确定 A 公司中标,于 7 月 15 日向 A 公司发出中标通知书,并于 7 月 18 日与 A 公司签订了合同。在签订合同过程中,经审查,A 公司所选择的设备安装分包单位不符合要求,建设单位遂指定国有一级安装企业 D 公司作为 A 公司的分包单位。建设单位于 7 月 28 日将中标结果通知了 B、C 两家公司,并将投标保证金退还给 B、C 两家公司。建设单位于 7 月 31 日向当地招标投标管理部门提交了该工程招标投标情况的书面报告。

问题:

(1) 招标人自行组织招标需具备什么条件?要注意什么问题?

(2) 对于必须招标的项目,在哪些情况下经有关主管部门批准可以采用邀请招标?

(3) 该建设单位在招标工作中有哪些不妥之处?请逐一说明理由。

3. 招标工程应当具备的条件

(1) 已经履行审批手续。

按照国家规定需要履行项目审批手续的,已经履行审批手续,通常包括:

① 立项批准文件和固定资产投资许可证;

② 已经办理该建设工程用地批准手续；

③ 已经取得规划许可证。

(2) 工程所需资金或资金来源已经落实。

(3) 有满足招标需要的技术资料。

(4) 法律、法规和规章规定的其他条件。

4. 建设工程招标的适用范围

总投资或单项合同估算价在限额以上的下列建设工程项目的勘察、设计、施工、监理和物资采购，都必须实行招标发包：

(1) 大型基础设施、公用事业等关系社会公共利益、公众安全的项目。大型基础设施包括能源、交通、邮电、通信、水利、城市设施、环境与资源保护设施等；公用事业项目主要包括具有公共用途的服务行业，如供水(电、热、气)、科技教育、文体、旅游、卫生、社会福利等项目，以及商品住宅和其他公用事业项目。

建设工程招标的
范围.mp4

(2) 全部或部分使用国有资金投资或者国家融资的项目。国有资金投资项目包括使用各级财政预算的项目、使用纳入财政管理的各种政府性专项建设基金的项目，以及使用国有企业事业单位自有资金，并且国有资产投资者实际拥有控制权的项目；国家融资项目的范围包括：使用国家发行债券、国家对外借款或者担保所筹资金的项目以及使用国家政策性贷款、国家授权投资主体融资或特许融资的项目。

(3) 使用国际组织或外国政府贷款、援助资金的项目。包括使用世界银行、亚洲开发银行等国际组织贷款的项目、使用外国政府及其机构贷款的项目、使用国际组织或者外国政府援助资金的项目。

(4) 法律和行政法规规定的其他项目。

5. 建设工程招标的规模标准(额度)

建设工程项目的勘察、设计、施工、监理和重要建设物资的采购，达到下列标准之一的必须进行招标：

(1) 施工单项合同估算价在 400 万元人民币(下同)以上的。

(2) 重要设备、材料等货物的采购，单项合同估算价在 200 万元以上的。

(3) 勘察、设计、监理等服务，单项合同估算价在 100 万元以上的。

6. 可以不进行招标的项目

招投标法规定以下工程可以不进行招标，即可以直接发包的建设工程项目：

(1) 涉及国家安全和国家秘密的工程项目。

(2) 抢险救灾或者属于利用扶贫资金实行以工代赈、使用农民工的项目。

(3) 二层以下的农民住宅。

(4) 总投资或施工造价在限额以下的小型建设工程项目等。

4.2.2　资格预审文件的编制

资格审查是招标人根据招标项目本身的要求，对潜在投标人进行资格审查。资格审查分为资格预审和资格后审两种。资格预审是指招标人在发放招标文件前，对报名参加投标的承包商的承包能力、业绩、资格和资质、财务状况和信誉等进行审查，并确定合格的投标人名单的过程；在评标时进行的资格审查称为资格后审。两种审查的内容基本相同，通常公开招标采用资格预审方法，邀请招标采用资格后审方法。

1．资格预审文件

实行资格预审的招标工程，招标人应当在招标公告或投标邀请书中载明资格预审的条件和获取资格预审文件的办法。资格预审文件一般包括下列组成部分：

(1) 资格预审申请书；

(2) 资格预审须知；

(3) 资格预审合格通知书。

2．资格预审方法

1) 投标合格条件

(1) 必要合格条件。包括：营业执照；准许承接业务的范围应符合招标工程的要求；资质等级达到或超过招标工程的技术要求；财务状况和流动资金：资金信用良好；以往履约情况无毁约或被驱逐的历史；分包计划合法。

(2) 附加合格条件。

附加合格条件即招标人可以针对工程所需的特别措施或工艺的专长、专业工程的施工资质；环境保护方针和保证体系；同类工程施工经历；项目经理资质要求；安全文明等方面设立附加合格条件。

2) 确定合格投标人名单的方法

(1) 综合评议法；

(2) 计权评分量化审查。

3) 投标人应提交的资格预审资料

为了证明自己符合资格预审须知规定的投标资格和合格条件要求，具备履行合同的能力，参加资格预审的投标人应当提供下列资料：

(1) 确定投标人法律地位的原始文件。

(2) 履行合同能力方面的资料。要求提供：

① 管理和执行本合同的管理人员和主要技术人员的情况。

② 为完成本合同拟采用的主要技术装备情况。

③ 为完成本合同拟分包的项目及分包单位的情况。

(3) 项目经验方面的资料。

(4) 财务状况的资料。

(5) 企业信誉方面的资料。

4) 承包商准备和提交资格预审资料的注意事项

能否通过资格预审是承包商投标争取中标的第一关。在准备和提交资格预审资料中应注意下列事项：

(1) 应在平时做好资格预审通用资料的积累工作；

(2) 下功夫填好资格预审表的重点部位；

(3) 决策确定投标项目后，应立即动手做资格预审的申请准备；

(4) 按时提交资格预审资料，并做好提交资格预审表后的跟踪工作。

4.2.3　招标文件的编制

招标文件应当依照《招标投标法》、《招标投标法实施条例》和相关法规规章要求，根据项目特点和需要进行编制。编制招标文件时，不仅要抓住重点，根据不同需求，合理确定对投标人资格审查的标准、投标报价要求、评标标准、评标方法、标段(或标包)、工期(或交货期)和拟签订合同的主要条款等实质性内容，而且应当格式符合法规要求、内容完整无遗漏，文字严密、表达准确、逻辑性强。无论招标项目多么复杂，招标文件都应按照以下要求编制：

(1) 依法编制招标文件并满足招标人使用要求；

(2) 合理划分标段(或标包)和确定工期(或交货期)；

(3) 明确规定具体而详细的使用与技术要求；

(4) 用醒目方式标明实质性要求和条件；

(5) 规定评标标准和评标方法以及除价格以外的所有评标因素；

(6) 规定提交备选方案和对备选方案的处理办法；

(7) 规定编制投标文件的合理时间并载明招标文件最短发售期；

(8) 规定需要踏勘现场的时间和地点；

(9) 明确投标有效期；

(10) 明确投标保证金的数额、有效期以及提交与退还；

(11) 不得以不合理的条件限制和排斥潜在投标人或者投标人；

(12) 明确招标文件的售价；

(13) 充分利用和发挥招标文件标准文本或示范文本的作用。

(1)~(13) 具体解释详见二维码。

拓展资源 2.pdf

4.2.4　招标标底和招标控制价的编制

标底是由业主组织专门人员为准备招标的工程或设备计算出的一个合理的基本价格，通俗地讲就是发包方定的价格底线。它不等于工程或设备的概(预)算，也不等于合同价格。标底应当在开标时公布，不得规定以接近标底为中标条件，也不得规定投标报价超出标底上下浮动范围作为否决投标的条件。

标底.mp4

1. 标底的编制原则

1) 标底编制应遵循客观、公正的原则

由于招投标时各单位的经济利益不同，招标单位希望投入较少的费用，按期、保质、保量地完成工程建设任务。而投标单位的目的则是以最少投入尽可能获取较多的利润。这就要求工程造价专业人员要有良好的职业道德，站在客观、公正的立场上，兼顾招标单位和投标单位的双方利益，以保证标底的客观性、公正性。

2) 严格"量准价实"的原则

在编制标底时，由于设计图纸的深度不够，对材料用量的标准及设备选型等内容交底较浅，就会造成工程量计算不准确，设备、材料价格选用不合理的情况出现。因此要求设计人员力求做细、严格按照技术规范和有关标准进行精心设计；而专业人员必须具备一定的专业技术知识，只有技术与各专业配合协调一致，才可避免技术与经济脱节，从而达到"量准价实"的目的。

2. 标底的编制方法

1) 以平方米造价包干为基础的标底

当住宅工程采用标准图、批量建设时，可用以平方米包干为基础的标底，这种平方米包干为基础的标底，其价格由编制单位根据标准图测算工程量、依据有关计价办法编制出标准住宅工程每平方米造价，在具体工程招标时，结合实际装修、室内设备的配备情况，调整平方米造价。另外，它因为地基的情况不同，一般在±0.000以上采用平方米造价包干，而基础部分按施工图纸单独计算，然后合在一起构成完整的标底。这种以平方米造价包干为基础的标底编制方法，工程量计算比较简单，但是被限定在必须采用标准图进行施工，而且在制定平方米包干时，事先也必须做详细的工程量计算工作，因而不是普遍使用。

2) 以施工图预算为基础的标底

(1) 单价法编制标底。

单价法是用事先编制好的分项工程的单位估价表来编制施工图预算的方法。按施工图计算的各分项工程的工程量，并乘以相应单价，汇总相加，得到单位工程的人工费、材料费、机械使用费之和；再加上按规定程序计算出来的其他直接费、现场经费、间接费、计划利润和税金，便可得出单位工程的施工图预算价。其编制步骤有：

① 收集各种编制依据资料。如施工图纸、现行建筑安装工程预算定额、取费标准等；

② 熟悉施工图纸和定额；

③ 计算工程量，工程量的计算在整个预算过程是最重要、最繁重的一个环节，不仅影响预算的及时性，更重要的是影响预算造价的准确性。因此，必须在工程量计算上狠下功夫，确保预算质量。

单价法是目前国内编制施工图预算的主要方法，其具有计算简单、工作量较小和编制速度较快，便于工程造价管理部门集中统一管理的优点。但由于是采用事先编制好的统一的单位估价表，因此其价格水平只能反映定额编制基期年的价格水平。在市场经济价格波动较大的情况下，单价法的计算结果会偏离实际价格水平，虽然可采用调价来弥补，但调价系数和指数从测定到颁布又要滞后且计算烦琐。

(2) 实物法编制标底。

实物法是首先根据施工图纸分别计算出分项工程量，然后套用相应的预算人工、材料、机械台班的定额用量再分别乘以工程所在地当时的人工、材料、机械台班的实际单价，求出单位工程的人工费、材料费和施工机械使用费，然后汇总求和，进而求得直接工程费，然后按规定计取其他各项费用，最后汇总就可得出单位工程施工图预算造价。在市场经济条件下，人工、材料和机械台班单价是随市场而变化的，而且它们是影响工程造价最活跃、最主要的因素。

用实物法编制施工图预算，是采用工程所在地的当时人工、材料、机械台班价格，能较好地反映实际价格水平，工程造价的准确性高。虽然计算过程较单价法烦琐，但用计算机也就快捷了。因此，定额实物法是与市场经济体制相适应的预算编制方法。

3. 招标控制价编制依据

(1) 《建设工程工程量清单计价规范》。

(2) 国家或省级、行业建设主管部门颁发的计价定额和计价办法。

(3) 建设工程设计文件及相关资料。

(4) 招标文件中的工程量清单及有关要求。

(5) 与建设项目相关的标准、规范、技术资料。

(6) 工程造价管理机构发布的工程造价信息；工程造价信息没有发布的参照市场价。

(7) 其他相关资料。主要指施工现场情况、工程特点及常规施工方案等。

按上述依据进行招标控制价编制，应注意以下事项：

(1) 使用的计价标准、计价政策应是国家或省级、行业建设主管部门颁布的计价定额和相关政策规定；

(2) 采用的材料价格应是工程造价管理机构通过工程造价信息发布的材料单价，工程造价信息未发布材料单价的材料，其材料价格应通过市场调查确定；

(3) 国家或省级、行业建设主管部门对工程造价计价中费用或费用标准有规定的，应按规定执行。

4. 招标控制价编制原则

招标控制价是招标人根据国家或省级、行业建设主管部门颁发的有关计价依据和办法，以及拟定的招标文件和招标工程量清单，结合工程具体情况编制的招标工程的最高投标限价。国有资金投资的工程建设项目应实行工程量清单招标，并应编制招标控制价。招标控制价的编制原则有以下几条内容。

1) 招标控制价应具有权威性

从招标控制价的编制依据可以看出，编制招标控制价应按照《建设工程工程量清单计价规范》以及国家或省级、行业建设主管部门发布的计价定额和计价方法、建设工程设计图纸及有关计价规定等进行编制。

2) 招标控制价应具有完整性

招标控制价应由分部分项工程费、措施项目费、其他项目费、规费、税金以及一定范围内的风险费用组成。

3) 招标控制价与招标文件的一致性

招标控制价的内容、编制依据应该与招标文件的规定相一致。

4) 招标控制价的合理性

招标控制价格作为业主进行工程造价控制的最高限额，应力求与建筑市场的实际情况相吻合，要有利于竞争和保证工程质量。

5) 招标控制价的唯一性

一个工程只能编制一个招标控制价这一原则体现了招标控制价的唯一性原则，也同时体现了招标中的公正性原则。

5. 招标控制价编制方法

1) 分部分项工程费

分部分项工程费应根据招标文件中的分部分项工程量清单项目的特征描述及有关要求，按规定确定综合单价进行计算。综合单价中应包括招标文件中要求投标人承担的风险费用。招标文件提供了暂估单价的材料，按暂估的单价计入综合单价。

2) 措施项目费

措施项目费应按招标文件中提供的措施项目清单确定，措施项目采用分部分项工程综合单价形式进行计价的工程量，应按措施项目清单中的工程量，并按规定确定综合单价；以"项"为单位的方式计价的，按规定确定除规费、税金以外的全部费用。措施项目费中的安全文明施工费应当按照国家或省级、行业建设主管部门的规定标准计价。

3) 其他项目费

其他项目费应按下列规定计价：

(1) 暂列金额。暂列金额由招标人根据工程特点，按有关计价规定进行估算确定。为保证工程施工建设的顺利实施，在编制招标控制价时应对施工过程中可能出现的各种不确定因素对工程造价的影响进行估算，列出一笔暂列金额。暂列金额可根据工程的复杂程度、设计深度、工程环境条件(包括地质、水文、气候条件等)进行估算，一般可按分部分项工程费的 10%～15%作为参考。

(2) 暂估价。暂估价包括材料暂估价和专业工程暂估价。暂估价中的材料单价应按照工程造价管理机构发布的工程造价信息或参考市场价格确定；暂估价中的专业工程暂估价应分不同专业，按有关计价规定估算。

(3) 计日工。计日工包括计日工人工、材料和施工机械。在编制招标控制价时，对计日工中的人工单价和施工机械台班单价应按省级、行业建设主管部门或其授权的工程造价管理机构公布的单价计算；材料应按工程造价管理机构发布的工程造价信息中的材料单价计算，工程造价信息未发布材料单价的材料，其价格应按市场调查确定的单价计算。

(4) 总承包服务费。招标人应根据招标文件中列出的内容和向总承包人提出的要求，参照下列标准计算：

① 招标人要求总承包人对分包的专业工程进行总承包管理和协调时，按分包的专业工程估算造价的 1.5%计算；

② 招标人要求总承包人对分包的专业工程进行总承包管理和协调，并同时要求提供配合服务时，根据招标文件中列出的配合服务内容和提出的要求，按分包的专业工程估算

造价的 3%～5%计算；

③　招标人自行供应材料的，按招标人供应材料价值的 1%计算。

4)　规费和税金

招标控制价的规费和税金必须按国家或省级、行业建设主管部门的规定计算。

5)　招标控制价编制的注意事项

(1)　招标控制价的作用决定了招标控制价不同于标底，无须保密。为体现招标的公平、公正，防止招标人有意抬高或压低工程造价，招标人应在招标文件中如实公布招标控制价，不得对所编制的招标控制价进行上浮或下调。招标人在招标文件中公布招标控制价时，应公布招标控制价各组成部分的详细内容，不得只公布招标控制价总价。同时，招标人应将招标控制价报工程所在地的工程造价管理机构备查。

(2)　投标人经复核认为招标人公布的招标控制价未按照《建设工程工程量清单计价规范》(GB 50500—2013)的规定进行编制的，应在开标前 5 天向招投标监督机构或工程造价管理机构投诉。招投标监督机构应会同工程造价管理机构对投诉进行处理，发现确有错误的，应责成招标人修改。

6. 招标控制价编制人资格

招标控制价应由具有编制能力的招标人编制，当招标人不具有编制招标控制价的能力时，可委托具有相应资质的工程造价咨询人编制。工程造价咨询人不得同时接受招标人和投标人对同一工程的招标控制价和投标报价的编制。

所谓具有相应工程造价咨询资质的工程造价咨询人是指根据《工程造价咨询企业管理办法》(建设部令第 149 号)的规定，依法取得工程造价咨询企业资质，并在其资质许可的范围内接受招标人的委托，编制招标控制价的工程造价咨询企业。即取得甲级工程造价咨询资质的咨询人可承担各类建设项目的招标控制价编制，取得乙级(包括乙级暂定)工程造价咨询资质的咨询人，则只能承担 6000 万元以下的招标控制价的编制。另外，根据《招标代理服务收费管理暂行办法》(计价格〔2016〕1980 号)，第三条的规定，取得资质的招标代理机构可以从事编制招标控制价(标底)的工作。

7. 招标控制价作用

(1)　招标人能够有效控制项目投资，防止恶性投标带来的投资风险；

(2)　能够增强招标过程的透明度，有利于正常评标；

(3)　有利于引导投标方投标报价，避免投标方出现无标底情况下的无序竞争；

(4)　招标控制价反映的是社会平均水平，为招标人判断最低投标价是否低于成本提供参考依据；

(5)　可为工程变更新增项目确定单价提供计算依据；

(6)　可作为评标的参考依据，避免出现较大偏离；

(7)　投标人根据自己的企业实力、施工方案等报价，不必揣测招标人的标底，提高了市场交易效率；

(8)　减少了投标人的交易成本，使投标人不必花费人力、财力去套取招标人的标底；

(9)　招标人把工程投资控制在招标控制价范围内，提高了交易成功的可能性。

8. 招标控制价编制程序

(1) 了解编制要求与范围；

(2) 熟悉施工图纸和有关文件；

(3) 熟悉与建设工程有关的标准、规范、技术资料；

(4) 熟悉拟定的招标文件及其补充通知、答疑纪要等；

(5) 了解施工现场情况和工程特点；

(6) 熟悉工程量清单；

(7) 对工程造价进行汇总、分析、审核；

(8) 成果文件确认、盖章；

(9) 提交成果文件。

4.2.5 组织现场勘察和投标预备会

招标人应当组织投标人进行现场勘察，了解工程场地和周围环境情况，收集有关信息，使投标人能结合现场条件提出合理的报价。现场勘察可安排在招标预备会议前进行，以便在会上解答现场勘察中提出的疑问。

1. 现场勘察时招标人应介绍的情况

(1) 现场是否已经达到招标文件规定的条件；

(2) 现场的自然条件。包括地形地貌、水文地质、土质、地下水位及气温、风、雨、雪等气候条件；

(3) 工程建设条件。如：工程性质和标段、可提供的施工用地和临时设施、料场开采、污水排放、通信、交通、电力、水源等条件；

(4) 现场的生活条件和工地附近的治安情况等。

2. 现场勘察是投标人的权利和义务

(1) 投标人应当在现场勘察的基础上编制投标报价。

(2) 现场考察前的准备工作：

① 仔细研究招标文件。主要是工作范围、专用条款、设计图纸和说明等；

② 编制现场勘察提纲，确定重点要解决的问题。

3. 标前会议

标前会议又称招标预备会议或投标预备会议。主要用来澄清招标文件中的疑问，解答投标人提出的有关招标文件和现场勘察的问题。

(1) 投标人有关招标文件和现场勘察的疑问，应在招标预备会议前以书面形式提出。

(2) 对于投标人有关招标文件的疑问，招标人只能采取会议形式公开答复，不得私下单独作解释。

(3) 标前会议应当形成书面的会议纪要，并送达每一个投标人。它与招标文件具有同等的效力。

4.3　建筑工程项目投标

4.3.1　建筑工程投标概述

　　建筑工程投标是指经过特定审查而获得投标资格的建筑项目承包单位，按照招标文件的要求，在规定的时间内向招标单位填报投标书，争取中标的法律行为。

　　投标人根据招标文件的要求编制好投标文件，并按规定进行密封和作好标志，在投标截止时间前，将投标文件及投标保证金或保函送达指定的地点。招标人收到投标文件及其担保后应向投标人出具标明签收人和签收时间的凭证，并妥善保存投标文件。投标担保可以采用投标保函或投标保证金的方式，投标保证金可以使用支票、银行汇票等，投标保证金通常不超过投标总价的 2%，最高不得超过 80 万元。

　　投标文件的密封和标志，常采用二层封套形式。内层封面写明投标人名称及地址，以便不中标时原样退回；外层封面写明招标人(名称)收、合同名称、招标编号、开标前不得拆封等。内外层封套都应按招标文件的规定做好密封标志。

　　投标文件提交后，在投标截止时间前可以补充、修改和撤回，补充和修改的内容为投标文件的组成部分。投标截止时间后再对投标文件作的补充和修改是无效的，如果再撤回投标文件，则投标保函或投标保证金不予退还。

4.3.2　建筑工程投标前的准备工作

　　投标的关键阶段是投标阶段，进入这个阶段的工作做得好坏，质量高低，对能否争取中标影响极大。因而投标单位对投标阶段的业务要特别熟悉，能运用自如。这个阶段的投标业务工作可分前后两个时期，前期工作主要包括：报送投标申请书、接收投标单位资格审查和购买招标文件。

1. 递送投标申请书

　　投标单位根据招标通知或招标单位的邀请，考虑本单位的经营目标和承包能力。决定申请参加投标时，须向招标单位报送投标申请书，并须在招标广告或通知的时限内送到招标单位。

资格审查.mp4

2. 接受招标单位的资格审查

　　所谓资格审查，就是招标单位在招标启事公布以后，对申请参加投标单位进行资格调查。资格审查由招标委员会在递交投标申请截止日期后，组织力量对投标申请单位逐个进行审查。通过资格审查，招标单位可以在财力、技术、管理水平和信誉等方面对投标单位全面考查了解。

拓展资源 3.pdf

拓展资源 4.pdf

3. 购买投标文件

当投标单位资格审查获得通过后，应按照投标启事的要求，在规定的时间之内，向招标机构索取标书，即购买投标文件，参加投标；但也有权放弃投标资格，不参加投标。有些投标单 位对某些认为没有盈利的国内外招标，不愿参加投标，但为了维护公司(企业)的名声，同样参加资格审查。

4.3.3　投标文件的编制与递交

投标人应当按照招标文件的规定编制投标文件。投标文件应当载明下列事项：

(1) 投标函；

(2) 投标人资格、资信证明文件；

(3) 投标项目方案及说明；

(4) 投标价格；

(5) 投标保证金或者其他形式的担保；

(6) 招标文件要求具备的其他内容。

投标文件应在规定的截止日期前密封送达到投标地点。招标人或者招标投标中介机构对在提交投标文件截止日期后收到的投标文件，应不予开启并退还。招标人或者招标投标中介机构应当对收到的投标文件签收备案。投标人有权要求招标人或者招标投标中介机构提供签收证明。

投标人可以撤回、补充或者修改已提交的投标文件；但是应当在提交投标文件截止日之前，书面通知招标人或者招标投标中介机构。

4.4　建筑工程项目开标、评标、定标和签约

4.4.1　建筑工程项目开标

开标由招标人主持，邀请投标人和评标委员会的全体人员参加，由招投标管理机构负责监督，大中型项目也可以请公证机关进行公证。

1. 开标的时间和地点

开标时间应当为招标文件规定的投标截止时间的同一时间；开标地点通常为工程所在地的建设工程交易中心。开标的时间和地点应在招标文件中明确规定。

2. 开标会议程序

(1) 投标人签到。签到记录是投标人是否出席开标会议的证明。

(2) 招标人主持开标会议。主持人介绍参加开标会议的单位、人员及工程项目的有关情况；宣布开标人员名单、招标文件规定的评标定标办法和标底。

（3）开标

①　检验各标书的密封情况。由投标人或其推选的代表检查各标书的密封情况，也可以由公证人员检查并公证。

②　唱标。经检验确认各标书的密封无异常情况后，按投递标书的先后顺序，当众拆封投标文件，宣读投标人名称、投标价格和标书的其他主要内容。

③　开标过程记录。开标过程应当做好记录，并存档备查。投标人也应做好记录，以收集竞争对手的信息资料。

3. 宣布无效的投标文件

开标时，发现有下列情形之一的投标文件时，应当当场宣布其为无效投标文件，不得进入评标：

（1）投标文件未按照招标文件的要求予以密封或逾期送达的；

（2）投标函未加盖投标人的公章及法定代表人印章或委托代理人印章的，或者法定代表人的委托代理人没有合法有效的委托书(原件)；

（3）投标文件的关键内容字迹模糊、无法辨认的；

（4）投标人未按照招标文件的要求提供投标担保或没有参加开标会议的；

（5）组成联合体投标，但投标文件未附联合体各方共同投标协议的。

4.4.2　建筑工程项目评标

1. 评标委员会的组成

建筑工程项目评标工作由招标人依法组建的评标委员会负责。

（1）评标委员会的组成。评标委员会由招标人代表和技术、经济等方面的专家组成。成员数为五人以上的单数，其中技术、经济等方面的专家不得少于成员总数的三分之二。

评标委员会的
组成.mp4

（2）专家成员名单应从专家库中随机抽取确定。组成评标委员会的专家成员，由招标人从建设行政主管部门的专家名册或其他指定的专家库内的相关专家名单中随机抽取确定。技术特别复杂、专业性要求特别高或国家有特殊要求的招标项目，上述方式确定的专家成员难以胜任的，可以由招标人直接确定。

（3）与投标人有利害关系的专家不得进入相关工程的评标委员会。

（4）评标委员会的名单一般在开标前确定，定标前应当保密。

2. 评标活动应遵循的原则

1）评标活动应当遵循公平、公正原则

（1）评标委员会应当根据招标文件规定的评标标准和办法进行评标，对投标文件进行系统的评审和比较。没有在招标文件中规定的评标标准和办法，不得作为评标的依据。招标文件规定的评标标准和办法应当合理，不得出现含有倾向或者排斥潜在投标人的内容，不得妨碍或者限制投标人之间的竞争。

（2）评标过程应当保密。有关标书的审查、澄清、评比和比较的有关资料、授予合同的信息等均不得向无关人员泄露。对于投标人的任何施加影响的行为，都应给予取消其投标资格的处罚。

2) 评标活动应当遵循科学、合理的原则

(1) 询标。

询标即投标文件的澄清，评标委员会可以以书面形式，要求投标人对投标文件中含义不明确、对同类问题表述不一致，或者有明显文字和计算错误的内容，作必要的澄清、说明或补正。但是不得改变投标文件的实质性内容。

(2) 响应性投标文件中存在错误的修正

响应性投标中存在的计算或累加错误，由评标委员会按规定予以修正；用数字表示的数额与用文字表示的数额不一致时，以文字数额为准；单价与合价不一致时以单价为准，但当评标委员会认为单价有明显的小数点错位的，则以合价为准。

经修正的投标书必须经投标人同意才具有约束力。如果投标人对评标委员会按规定进行的修正不同意时，应当视为拒绝投标，投标保证金不予退还。

3) 评标活动应当遵循竞争和择优的原则

(1) 评标委员会可以否决全部投标。

评标委员会对各投标文件评审后认为所有投标文件都不符合招标文件要求的，可以否决所有投标。

(2) 有效的投标书不足三个时不予评标。

有效投标不足三个，使得投标明显缺乏竞争性，失去了招标的意义。达不到招标的目的，本次招标无效，不予评标。

(3) 重新招标。

有效投标人少于三个或者所有投标被评标委员会否决的，招标人应当依法重新招标。

【案例 4-2】 某商品住宅小区建设招标大会上，共有 6 家单位进行投标。在开标大会上，最后评分环节中，某实力雄厚的单位仅得分 87.5 分，而胜出并中标单位获得了 96.8 分。在分析原因时发现：在评分标准中，"信誉分"评分规定中，以同类工程获奖证书为依据，其中"省优"以上每项 3 分，限 15 分；"市优"以上每项 2 分，限 10 分；"优良"以上每项 1 分，限 10 分。而该单位经营人员认为"省优"是在"优良"的基础上评定的，为证实自己的实力，在投标书中附上了"鲁班奖"三项，"省优"15 项，"市优"10 项，而未附上"优良"项目(单位有"优良"奖项百件)。在评定时，评标委员会以其缺项为由，扣去 10 分。从而失去了中标机会。

问题：

(1) 工程评标一般包括哪些内容？

(2) 某单位因何原因被扣分，后果如何？

3. 评标的准备工作

(1) 认真研究招标文件。通过认真研究，熟悉招标文件中的以下内容：

① 招标的目标；

② 招标项目的范围和性质；

③ 招标文件中规定的主要技术要求、标准和商务条款；

④　招标文件规定的评标标准、评标方法和在评标过程中考虑的相关因素。

(2)　招标人向评标委员会提供评标所需的重要信息和数据。

(3)　编制评标需用的表格。需要编制的表格有：标价比较表或综合评估比较表。

4. 初步评审

初步评审又称投标文件的符合性鉴定。通过初评，将投标文件分为响应性投标和非响应性投标两大类。响应性投标是指投标文件的内容与招标文件所规定的要求、条件、合同协议条款和规范等相符，无显著差别或保留，并且按照招标文件的规定提交了投标担保的投标；非响应性投标是指投标文件的内容与招标文件的规定有重大偏差，或者是未按招标文件的规定提交担保的投标。

通过初步评审，响应性投标可以进入详细评标，而非响应性投标则淘汰出局。初步评审的主要内容有：

1)　投标文件排序

评标委员会应当按照投标报价的高低或者招标文件规定的其他方法对投标文件进行排序。

2)　废标

在投标过程中下列情况投标文件作废标处理：

(1)　投标人以他人的名义投标、串通投标、以行贿手段或者以其他弄虚作假方式谋取中标的投标；

(2)　投标人以低于成本报价竞标的。投标人的报价明显低于其他投标报价或标底，使其报价有可能低于成本的，应当要求该投标人做出书面说明并提供相关证明的材料。投标人未能提供相关证明材料或不能做出合理解释的，按废标处理；

(3)　投标人资格条件不符合国家规定或招标文件要求的；

(4)　拒不按照要求对投标文件进行澄清、说明或补正的；

(5)　未在实质上响应招标文件的投标的。

评标委员会应当审查每一投标文件，是否对招标文件提出的所有实质性要求做出了响应。非响应性投标将被拒绝，并且不允许修改或补充。

3)　重大偏差

属于重大偏差的有：

(1)　没有按照招标文件要求提供投标担保或者所提供的投标担保有瑕疵；

(2)　投标文件没有投标人授权代表的签字和加盖公章；

(3)　投标文件载明的招标项目完成期限超过招标文件规定的期限；

(4)　明显不符合技术规范、技术标准的要求；

(5)　投标文件载明的货物包装方式、检验标准和方法等不符合招标文件的要求；

(6)　投标文件附有招标人不能接受的条件；

(7)　不符合招标文件中规定的其他实质性要求。

存在重大误差的投标文件，属于非响应性投标。

4)　细微偏差

细微偏差是指投标文件在实质上响应招标文件的要求，但在个别地方存在漏项或者提供了不完整的技术信息和数据等情况。

(1) 细微偏差不影响投标文件的有效性;

(2) 评标委员会应当书面要求存在细微偏差的投标人在评标结束前予以补正。

5. 详细评审

经初步评审合格的投标文件,评标委员会应当根据招标文件规定的评标标准和办法,对其技术部分和商务部分作进一步的评审、比较,即详细评审。详细评审的方法有经评审的最低投标价法、综合评估法和法律法规规定的其他方法。

6. 评标报告

评标委员会完成评标后,应当向招标人提出书面评标报告。

1) 评标报告的内容

评标报告应如实记载以下内容:基本情况和数据表、评标委员会成员名单、开标记录、符合要求的投标一览表、废标情况说明、评标标准、评标方法或者评标因素一览表、经评审的价格或者评分比较一览表、经评审的投标人排序、推荐的中标候选人名单与签订合同前要处理的事宜,以及澄清、说明、补正事项纪要。

2) 中标候选人人数

评标委员会推荐的中标候选人应当限定在 1~3 人,并标明排列顺序。

3) 评标报告由评标委员会全体成员签字

评标委员会应当对下列情况做出书面说明并记录在案。

(1) 对评标结论有异议的评标委员会成员,可以以书面方式阐述其不同意见和理由;

(2) 评标委员会成员拒绝在评标报告上签字且不陈述其不同意见和理由的,视为同意评标结论。

4.4.3　建筑工程项目定标

定标又称决标,即在评标完成后确定中标人,是业主对满意的合同要约人做出承诺的法律行为。

1. 定标时间

招标人应当在投标有效期内定标。

2. 定标方式

定标时应当由业主行使决策权。定标的方式有:

(1) 业主自己确定中标人。招标人根据评标委员会提出的书面评标报告,在中标候选人的推荐名单中确定中标人。

(2) 业主委托评标委员会确定中标人。招标人也可以通过授权委托评标委员会直接确定中标人。

3. 定标的原则

定标应当符合下列原则：

(1) 中标人的投标能够最大限度地满足招标文件规定的各项综合评价标准。

(2) 中标人的投标能够满足招标文件的实质性要求，并且经评审的投标价格最低，但是低于成本的投标价格除外。

4. 优先确定排名第一的中标候选人为中标人

使用国有资金投资或者国家融资的项目，招标人应当确定排名第一的中标候选人为中标人。排名第一的中标候选人放弃中标，或因不可抗力提出不能履行合同，或者招标文件规定应当提交履约保证金而在规定期限内未能提交的，招标人可以确定排名第二的中标候选人为中标人。排名第二的中标候选人因同类原因不能签订合同的，招标人可以确定排名第三的中标候选人为中标人。

5. 提交招投标情况书面报告及发出中标通知书

招标人应当自确定中标人之日起 15 日内，向工程所在地县级以上的建设行政主管部门提交招投标情况的书面报告。招投标情况书面报告的内容包括：

(1) 招投标基本情况；

(2) 相关的文件资料。

建设行政主管部门自收到书面报告之日起 5 日内未通知招标人招标活动中存在违法行为的，招标人可以向中标人发出中标通知书，并将中标结果通知所有未中标的投标人。

6. 退回招标文件的押金

公布中标结果后，未中标的投标人应当在公布中标通知书后的七天内退回招标文件和相关的图纸资料，同时招标人应当退回未中标投标人的投标文件和发放招标文件时收取的押金。

4.4.4　建筑工程项目签约

1. 中标人确定后应当在 30 个工作日内签订合同

招标人和中标人应当自中标通知书发出之日起 30 日内签订合同，法律法规或者招标文件中另有规定的，执行其规定。

2. 中标通知书对招标人和中标人具有法律约束力

除不可抗力外，中标人拒绝与招标人签订合同的，投标保证金不退并取消其中标资格，招标人的损失超过投标保证金的，应当由投标人对超过部分负赔偿责任。招标人无正当理由拒绝与中标人签订合同，给中标人造成损失的，招标人应当给予赔偿。

3. 按照中标通知书、招标文件和中标人的投标文件签订书面合同

(1) 合同的主要条款应当与中标通知书、招标文件和中标人的投标文件相一致；

(2) 按招标文件提供的合同协议条款签署合同；

(3) 招标人和中标人不得另行订立背离合同实质性内容的其他协议。

4. 履约担保

招标文件要求中标人提交履约担保的,中标人应当提交。招标人应当提供工程款支付担保。中标人提交履约担保的方式有:

(1) 银行保函:采用银行保函方式的,保证额为合同价的 5%。

(2) 履约担保书:请第三方法人作担保的,采用履约担保书方式。保证额为合同价的 10%。

(3) 其他方式。

5. 合同备案

订立书面合同后的七日内,中标人应将合同送建设行政主管部门备案。

6. 退回投标担保

招标文件规定投标人提交投标担保的,在招标人与中标人签订合同后 5 个工作日内,应当向中标人和未中标人退回投标担保。

【案例 4-3】某投资公司建设一幢办公楼,采用公开招标方式选择施工单位,投标保证金有效期时间同投标有效期。提交投标文件截止时间为 2013 年 5 月 30 日。该公司于 2013 年 3 月 6 日发出招标公告,后有 A、B、C、D、E 5 家建筑施工单位参加了投标,E 单位由于工作人员疏忽于 6 月 2 日提交投标保证金。开标会于 6 月 3 日由该省建委主持,D 单位在开标前向投资公司要求撤回投标文件。经过综合评选,最终确定 B 单位中标。双方按规定签订了施工承包合同。

问题:

(1) E 单位的投标文件按要求如何处理?为什么?

(2) 对 D 单位撤回投标文件的要求应当如何处理?为什么?

4.5 建筑工程招标投标中的法律责任

4.5.1 招标人、投标人和中标人的法律责任

1. 招标人的法律责任

招标人的法律责任是指招标人在招标过程中对其所实施的行为应当承担的法律后果。按照招标人承担责任的不同法律性质,其法律责任分为民事法律责任、行政法律责任和刑事法律责任。

1) 招标人的民事法律责任

我国现行法律、法规及部门规章中,对招标人的行为规范及其应当承担的法律责任均有所规定主要体现在《民法通则》《合同法》《招标投标法》《招标投标法实施条例》《中华人民共和国反不正当竞争法》(以下简称反不正当竞争法)等法律规范中。

招标人的民事法律责任.mp4

2)　招标人的行政法律责任

招标人的行政法律责任是指招标人因违反行政法律规范，而依法应当承担的一种法律责任。目前，我国对于招标人的行为规范及行政责任主要体现在《招标投标法》《招标投标法实施条例》和一些部门规章之中。

2. 投标人的法律责任

1)　串通投标

投标人分为投标人相互串通投标和与招标人串通投标。投标人以向招标人或者评标委员会成员行贿的手段谋取中标的，中标无效，并处中标项目金额5‰以上10‰以下的罚款，对单位直接负责的主管人员和其他直接责任人员处单位罚款数额5%以上10%以下的罚款；有违法所得的，并处没收违法所得；情节严重的，取消其1～2年内参加依法必须进行招标的项目的投标资格，并予以公告，直至由工商行政管理机关吊销营业执照；构成犯罪的；依法追究刑事责任；给他人造成损失的，依法承担赔偿责任。

2)　弄虚作假骗取中标

投标人以他人名义投标或者以其他方式弄虚作假，骗取中标的，中标无效。给招标人造成损失的，依法承担赔偿责任；构成犯罪的，依法追究刑事责任。依法必须进行招标的项目的投标人有上述所列行为尚未构成犯罪的，处中标项目金额5%以上10%以下的罚款，对单位直接负责的主管人员和其他直接责任人员处单位罚款数额5%以上10%以下的罚款；有违法所得的，并处没收违法所得；情节严重的，取消其1～3年内参加依法必须进行招标的项目的投标资格并予以公告，直至由工商行政管理机关吊销营业执照。

3. 中标人法律责任

(1)　中标人将中标项目转让给他人的，将中标项目肢解后分别转让给他人的，违反《招标投标法》规定将中标项目的部分主体、关键性工作分包给他人的，或者分包人再次分包的，转让、分包无效，并处转让、分包项目金额5%以上10%以下的罚款；有违法所得的，并处没收违法所得；可以责令停业整顿；情节严重的，由工商行政管理机关吊销营业执照。

(2)　中标人不履行与招标人订立的合同的，履约保证金不予退还，给招标人造成的损失超过履约保证金数额的，还应当对超过部分予以赔偿；没有提交履约保证金的，应当对招标人的损失承担赔偿责任。

(3)　中标人不按照与招标人订立的合同履行义务，情节严重的，取消其2～5年内参加依法必须进行招标的项目的投标资格并予以公告，直至由工商行政管理机关吊销营业执照。

4.5.2　招标代理机构和评标委员会成员的法律责任

1. 招标代理机构的法律责任

《招标投标法》第五十条规定，招标代理机构泄露应当保密的与招标投标活动有关的情况资料和招标代理机构违反本法规定与招标人、投标人串通损害国家利益、社会公共利益或者他人合法权益的行为，应当承担法律责任。该条款中既规定了招标代理机构的民事责任，又规定了招标代理机构的刑事责任和行政责任。

《招标投标法实施条例》第六十五条规定，招标代理机构在所代理的招标项目中投标、代理投标或者向该项目投标人提供咨询的，接受委托编制标底的中介机构参加受托编制标底项目的投标或者为该项目的投标人编制投标文件、提供咨询的，依照《招标投标法》第五十条的规定追究法律责任。

《招标投标法实施条例》第七十八条规定，取得招标职业资格的专业人员违反国家有关规定办理招标业务的，责令改正，给予警告；情节严重的，暂停一定期限内从事招标业务；情节特别严重的，取消招标职业资格。

2. 评标委员会法律责任

评标委员会成员在评标过程中擅离职守，影响评标程序正常进行，或者在评标过程中不能客观公正地履行职责的，给予警告；情节严重的，取消担任评标委员会成员的资格，不得再参加任何依法必须进行招标项目的评标，并处 1 万元以下的罚款。

评标委员会成员收受投标人的财物或者其他好处的，评标委员会成员或者参加评标的有关工作人员向他人透露对投标文件的评审和比较、中标候选人的推荐以及与评标有关的其他情况的，给予警告，没收收受的财物，可以并处 3000 元以上 5 万元以下的罚款，对有所列违法行为的评标委员会成员取消担任评标委员会成员的资格，不得再参加任何依法必须进行招标的项目的评标；构成犯罪的，依法追究刑事责任。

4.5.3 国家机关及工作人员的法律责任

行政监督部门的法律责任是指行政监督部门在投标过程中对其所实施的违反《招标投标法》、《招标投标法实施条例》等法律法规规定的行为所应当承担的法律后果。

《招标投标法》第六十三条规定，对招标投标活动依法负有行政监督职责的国家机关工作人员徇私舞弊、滥用职权或者玩忽职守，构成犯罪的，依法追究刑事责任；不构成犯罪的，依法给予行政处分。

《招标投标法实施条例》第八十条规定，项目审批、核准部门不依法审批、核准项目招标范围、招标方式、招标组织形式的，对单位直接负责的主管人员和其他直接责任人员依法给予处分。有关行政监督部门不依法履行职责，对违反招标投标法和本条例规定的行为不依法查处，或者不按照规定处理投诉、不依法公告对招标投标当事人违法行为的行政处理决定的，对直接负责的主管人员和其他直接责任人员依法给予处分。项目审批、核准部门和有关行政监督部门的工作人员徇私舞弊、滥用职权、玩忽职守，构成犯罪的，依法追究刑事责任。

(1) 徇私舞弊是指行政机关工作人员，在监督过程中故意不依法履行职责，致使公共财产、国家和人民利益遭受重大损失的行为。

(2) 滥用职权是指国家机关工作人员超越职权，违法决定、处理其无权决定、处理的事项，或者违反规定处理公务，致使公共财产、国家和人民利益遭受重大损失的行为。

(3) 玩忽职守是指国家机关工作人员严重不负责任，不履行或者不认真履行职责，致使公共财产、国家和人民利益遭受重大损失的行为。

国家机关工作人员滥用职权或者玩忽职守，致使公共财产、国家和人民利益遭受重大损失、构成犯罪的，处 3 年以下有期徒刑或者拘役；情节特别严重的，处 3 年以上 7 年以下有期徒刑。国家机关工作人员徇私舞弊，犯前款罪的，处 5 年以下有期徒刑或者拘役；情节特别严重的，处 5 年以上 10 年以下有期徒刑。

4.6　案 例 分 析

1. 案例 1

某工程项目，建设单位通过招标选择了一家具有相应资质的造价事务所承担施工招标代理和施工阶段造价控制工作，并在中标通知书发出后第 45 天，与该事务所签订了委托合同。之后双方又另行签订了一份酬金比中标价降低 10%的协议。

在施工公开招标中，有 A、B、C、D、E、F、C、H 等施工单位报名投标，经事务所资格预审均符合要求，但建设单位以 A 施工单位是外地企业为由不同意其参加投标，而事务所坚持认为 A 施工单位有资格参加投标。

评标委员会由 5 人组成，其中当地建设行政管理部门的招投标管理办公室主任 1 人、建设单位代表 1 人、政府提供的专家库中抽取的技术经济专家 3 人。

评标时发现，B 施工单位投标报价明显低于其他投标单位报价且未能合理说明理由；D 施工单位投标报价大写金额小于小写金额；F 施工单位投标文件提供的检验标准和方法不符合招标文件的要求；H 施工单位投标文件中某分项工程的报价有个别漏项；其他施工单位的投标文件均符合招标文件要求。

建设单位最终确定 G 施工单位中标，并按照《建设工程施工合同(示范文本)》与该施工单位签订了施工合同。

工程按期进入安装调试阶段后，由于雷电引发了一场火灾。火灾结束后 48 小时内，G 施工单位向项目监理机构通报了火灾损失情况：工程本身损失 150 万元；总价值 100 万元的待安装设备彻底报废；G 施工单位人员烧伤所需医疗费及补偿费预计 15 万元，租赁的施工设备损坏赔偿 10 万元；其他单位临时停放在现场的一辆价值 25 万元的汽车被烧毁。另外，大火扑灭过程中 G 施工单位停工 5 天，造成其他施工机械闲置损失 2 万元以及按照工程师指示留在现场的管理保卫人员费用支出 1 万元，并预计工程所需清理、修复费用 200 万元。损失情况经项目造价工程师审核属实。

问题：

(1) 指出建设单位在造价事务所招标和委托合同签订过程中的不妥之处，并说明理由。

(2) 在施工招标资格预审中，造价事务所认为 A 施工单位有资格参加投标是否正确？说明理由。

(3) 指出施工招标评标委员会组成的不妥之处，说明理由，并写出正确做法。

(4) 判别 B、D、F、H 四家施工单位的投标是否为有效标？说明理由。

(5) 安装调试阶段发生的这场火灾是否属于不可抗力？指出建设单位和 G 施工单位应各自承担哪些损失或费用(不考虑保险因素)？

答案：

(1) 在中标通知书发出后第 45 天签订委托合同不妥，依照招投标法，应于 30 天内签订合同。在签订委托合同后双方又另行签订了一份酬金比中标价降低 10% 的协议不妥。依照招投标法，招标人和中标人不得再行订立背离合同实质性内容的其他协议。

(2) 造价事务所认为 A 施工单位有资格参加投标是正确的，以所处地区作为确定投标资格的依据是一种歧视性的依据，这是招投标法明确禁止的。

(3) 评标委员会组成不妥，不应包括当地建设行政管理部门的招投标管理办公室主任，正确组成应为评标委员会由招标人或其委托的招标代理机构熟悉相关业务的代表以及有关技术、经济等方面的专家组成，成员人数为五人以上单数，其中，技术、经济等方面的专家不得少于成员总数的三分之二。

(4) B、F 两家施工单位的投标不是有效标，B 单位的情况可以认定为低于成本，F 单位的情况可以认定为是明显不符合技术规格和技术标准的要求，属重大偏差；D、H 两家单位的投标是有效标，他们的情况不属于重大偏差。

(5) 安装调试阶段发生的火灾属于不可抗力。

建设单位应承担的费用包括工程本身损失 150 万元，其他单位临时停放在现场的汽车损失 25 万元，待安装的设备的损失 100 万元，工程所需清理、修复费用 200 万元，大火扑灭过程中 G 施工单位停工 5 天，以及必要的管理保卫人员费用支出 1 万元。施工单位应承担的费用包括 C 施工单位人员烧伤所需医疗费及补偿费预计 15 万元，租赁的施工设备损坏赔偿 10 万元，造成其他施工机械闲置损失 2 万元。

2. 案例 2

某重点工程项目计划于 2014 年 12 月 28 日开工，由于工程复杂，技术难度高，一般施工队伍难以胜任，业主自行决定采取邀请招标方式。于 2014 年 9 月 8 日向通过资格预审的 A、B、C、D、E 五家施工承包企业发出了投标邀请书。该五家企业均接受了邀请，并于规定时间 9 月 20～22 日购买了招标文件。招标文件中规定，10 月 18 日下午 4 时是招标文件规定的投标截止时间，11 月 10 日发出中标通知书。

在投标截止时间之前，A、B、D、E 四家企业提交了投标文件，但 C 企业于 10 月 18 日下午 5 时才送达，原因是中途堵车；10 月 21 日下午由当地招投标监督管理办公室主持进行了公开开标。

评标委员会成员共有 7 人组成，其中当地招投标监督管理办公室 1 人，公证处 1 人，招标人 1 人，技术经济方面专家 4 人。评标时发现 E 企业投标文件虽无法定代表人签字和委托人授权书，但投标文件均已有项目经理签字并加盖了公章。评标委员会于 10 月 28 日提出了评标报告。B、A 企业分别综合得分第一、第二名，由于 B 企业投标报价高于 A 企业，11 月 10 日招标人向 A 企业发出了中标通知书，并于 12 月 12 日签订了书面合同。

(1) 企业自行决定采取邀请招标方式的做法是否妥当？说明理由。

(2) C 企业和 E 企业投标文件是否有效？说明理由。

(3) 请指出开标工作的不妥之处，说明理由。

(4) 请指出评标委员会成员组成的不妥之处，说明理由。

答案：

(1) 根据《招标投标法》第十一条规定，省、自治区、直辖市人民政府确定的地方重点项目中不适宜公开招标的项目，要经过省、自治区、直辖市人民政府批准，方可进行邀请招标。因此，本案业主自行对省重点工程项目决定采取邀请招标的做法是不妥的。

（2）根据《招标投标法》第二十八条规定，在招标文件要求提交投标文件的截止时间后送达的投标文件，招标人应当拒收。本案例中 C 企业的投标文件送达时间迟于投标截止时间，因此该投标文件应被拒收。

根据《招标投标法》和国家计委、建设部等《评标委员会和评标方法暂行规定》，投标文件若没有法定代表人签字和加盖公章，则属于重大偏差。本案 E 企业投标文件没有法定代表人签字，项目经理也未获得委托人授权书，无权代表本企业投标签字，尽管有单位公章，仍属存在重大偏差，应作废标处理。

（3）①根据《招标投标法》第三十四条规定，开标应当在投标文件确定的提交投标文件的截止时间公开进行，本案招标文件规定的投标截止时间是 10 月 18 日下午 4 时，但迟至 10 月 21 日下午才开标，是不妥之处一；

②根据《招标投标法》第三十五条规定，开标应由招标人主持，本案由属于行政监督部门的当地招投标监督管理办公室主持，是不妥之处二。

（4）根据《招标投标法》和国家计委、建设部等《评标委员会和评标方法暂行规定》，评标委员会由招标人或其委托的招标代理机构熟悉相关业务的代表，以及有关技术、经济等方面的专家组成，并规定项目主管部门或者行政监督部门的人员不得担任评标委员会委员。一般而言公证处人员不熟悉工程项目相关业务，当地招投标监督管理办公室属于行政监督部门，显然招投标监督管理办公室人员和公证处人员担任评标委员会成员是不妥的。《招投标法》还规定评标委员会技术、经济等方面的专家不得少于成员总数的三分之二。本案例中技术、经济等方面的专家比例为七分之四，低于规定的比例要求。

第四十六条规定，招标人和中标人应当自中标通知书发出之日起 30 天内，按照招标文件和中标人的投标文件订立书面合同，本案 11 月 10 日发出中标通知书，迟至 12 月 12 日才签订书面合同，两者的时间间隔已超过 30 天，违反了《招标投标法》的相关规定。

3. 案例 3

某建设项目概算已批准，项目已列入地方年度固定资产投资计划，并得到规划部门批准，根据有关规定采用公开招标确定招标程序如下，如有不妥，请改正。

（1）向建设部门提出招标申请；

（2）得到批准后，编制招标文件，招标文件中规定外地区单位参加投标需垫付工程款，垫付比例可作为评标条件；本地区单位不需要垫付工程款；

（3）对申请投标单位发出招标邀请函(4 家)；

（4）投标文件递交；

（5）由地方建设管理部门指定有经验的专家与本单位人员共同组成评标委员会。为得到有关领导支持，各级领导占评标委员会的二分之一；

（6）召开投标预备会由地方政府领导主持会议；

（7）投标单位报送投标文件时，A 单位在投标截止时间之前 3 小时，在原报方案的基础上，又补充了降价方案，被招标方拒绝；

（8）由政府建设主管部门主持，公证处人员派人监督，召开开标会，会议上只宣读三

家投标单位的报价(另一家投标单位退标);

(9) 由于未进行资格预审,故在评标过程中进行资格审查;

(10) 评标后评标委员会将中标结果直接通知了中标单位;

(11) 中标单位提出因主管领导生病等原因 2 个月后再进行签订承包合同。

答案:

(1) 第 2 条不公正。

(2) 第 5 条评标专家从专家库中抽取,技术与经济专家和占总人数的三分之二。

(3) 第 6 条召开投标预备应由招标单位代表主持。

(4) 第 7 条不应拒绝。

(5) 第 8 条应宣读退标单位名称。

(6) 第 10 条评标委员会将中标结果报请建设主管部门批准后,才能将中标结果通知中标单位。

(7) 第 11 条中标单位接到中标通知后应在 30 天内与招标单位签订承包合同,不能以不正当理由推迟签约时间。

本 章 小 结

本章节主要讲了建筑工程招标与投标法规,其内容包括建筑工程招投标的概述,建筑工程招标、投标文件的编制条件和程序,建筑工程的开标、评标、定标和签约的过程,以及招标人、投标人、中标人、招标代理机构、评标委员会、国家机关及工作人员的法律责任,同时还出了三道案例分析题帮助学生对招投标法进一步进行理解分析。

实 训 练 习

一、单选题

1. 下列施工项目不属于必须招标范围的是(   )。

   A. 大型基础设施项目

   B. 使用世界银行贷款建设项目

   C. 政府投资的经济适用房建设项目

   D. 施工主要技术采用特定专利的建设项目

2. 《工程建设项目招标范围和规模标准规定》中规定重要设备、材料等货物的采购,单项合同估算价在(   )万元人民币以上的,必须进行招标。

   A. 20   B. 50   C. 150   D. 100

3. 《招投标法》规定,招标人采用公开招标方式,应当发布招标公告,依法必须进行招标项目的招标公告,应当通过(   )的报刊、信息网络或者其他媒介公开发布。

   A. 国家指定   B. 业主指定   C. 当地政府指定 D. 监理机构指定

4. 按照《招标投标法》及相关规定，必须进行施工招标的工程项目是( )。

    A. 施工企业在其施工资质许可范围内自建自用的工程

    B. 属于利用扶贫资金实行以工代赈需要使用农民工的工程

    C. 施工主要技术采用特定的专利或者专有技术工程

    D. 经济适用房工程

5. 《招标投标法》规定，招标投标活动应当遵循公开、公平、公正和诚实信用的原则。公开原则，首先要求招标信息公开，其次，还要求( )公开。

    A. 评标方式　　　B. 招标投标过程　C. 招标单位　　　　D. 投标单位

6. 根据《招标投标法》及有关规定，下列项目不属于必须招标的工程建设项目范围的是( )。

    A. 某城市的地铁工程　　　　　　B. 国家博物馆的维修工程

    C. 某省的体育馆建设项目　　　　D. 张某给自己建的别墅

7. 投标保证金有效期应当超出投标有效期( )。

    A. 15　　　　　　B. 21　　　　　　C. 30　　　　　　D. 45

8. 根据《招标投标法》的规定，投标保证金最高不得超过( )万元人民币。

    A. 30　　　　　　B. 50　　　　　　C. 80　　　　　　D. 100

9. 中标人确定后，招标人应( )。

    A. 向中标人发出通知书，可不将中标结果通知未中标人，但须退还投标保证金或保函

    B. 向中标人发出通知书，同时将中标结果通知未中标人，但无须退还投标保证金或保函

    C. 向中标人发出通知书，可不将中标结果通知未中标人，也可不必退还投标保证金或保函

    D. 向中标人发出通知书，同时将中标结果通知所有未中标人，并向未中标人退还投标保证金

10. 招标人以招标公告的方式邀请不特定的法人或者组织来投标，这种招标方式称( )。

    A. 公开招标　　　B. 邀请招标　　　C. 议标　　　　D. 定向招标

11. 根据《工程建设项目施工招标投标办法》第十五条的规定，招标人应当按招标公告或者投标邀请书规定的时间、地点出售招标文件。自招标文件出售之日起至停止出售之日止，最短不得少于( )个工作日。

    A. 3　　　　　　　B. 5　　　　　　　C. 10　　　　　　D. 15

12. 招标人应当确定投标人编制投标文件所需要的合理时间；但是，依法必须进行招标的项目，自招标文件开始发出之日起至投标人提交投标文件截止之日止，最短不得少于( )日。

    A. 10　　　　　　B. 15　　　　　　C. 20　　　　　　D. 25

二、多选题

1. 《招标投标法》规定，招标投标活动应当遵循( )的原则。

    A. 公开   B. 合法   C. 公平   D. 公正   E. 诚实信用

2. 《工程建设项目施工招标投标办法》中规定的无效投标文件包括( )。

    A. 未按规定的格式填写的投标文件

    B. 在一份投标文件中对同一招标项目报有多个报价的投标文件

    C. 投标人名称与资格预审时不一致的投标文件

    D. 未按照招标文件要求提交投标保证金

    E. 既有法人代表或法人代表授权的代理人的签字，也有单位盖章的投标文件

3. 根据《招标投标法》，评标委员会人员组成中应满足( )。

    A. 总人数为 5 人以上的单数

    B. 必须有政府主管部门的人员参加评标

    C. 技术经济专家不得少于总人数的三分之二

    D. 技术经济专家不得少于三人

    E. 技术经济专家 5 人以上

4. 下列关于评标的说法中，符合我国招标投标法关于评标有关规定的有( )。

    A. 招标人应当采取必要的措施，保证评标在严格保密的情况下进行

    B. 评标委员会完成评标后，应当向招标人提出书面评标报告并决定合格的中标候选人

    C. 招标人可以授权评标委员会直接确定中标人

    D. 经评标委员会评审，认为所有投标都不符合招标文件要求的，可以否决所有投标

    E. 任何单位和个人不得非法干预、影响评标的过程和结果

5. 我国施工合同文件由以下几部分组成( )。

    A. 建设工程施工合同协议书

    B. 标准、规范和其他有关技术要求

    C. 工程量清单(预算书)和图纸

    D. 甲、乙方上级主管部门的书面指示

    E. 施工中甲乙双方的洽商、变更等明确双方权利义务的纪要、协议

三、问答题

1. 简述建设施工工程招标条件及程序？

2. 简述招标文件的编制？

3. 建筑工程项目评标时，常会遇见哪些问题？

第 4 章 课后题答案.pdf

实训工作单一

班级		姓名		日期	
教学项目					
任务	学习建设施工工程招标条件及程序	学习途径	本书中的案例分析，观看招投标有关视频		
学习目标		掌握建设施工工程招标条件及程序			
学习要点					
学习查阅记录					
评语			指导教师		

实训工作单二

班级		姓名		日期	
教学项目		建筑工程项目开标、评标、定标和签约			
任务	学习工程项目评标	学习途径	本书中的案例分析，以及相关视频		
学习目标		重点掌握工程项目评标的易错点			
学习要点					
学习查阅记录					
评语				指导教师	

第 5 章　建筑工程合同法规

05

【学习目标】

1. 了解合同、合同关系、合同法的概念
2. 熟悉合同的订立、效力、履行、变更等内容
3. 掌握合同订立的原则和步骤、合同的生效要件和导致无效合同或被撤销合同的条件及处理、合同履行的原则和合同的违约责任

建筑工程合同法规.avi

【教学要求】

本章要点	掌握层次	相关知识点
合同概述	1. 了解建筑工程合同的概念 2. 熟悉建筑工程合同的特征、种类	建筑工程合同 合同种类
合同的订立	1. 了解合同订立的原则 2. 熟悉合同的关系主体 3. 掌握合同的签订及缔约过失责任	合同订立 合同关系主体 过失责任
合同的效力	1. 掌握有效合同、无效合同的相关内容 2. 掌握效力待定合同、可撤销、可变更合同的概念	有效合同 无效合同 效力待定合同 可撤销、可变更合同
合同的变更、终止、转让与解除	1. 掌握合同的变更 2. 掌握合同的终止 3. 熟悉合同的转让与解除	合同变更 合同终止 合同转让解除

续表

本章要点	掌握层次	相关知识点
合同的违约责任	1. 掌握违约责任的条件 2. 掌握违约责任的承担形式	违约责任

 【项目案例导入】

　　承包人和发包人签订了物流货物堆放场地平整工程合同，规定工程按该市工程造价管理部门颁布的《综合价格》进行结算。在履行合同过程中，因发包人未解决好征地问题，使承包人 7 台推土机无法进入场地，窝工 200 天，致使承包人没有按期交工。经发包人和承包人口头交涉，在征得承包人同意的基础上按承包人实际完成的工程量变更合同，并商定按"估价标准机械化施工标准"结算。工程完工结算时因为窝工问题和结算依据双方发生争议。承包人起诉，要求发包人承担全部窝工责任并坚持按第一次合同规定的计价依据和标准办理结算，而发包人在答辩中则要求承包人承担延期交工责任。法院经审理判决第一个合同有效，第二个回头交涉的合同无效，工程结算的依据应当依双方第一次签订的合同为准。

 【项目问题导入】

　　请根据本章所学的相关知识，试分析承包人和发包人在履行合同过程中有何过错，应如何处理？

5.1　合同概述

　　合同是适应私有制的商品经济的客观要求而出现的，是商品交换在法律上的表现形式。商品生产产生后，为了交换的安全和信誉，人们在长期的交换实践中逐渐形成了许多关于交换的习惯和仪式。这些商品交换的习惯和仪式便逐渐成为调整商品交换的一般规则。随着私有制的确立和国家的产生，统治阶级为了维护私有制和正常的经济秩序，把有利于他们的商品交换的习惯和规则用法律形式加以规定，并以国家强制力保障实行。于是商品交换的合同法律形成便应运而生了。古罗马时期合同就受到人们的重视，签订合同必须经过规定的方式，才能发生法律效力。如果合同仪式的术语和动作被遗漏任何一个细节，就会导致整个合同无效。随着商品经济的发展，这种烦琐的形式直接影响到商品交换的发展。在理论和实践上，罗马法逐渐克服了缔约中的形式主义。要物合同和合意合同的出现，标志着罗马法从重视形式转为重视缔约人的意志，从而使商品交换从烦琐的形式中解脱出来，并且成为现代合同自由观念的起源。

5.1.1　合同的概念

　　合同是当事人或当事双方之间设立、变更、终止民事关系的协议。依法成立的合同，受法律保护。广义合同指所有法律部门中确定权利、义务关系的协议。狭义合同指一切民事合同。还有最狭义合同仅指民事合同中的债权合同。《中华人民共和国民法通则》第八十五条：合同是当事人之间设立、变更、终止民事关系的协议。依法成立的合同，受法律保护。《中华人民共和国合同法》第二条：合同是平等主体的自然人、法人、其他组织之间设立、变更、终止民事权利义务关系的协议。婚姻、收养、监护等有关身份关系的协议，适用其他法律的规定。

合同的概念.mp4

5.1.2　合同的特征

《中华人民共和国合同法》(下称《合同法》)所称合同，是指平等主体的自然人、法人、其他组织之间设立、变更、终止民事权利义务关系的协议。

1. 合同的法律特征

1)　合同是平等主体之间的民事法律关系

合同是平等当事人之间从事的法律行为，任何一方不论其所有制性质及行政地位，都不能将自己的意志强加给对方。非平等主体之间的合同不属于合同法的调整对象。根据《政府采购法》第四十三条的规定，政府采购合同适用《合同法》。

2)　合同是一种双方或多方或共同的民事法律行为

首先，合同至少需要两个或两个以上的当事人；其次，合同是法律行为，故当事人的意思表示是合同的核心要素；最后，因为合同是双方法律行为或者多方法律行为，因此合同成立不但需要当事人有意思表示，而且要求当事人之间的意思表示一致。

3)　合同是当事人之间民事权利与义务关系的协议

首先，根据《合同法》的规定，虽然平等主体之间有关民事权利义务关系设立、变更、终止的协议均在合同法的调整范围。但根据《合同法》第二条第二款的规定，婚姻、收养、监护等有关身份关系的协议，不适用《合同法》的调整。其次，合同作为一种法律事实，是当事人自由约定，协商一致的结果。如果当事人之间的约定合法，则在当事人之间产生相当于法律的效力，当事人就必须按照约定履行合同义务。任何一方违反合同，都要依法承担违约责任。

2. 合同法的特征

合同法是调整平等主体之间商品交换关系的法律规范的总称。合同法具有以下特征：

1)　合同法是私法

合同法规范当事人之间因私人利益产生的合同法律关系，强调主体平等、意思自治，因此合同法为私法。

2)　合同法是自治法

合同法主要是通过任意性法律规范而不是强制性法律规范调整合同关系。合同法通过任意性规范或引导当事人的行为，或补充当事人意思的不完整。合同法对当事人意思自治的限制，即合同法中的强制性规范，被严格限制在合理与必要的范围之内。

3) 合同法是财产交易法

合同法与物权法均属财产法范畴，其中物权法主要调整财产归属及利用的财产关系，是从静态角度为财产关系提供法律保护，而合同法则调整财产的流转关系，即商品交换关系，是从动态角度为财产关系提供法律保护。

5.1.3 合同的种类

1. 有名合同与无名合同

根据合同法或者其他法律是否对合同规定有确定的名称与调整规则为标准，可将合同分为有名合同与无名合同。有名合同是立法上规定有确定名称与规则的合同，又称典型合同。如《合同法》在分则中规定的买卖合同、赠与合同、借款合同、租赁合同等各类合同。无名合同是立法上尚未规定有确定名称与规则的合同，又称非典型合同。有名合同与无名合同的区分意义在于两者适用的法律规则不同。有名合同可直接适用《合同法》分则中关于该种合同的具体规定。对无名合同则只能在适用《合同法》总则中规定的一般规则的同时，参照该法分则或者其他法律中最相类似的有名合同的规定执行。

2. 单务合同与双务合同

根据合同当事人是否相互负有对价义务为标准，可将合同分为单务合同与双务合同。此处的对价义务并不要求双方的给付价值相等，而只是要求双方的给付具有相互依存、相互牵连的关系即可。单务合同是指仅有一方当事人承担义务的合同，如赠与合同。双务合同是指双方当事人互负对价义务的合同，如买卖合同、承揽合同、租赁合同等。区分两者的法律意义在于，因为双务合同中当事人之间的给付义务具有依存和牵连关系，因此双务合同中存在同时履行抗辩权和风险负担的问题，而这些情形并不存在于单务合同中。

【案例 5-1】 单务合同：甲有一栋楼房，在甲要离开这里时，把房子卖给了朋友小华。小华去银行取款给甲，并找到小明做担保，小明签了担保合同。这里担保合同就是单务合同。

双务合同：一进货商与一家工厂签订了一个购买合同。双方规定在 30 日内进货商付清货款，厂家提供足量质量合格的产品。

问题：

请结合所学的相关知识，简述单务合同与双务合同的不同？

3. 有偿合同与无偿合同

根据合同当事人是否因给付取得对价为标准，可将合同分为有偿合同与无偿合同。有偿合同是指合同当事人为从合同中得到利益要支付相应对价给付(此给付并不局限于财产的给付，也包含劳务、事务等)的合同。买卖、租赁、雇佣、承揽、行纪等都是有偿合同。无偿合同是指只有一方当事人作出给付，或者虽然是双方作出给付但双方的给付间不具有对价意义的合同。赠与合同是典型的无偿合同，另外，委托、保管合同如果没有约定利息和报酬的，也属于无偿合同。

4. 诺成合同与实践合同

根据合同成立除当事人的意思表示以外，是否还要其他现实给付为标准，可以将合同分为诺成合同与实践合同。诺成合同是指当事人意思表示一致即可认定合同成立的合同。实践合同是指在当事人意思表示一致以外，尚须有实际交付标的物或者有其他现实给付行为才能成立的合同。确认某种合同属于实践合同必须法律有规定或者当事人之间有约定。常见的实践合同有保管合同、自然人之间的借贷合同、定金合同等。但赠与合同、质押合同不再是实践合同。

区分两者的法律意义在于：除了两种合同的成立要件不同以外，实践合同中作为合同成立要件的给付义务的违反不产生违约责任，而只是一种缔约过失责任。

【案例 5-2】　乙在外国游玩，甲委托乙代理买化妆品，在电话中双方口头意思表达一致，说定在乙回来时帮甲代买化妆品。合同就产生效力，双方必须履行，否则构成违约。这是诺成性合同。

公司让采购部出去买原料，公司李群在化工厂定了一批原料，签订了运输合同。在 20 日内货物到达李群所在公司仓库后货款结清。

问题：

请结合所学的相关知识，结合本案例简述诺成合同与实践合同？

5. 要式合同与不要式合同

根据合同的成立是否必须符合一定的形式为标准，可将合同分为要式合同与不要式合同。要式合同是按照法律规定或者当事人约定必须采用特定形式订立，方能成立的合同。不要式合同是对合同成立的形式没有特别要求的合同。确认某种合同属于要式合同必须法律有规定或者当事人之间有约定。

6. 主合同与从合同

根据两个或者多个合同相互间的主从关系，可将合同分为主合同与从合同。主合同是无须以其他合同存在为前提即可独立存在的合同，这种合同具有独立性。从合同又称附属合同，是以其他合同的存在为其存在前提的合同。保证合同、定金合同、质押合同等相对于提供担保的借款合同即为从合同。从合同的存在是以主合同的存在为前提的，故主合同的成立与效力直接影响到从合同的成立与效力。但是从合同的成立与效力不影响主合同的成立与效力。

5.1.4　建设工程合同

建设工程合同是承包人进行工程建设，发包人支付价款的合同。建设工程合同包括工程勘察、设计、施工合同。建设工程合同应当采用书面形式。按照《中华人民共和国合同法》的规定，建设工程合同包括三种：即建设工程勘察合同、建设工程设计合同、建设工程施工合同。

发包人可以与总承包人订立建设工程合同，也可以分别与勘察

建设工程合同.mp4

人、设计人、施工人订立勘察、设计、施工承包合同。发包人不得将应当由一个承包人完成的建设工程肢解成若干部分发包给几个承包人。总承包人或者勘察、设计、施工承包人经发包人同意，可以将自己承包的部分工作交由第三人完成。第三人就其完成的工作成果与总承包人或者勘察、设计、施工承包人向发包人承担连带责任。承包人不得将其承包的全部建设工程转包给第三人或者将其承包的全部建设工程肢解以后以分包的名义分别转包给第三人。禁止承包人将工程分包给不具备相应资质条件的单位。禁止分包单位将其承包的工程再分包。建设工程主体结构的施工必须由承包人自行完成。

国家重大建设工程合同，应当按照国家规定的程序和国家批准的投资计划、可行性研究报告等文件订立。

勘察、设计合同的内容包括提交有关基础资料和文件(包括概预算)的期限、质量要求、费用以及其他协作条件等条款。

施工合同的内容包括工程范围、建设工期、中间交工工程的开工和竣工时间、工程质量、工程造价、技术资料交付时间、材料和设备供应责任、拨款和结算、竣工验收、质量保修范围和质量保证期、双方相互协作等条款。

建设工程实行监理的，发包人应当与监理人采用书面形式订立委托监理合同。发包人与监理人的权利和义务以及法律责任，应当依照本法委托合同以及其他有关法律、行政法规的规定。

发包人在不妨碍承包人正常作业的情况下，可以随时对作业进度、质量进行检查。

隐蔽工程在隐蔽以前，承包人应当通知发包人检查。发包人没有及时检查的，承包人可以顺延工程日期，并有权要求赔偿停工、窝工等损失。

建设工程竣工后，发包人应当根据施工图纸及说明书、国家颁发的施工验收规范和质量检验标准及时进行验收。验收合格的，发包人应当按照约定支付价款，并接收该建设工程。建设工程竣工经验收合格后，方可交付使用；未经验收或者验收不合格的，不得交付使用。

勘察、设计的质量不符合要求或者未按照期限提交勘察、设计文件拖延工期，造成发包人损失的，勘察人、设计人应当继续完善勘察、设计，减收或者免收勘察、设计费并赔偿损失。

因施工人的原因致使建设工程质量不符合约定的，发包人有权要求施工人在合理期限内无偿修理或者返工、改建。经过修理或者返工、改建后，造成逾期交付的，施工人应当承担违约责任。

因承包人的原因致使建设工程在合理使用期限内造成人身和财产损害的，承包人应当承担损害赔偿责任。

发包人未按照约定的时间和要求提供原材料、设备、场地、资金、技术资料的，承包人可以顺延工程日期，并有权要求赔偿停工、窝工等损失。因发包人的原因致使工程中途停建、缓建的，发包人应当采取措施弥补或者减少损失，赔偿承包人因此造成的停工、窝工、倒运、机械设备调迁、材料和构件积压等损失和实际费用。因发包人变更计划，提供的资料不准确，或者未按照期限提供必需的勘察、设计工作条件而造成勘察、设计的返工、停工或者修改设计，发包人应当按照勘察人、设计人实际消耗的工作量增付费用。

发包人未按照约定支付价款的，承包人可以催告发包人在合理期限内支付价款。发包人逾期不支付的，除按照建设工程的性质不宜折价、拍卖的以外，承包人可以与发包人协议将该工程折价，也可以申请人民法院将该工程依法拍卖。建设工程的价款就该工程折价或者拍卖的价款优先受偿。建筑工程合同没有规定的，适用承揽合同的有关规定。

【案例 5-3】　2013 年，A 公司伪造资质承包 B 乡政府自来水入户安装工程。工程进行期间，A 公司因无力垫付工程款，通过其他人找来 C 公司转包了部分工程(B 乡政府与 C 公司签订转包协议)。工程完成后 A 公司支取大部分工程款后失踪(约三个标段工程量)。C 公司手里只有发包单位的主管部门所出具的安装工程量(其中一个标段)，但并未写明具体施工人。C 公司以上述案情诉至法院要求 B 乡政府支付其施工的工程款，法院以 B 乡政府支付完工程款为由判 C 公司败诉。

问题：

其中 C 公司可以提供其他两个标段的工程量。如果上诉，C 公司可能胜诉吗？可以要回自己所施工标段的工程款吗？

5.2　合同的订立

5.2.1　合同订立的原则

在日常的工作生活中，合同是当事人或当事双方之间设立、变更、终止民事关系的协议。依法成立的合同，受法律保护。合同订立的五大原则为：

1. 平等原则

根据《中华人民共和国合同法》第三条："合同当事人的法律地位平等，一方不得将自己的意志强加给另一方"的规定，平等原则是指地位平等的合同当事人，在充分协商达成一致意思表示的前提下订立合同的原则。这一原则包括三方面内容：

拓展资源 1.pdf

(1) 合同当事人的法律地位一律平等。不论所有制性质，也不问单位大小和经济实力的强弱，其地位都是平等的。

(2) 合同中的权利义务对等。当事人所取得财产、劳务或工作成果与其履行的义务大体相当；要求一方不得无偿占有另一方的财产，侵犯他人权益；要求禁止平调和无偿调拨。

(3) 合同当事人必须就合同条款充分协商，取得一致，合同才能成立。任何一方都不得凌驾于另一方之上，不得把自己的意志强加给另一方，更不得以强迫命令、胁迫等手段签订合同。

2. 自愿原则

根据《中华人民共和国合同法》第四条："当事人依法享有自愿订立合同的权利，任何单位和个人不得非法干预"的规定，民事活动除法律强制性的规定外，由当事人自愿约定。包括：第一，订不订立合同自愿；第二，与谁订合同自愿；第三，合同内容由当事人在不违法的情况下自愿约定；第四，当事人可以协议补充、变更有关内容；第五，双方也可以协议解除合同；第六，可以自由约定违约责任，在发生争议时，当事人可以自愿选择解决争议的方式。

3. 公平原则

根据《中华人民共和国合同法》第五条："当事人应当遵循公平原则确定各方的权利和义务"的规定，公平原则要求合同双方当事人之间的权利义务要公平合理，具体包括：第一，在订立合同时，要根据公平原则确定双方的权利和义务；第二，根据公平原则确定风险的合理分配；第三，根据公平原则确定违约责任。

4. 诚实信用原则

根据《中华人民共和国合同法》第六条："当事人行使权利、履行义务应当遵循诚实信用原则"的规定，诚实信用原则要求当事人在订立合同的全过程中，都要诚实，讲信用，不得有欺诈或其他违背诚实信用的行为。

5. 善良风俗原则

根据《中华人民共和国合同法》第七条："当事人订立、履行合同，应当遵守法律、行政法规，尊重社会公德，不得扰乱社会经济秩序，损害社会公共利益"的规定，"遵守法律、行政法规，尊重社会公德，不得扰乱社会经济秩序和损害社会公共利益"指的就是善良风俗原则。包括以下内涵：第一，合同的内容要符合法律、行政法规规定的精神和原则；第二，合同的内容要符合社会上被普遍认可的道德行为准则。

合同的订立是当事人之间产生权利义务的基础，当事人必须根据法律规定的原则订立合法有效的合同，这是合同履行的基础。

5.2.2　合同关系主体

合同关系主体，又称为合同当事人，包括债权人和债务人。债权人有权请求债务人依据法律和合同的规定履行义务；而债务人则依据法律和合同负有实施一定的行为的义务。当然，债权人与债务人的地位是相对的。在某些合同关系中，由于一方当事人只享受权利，而另一方当事人仅负有义务，所以债权人与债务人是容易确立的。但在另一些合同关系中，当事人双方互为权利义务，即一方享受的权利是另一方所应尽的义务，另一方承担的义务则是一方所享受的权利，因此，双方互为债权人和债务人。

合同关系主体.mp4

合同关系的主体都是特定的。正是从这个意义上，合同债权又被称为相对权。主体的特定化是合同关系与物权关系、人身权关系、知识产权关系等的重要区别。不过，合同关系的主体(或称当事人)是特定的，但并非是固定不变的。依据法律和合同的规定，债权人可以将其债权全部或部分地转让给第三人，债务人可以将其债务全部或部分地转让给第三人。这样，第三人可以取代债权人和债务人的地位或加入合同关系，成为合同关系的主体。这种债的主体变更，并没有改变合同关系主体相对性的特点，因为第三人一旦取代原合同关系当事人一方或者加入合同关系中，都已经成为特定的合同关系当事人，因此合同关系的主体仍然是特定的。

5.2.3　合同的签订

当事人订立合同，首先应当具有相应的民事权利能力和民事行为能力。当事人依法可以委托代理人订立合同。当事人订立合同，有书面形式、口头形式和其他形式。

法律、行政法规规定采用书面形式的，应当采用书面形式。当事人约定采用书面形式的，应当采用书面形式。书面形式是指合同书、信件和数据电文(包括电报、电传、传真、电子数据交换和电子邮件)等可以有形地表现所载内容的形式。当事人可以参照各类合同的示范文本订立合同。

根据《合同法》第十三条规定，当事人订立合同，采取要约、承诺方式。

1. 要约

要约是希望和他人订立合同的意思表示，该意思表示应当符合下列规定：

(1) 内容具体确定；

(2) 表明经受要约人承诺，要约人即受该意思表示约束。

拓展资源 2.pdf

要约邀请是希望他人向自己发出要约的意思表示。寄送的价目表、拍卖公告、招标公告、招股说明书、商业广告等为要约邀请。商业广告的内容符合要约规定的，视为要约。

要约到达受要约人时生效。采用数据电文形式订立合同，收件人指定特定系统接收数据电文的，该数据电文进入该特定系统的时间，视为到达时间；未指定特定系统的，该数据电文进入收件人的任何系统的首次时间，视为到达时间。

要约可以撤回。撤回要约的通知应当在要约到达受要约人之前或者与要约同时到达受要约人。要约可以撤销。撤销要约的通知应当在受要约人发出承诺通知之前到达受要约人。

有下列情形之一的，要约不得撤销：

(1) 要约人确定了承诺期限或者以其他形式明示要约不可撤销；

(2) 受要约人有理由认为要约是不可撤销的，并已经为履行合同作了准备工作。

有下列情形之一的，要约失效：

(1) 拒绝要约的通知到达要约人；

(2) 要约人依法撤销要约；

(3) 承诺期限届满，受要约人未作出承诺；

(4) 受要约人对要约的内容作出实质性变更。

2. 承诺

1) 承诺到达

承诺是受要约人同意要约的意思表示：

(1) 承诺应当以通知的方式作出，但根据交易习惯或者要约表明可以通过行为作出承诺的除外。

(2) 承诺应当在要约确定的期限内到达要约人。要约没有确定承诺期限的，承诺应当依照下列规定到达：

① 要约以对话方式作出的，应当即时作出承诺，但当事人另有约定的除外；

② 要约以非对话方式作出的，承诺应当在合理期限内到达。

③ 要约以信件或者电报作出的，承诺期限自信件载明的日期或者电报交发之日开始计算。信件未载明日期的，自投寄该信件的邮戳日期开始计算。要约以电话、传真等快速通讯方式作出的，承诺期限自要约到达受要约人时开始计算。

2) 承诺生效

承诺生效时合同成立。

承诺通知到达要约人时承诺生效。承诺不需要通知的，根据交易习惯或者要约的要求作出承诺的行为时生效。

采用数据电文形式订立合同的，承诺到达的时间为该数据电文进入收件人的任何系统的首次时间，视为到达时间。承诺可以撤回，撤回承诺的通知应当在承诺通知到达要约人之前或者与承诺通知同时到达要约人。

受要约人超过承诺期限发出承诺的，除要约人及时通知受要约人该承诺有效的以外，为新要约。

受要约人在承诺期限内发出承诺，按照通常情形能够及时到达要约人，但因其他原因承诺到达要约人时超过承诺期限的，除要约人及时通知受要约人因承诺超过期限不接受该承诺的以外，该承诺有效。

承诺的内容应当与要约的内容一致。受要约人对要约的内容作出实质性变更的，为新要约。有关合同标的、数量、质量、价款或者报酬、履行期限、履行地点和方式、违约责任和解决争议方法等的变更，是对要约内容的实质性变更。

承诺对要约的内容作出非实质性变更的，除要约人及时表示反对或者要约表明承诺不得对要约的内容作出任何变更的以外，该承诺有效，合同的内容以承诺的内容为准。

当事人采用合同书形式订立合同的，自双方当事人签字或者盖章时合同成立。

当事人采用信件、数据电文等形式订立合同的，可以在合同成立之前要求签订确认书。签订确认书时合同成立。

3) 承诺生效的地点

承诺生效的地点为合同成立的地点。

采用数据电文形式订立合同的，收件人的主营业地为合同成立的地点；没有主营业地的，其经常居住地为合同成立的地点。当事人另有约定的，按照其约定。

当事人采用合同书形式订立合同的，双方当事人签字或者盖章的地点为合同成立的地点。

4) 合同成立

法律、行政法规规定或者当事人约定采用书面形式订立合同，当事人未采用书面形式但一方已经履行主要义务，对方接受的，该合同成立。

采用合同书形式订立合同，在签字或者盖章之前，当事人一方已经履行主要义务，对方接受的，该合同成立。

　　国家根据需要下达指令性任务或者国家订货任务的，有关法人、其他组织之间应当依照有关法律、行政法规规定的权利和义务订立合同。

5.2.4　合同的条款

　　除由法律、法规直接规定外，合同双方当事人的权利义务是通过合同条款来确定的。因此，《合同法》第十二条规定，合同的内容由当事人约定，但一般包括以下条款：

　　(1)　当事人的名称或者姓名和住所。如果当事人是自然人，其住所就是其户籍所在地的居住地；自然人的经常居住地与住所不一致的，其经常居住地视为住所。如果当事人是法人，其住所是其主要办事机构所在地。如果法人有两个以上的办事机构，即应区分何者为主要办事机构，主要办事机构之外的办事机构为次要办事机构，而以该主要办事机构所在地为法人的住所。

　　(2)　标的。标的是合同权利义务所指向的对象。合同中应清楚地写明标的的名称，以使其特定化。特别是作为标的的同一种物品会因产地的差异和质量的不同而存在差别时，更是需要详细说明标的的具体情况。例如，白棉布有原色布与漂白布之分，因此如果购买白棉布，就必须说明是购买原色布，还是漂白布。

　　(3)　数量。合同双方当事人应选择共同接受的计量单位和计量方法，并允许规定合理的磅差和尾差。

　　(4)　质量。标的的质量主要包括五个方面：第一，标的物的物理和化学成分；第二，标的物的规格，通常是用度、量、衡来确定的质量特性；第三，标的物性能，如强度、硬度、弹性、抗腐蚀性、耐水性、耐热性、传导性和牢固性等；第四，标的物的款式，例如标的物的色泽、图案、式样等；第五，标的物的感觉要素，例如标的物的味道、新鲜度等。

　　(5)　价款或者报酬。价款是购买标的物所应支付的代价，报酬是获得服务应当支付的代价，这两项作为合同的主要条款应予以明确规定。在大宗买卖或对外贸易中，合同价款还应对运费、保险费、装卸费、保管费和报关费作出规定。

　　(6)　履行期限、地点和方式。当事人可以就履行期限是即时履行、定时履行、分期履行作出规定。当事人应对履行地点是在出卖人所在地，还是买受人所在地；以及履行方式是一次交付，还是分批交付，是空运、水运还是陆运等内容作出明确规定。

　　(7)　违约责任。当事人可以在合同中约定违约致损的赔偿方法以及赔偿范围等。

　　(8)　解决争议的方法。当事人可以约定在双方协商不成的情况下，是仲裁解决、还是诉讼解决买卖纠纷。当事人还可以约定解决纠纷的仲裁机构或诉讼法院。

　　另外，根据《合同法》第一百三十一条的规定，买卖合同的内容除依照上述规定以外，还可以包括包装方式、检验标准和方法、结算方式、合同使用的文字及其效力等条款。

5.2.5　合同缔约过失责任

　　在合同订立过程中，因一方违背诚实信用原则给对方造成损失而导致的赔偿责任，称为缔约过失责任。

缔约过失责任的特点是一方当事人因过错违反了先合同义务，这时当事双方之间虽没有成立合同关系，但依诚实信用原则，双方当事人应互相负有一定的义务，如相互保护、相互提醒、相互通知、相互协助等，如果一方当事人因违反此类义务给对方造成损失，应承担赔偿责任。

生活中，履行先合同义务的例子很常见，如在商场、餐馆、机场、影院等公共场所经常可以看到"注意地滑""注意碰头""注意玻璃""油漆未干"等牌子，便是经营者依诚实信用原则向顾客履行其提醒、注意义务。

一方当事人因其订立合同的行为未依诚实信用原则尽到应有的义务而承担了缔约过失责任，这种行为是缔约过失行为，主要有以下三种：

(1) 假借订立合同，恶意进行磋商。所谓"假借"，就是根本没有与对方订立合同的目的，与对方谈判只是个借口，目的是损害对方或第三人的利益，恶意地与对方进行谈判。如甲知道丙有意转让一个餐馆，甲并不想购买丙的餐馆，其与丙进行谈判的目的是想阻止丙将餐馆卖给自己的竞争对手乙。当乙购买了另一家餐馆后，甲中断了与丙的谈判。丙以比乙出价更低的价格将餐馆转让。

(2) 故意隐瞒与订立合同有关的重要事实或提供虚假情况。如某连锁店老板甲为了获得高额转让费而隐瞒专营许可即将到期并不能获得续期的事实。

(3) 其他违背诚实信用原则的行为。如甲并无意与乙签订合同，却给乙设置苛刻的前提条件，乙方因信赖而努力做前期准备工作，甲却不与其签署合同。

承担缔约过失责任的前提之一是必须给对方造成了损失，如果没有损失，则不承担赔偿责任。赔偿的限额以对方当事人的直接损失为限，如当事人为谈判而产生的费用或为准备履行合同而发生的一些前期费用。缔约过失责任不包括间接损失。

【案例 5-4】 2014 年 5 月，河南省某集团公司 C 公司对刚建造的华文大厦裙楼承包经营权举行招标。杭州某餐饮有限公司 A 公司以 200 万元承包费投标额中标。6 月 8 日，双方正式签订了承包经营合同，双方邀请律师在场见证。由于签约单位名称与中标的杭州某餐饮有限公司 A 公司名称不符，集团公司负责人要求延期签字盖章，待董事会讨论再决定。同年 8 月，集团公司决定再次召开承包经营权招标会，宁波另一家餐饮管理 B 公司以 188 万元中标。集团公司当即通知该餐饮管理公司十天后正式签订书面合同，并交纳首期承包费 100 万元。中标次日，该管理公司为了按时交纳承包费，向自己托管经营的一酒店公司借款 100 万元，并约定借款年利率为 12%。中标后第十天，B 公司持 100 万商业汇票到 C 公司单位准备签订书面合同并交纳承包款。C 公司拒绝接收该款，并告知 B 公司，C 公司已于两天前与原中标的餐饮有限公司正式签约。双方经过交涉达不成一致意见。B 公司认为，C 公司的毁标行为不仅导致 B 公司的经济损失，而且侮辱原告的人格，C 公司应承担 B 公司借款利息 12 万元、投标和订约直接损失 1 万元，同时承担 B 公司的精神损失 5 万元。C 公司则认为，合同尚未订立，虽然有道德上的责任，但并不需要承担经济赔偿责任。

问题：

C 公司行为是否构成缔约过失，若构成是否承担借款利息，是否承担精神赔偿责任？

5.3 合同的效力

5.3.1 有效合同

合同的生效是指已经成立的合同在当事人之间产生了一定的法律拘束力，也就是通常所说的法律效力。合同的生效是合同法中的一个非常重要的制度，它的重要性不仅在于它使合同发生了法律效力，能够使当事人达到其所期望的效果，而且在于它与一系列的合同制度有着紧密的联系，如与合同的成立。合同的成立与生效常常是紧密联系在一起的。当事人订立合同的目的，就是要使合同产生拘束力，从而实现合同所规定的权利和利益，如果合同不能生效，则合同等于一纸空文，当事人也就失去了订约目的。

有效合同.mp4

合同生效要件是法律评价合同效力的标准。实践中，主要有一般生效要件和特别生效要件。

1. 合同生效的一般要件

1) 意思表示真实

意思表示真实，是指缔约人的表示行为应真实地反映其内心的效果意思，即其效果意思与表示行为相一致。它作为合同的有效要件，是意思自治原则的当然要求。意思表示不真实，对合同效力的影响应视具体情况而定。在一般误解等情况下，合同仍为有效；在重大误解

拓展资源 3.pdf

时，合同则可被变更或者撤销；在乘人之危致使合同显失公平的情况下，合同可被变更或者撤销；在因欺诈、胁迫而成立合同场合，若损害国家利益，合同无效；若未损害国家利益，合同可被变更或撤销。

2) 不违反法律或者社会公共利益

这里的法律，一方面应作扩大解释，既包括全国人民代表大会及其常务委员会通过的法律，又包括国务院颁发的行政法规；另一方面应作缩小解释，仅指其中的强行性规范，不包括任意性规范。合同不得违反强行性规范，是由合同制度的目的所决定的，为一般的原则。

除了法律的强行性规范外，合同还不得违反社会公共利益。《合同法》第七条规定："当事人订立、履行合同，应当遵守法律、行政法规，尊重社会公德，不得扰乱社会经济秩序，损害社会公共利益。"这是由于社会生活广泛，经济往来繁多，情况复杂，法律不可能将一切情况都规定无遗，故以不得违反社会公共利益作为最后防线。需要注意的是，"社会公共利益"是一个不确定的概念，通常指不特定多数人的利益，凡是我国社会生活的政治基础、公共秩序、道德准则和风俗习惯等，均可列入其中。违反社会公共利益的合同严重背离合同制度的目的，危害巨大，不能允许。将不违反社会公共利益作为合同的有效要件，一方面可弥补社会发展使法律调整出现的漏洞和脱节的不足；另一方面，也利于醇化社会道德伦理和整肃社会风气。

3）　合同标的须确定和可能

合同标的决定着合同权利义务的质和量，没有它，合同就失去目的，失去积极的意义，应归于无效。合同标的可能是指合同给付可能实现。合同标的确定是指合同标的自始确定，或可得确定。

4）　行为人具有相应的民事行为能力

这一要件要求当事人能够了解合同的状况和法律效果，对保护其合法权益和减少纠纷均具有意义。自然人签订合同，原则上须有完全行为能力，限制行为能力人和无民事行为能力人不得亲自缔约，应由其法定代理人代为签订，但有如下例外：

（1）　可独立签订接受奖励、赠与、报酬等纯获利益，或被免除义务的合同；

（2）　限制民事行为能力人可以签订与其年龄、智力和精神健康状况相适应的合同；

（3）　可独立签订日常生活中的格式合同或事实合同，如利用自动售货机、乘坐交通工具、进入游园场所；

（4）　签订处分自由财产的合同，如学费、旅费等由法定代理人预定使用目的的财产和处分；

（5）　其他征得法定代理人同意的合同。按照我国原来的法律规定及其理论，法人签订合同严格地受其宗旨、目的、章程及经营范围的制约，超过经营范围的合同无效。

2．合同生效的特别要件

合同生效的特别要件是指合同除应具备一般生效要件外，还需具备法律、行政法规规定或者当事人约定的其他特定条件才能生效的合同要件。例如，当事人约定生效条件或生效期限的合同，自条件成就或期限届满时生效；法律、行政法规规定应当办理批准、登记等手续生效的合同，需办理批准、登记手续后才能生效。

依据我国现行法律、法规规定，合同生效应当办理批准、登记等手续的情形主要有以下几种：国家机关作为保证人的合同须经国务院批准，以《担保法》第四十二条规定的财产抵押合同办理抵押登记，以可转让股票出质合同和可转让知识产权中的财产权出质合同需办理质押登记，房地产转让、抵押合同和以出让或划拨方式取得土地使用权合同须办理登记，中外合资、合作经营企业合同须经主管部门审批等。

合同生效特别要件，只是法律、行政法规规定或当事人约定的某些合同生效须特别具备的要件，并不具有普遍性。

3．合同生效的时间

（1）　依法成立的合同，自成立时生效；

（2）　合同自批准、登记时生效；

（3）　当事人约定生效条件，合同自条件具备时生效；

（4）　当事人约定生效期限，合同自期限到时生效。

【案例 5-5】　某房地开发公司开发了一个住宅小区，该公司与深圳某知名物业服务公司签订了一份合同，合同约定：物业公司在小区售楼期间为小区提供前期物业管理服务，前期物业管理费为 13 万元，期限至小区正式入伙之日止。同时，双方还约定在小区正式入伙前，开发商必须与该物业公司签订正式物业服务合同，否则开发商应承担违约金 25 万元，在小区正式入伙之前，开发商认为物业公司的条件过于苛刻，双方无法达成一致协议，便与另一家物业管理公司签订物业服务合同，原物业管理公司为此向开发商索赔违约金 25 万元。

问题:

开发商应赔偿这 25 万元吗?

5.3.2　无效合同和无效免责条款

1. 合同无效

有下列情形之一的，合同无效:

(1)　一方以欺诈、胁迫的手段订立合同，损害国家利益;

(2)　恶意串通，损害国家、集体或者第三人利益;

(3)　以合法形式掩盖非法目的;

(4)　损害社会公共利益;

(5)　违反法律、行政法规的强制性规定。

2. 无效免责条款

合同中的下列免责条款无效。

(1)　造成对方人身伤害的;

(2)　因故意或者重大过失造成对方财产损失的。

【案例 5-6】 某天因甲乙吵架，甲把乙打伤。甲在打伤乙后，赔偿乙 5 万元，并约定不得告发甲。乙收到钱财后，到公安机关状告甲致人伤残，甲被判处有期徒刑 1 年。

问题:

问双方协议有没有效?

5.3.3　效力待定合同

1. 效力待定合同概念

　　合同效力待定，是指合同成立以后，因存在不足以认定合同无效的瑕疵，致使合同不能产生法律效力，在一段合理的时间内合同效力暂不确定，由有追认权的当事人进行补正或有撤销权的当事人进行撤销，再视具体情况确定合同是否有效。处于此阶段中的合同，为效力待定的合同。合同效力待定，意味着合同效力既不是有效，也不是无

效力待定合同.mp4

效，而是处于不确定状态。设立这一不确定状态，目的是使当事人有机会补正能够补正的瑕疵，使原本不能生效的合同尽快生效，以实践合同法尽量成就交易、鼓励交易的基本原则。当然，从加速社会财富流转、促使不确定的权利义务关系尽快确定和稳定的原则出发，合同效力待定的时间不可能很长，效力待定也不可能是合同效力的最后状态。无论如何，效力待定的合同最后要么归于有效，要么归于无效，没有第三种状态。

民法通则已经规定了效力待定的行为(如无权代理)。合同法对此予以了继承和发展，形成了效力待定合同的法律制度。根据合同法第四十七条、第四十八条，限制民事行为能力人订立的合同、无权代理订立的合同、无处分权的人处分他人财产的合同，均属效力待定合同，其法定代理人、被代理人、权利人可依法追认，善意的相对人也可依法撤销(此撤销不同于合同法第五十四条的撤销。第五十四条的撤销是对生效合同的撤销，此处的撤销是对效力待定的合同的撤销)。法定代理人、被代理人、权利人没有依法追认，善意的相对人也没有依法撤销的，合同无效。法律规定当事人为民事行为时要有民事行为能力，进行代理时要有代理权，处分财产时要有权处分，是为了维护社会经济秩序，保障交易安全，维护行为人和相对人的合法权益。

但考虑到社会生活的复杂性，违反上述规定的合同一律作无效处理有时不仅不能实现前述目的，反而会徒增当事人和社会的麻烦。合同法设立追认制度有利于在保证交易安全的前提下加速财产流转；规定相对人有权催告、撤销，能使相对人的利益得到平衡。本制度能大幅降低无效合同的发生频率，使法律更好地调整各种纷繁复杂的交易情况。

2. 效力待定合同特性

效力待定合同已经成立，其效力不确定，它既非有效，也非无效，而是处于悬而未决的不确定状态之中，既不同于有效合同，也不同于无效合同，也有别于可变更可撤销合同。

效力待定合同效力的确定，取决于享有追认权的第三人在一定期限内的追认。效力待定合同经追认权人同意后，其效力确定地溯及于行为成立之时。效力待定合同经追认权人拒绝后，自始无效。

效力待定合同的主体特殊。效力待定的合同主体与一般合同的主体有所不同，涉及签订合同的双方当事人及第三人，其中与限制民事行为能力人、无权代理人、无权处分人订立合同的人称为相对人(即第三人)，相对人主观上并不知对方是限制民事行为能力人、无权代理人、无处分权人，他是善意的。限制民事行为能力人的法定代理人，有权追认限制民事行为能力人超越其行为能力所签订的合同；被代理人有权追认无权代理人第三人所签订的合同；无权为处分行为的对方是效力待定合同中的第三人。根据《中华人民共和国合同法》的规定，效力待定合同的效力取决于第三人同意或承认，在第三人追认或行为人取得处分权后合同有效。

【案例5-7】 为庆贺小红的 12 岁生日，小红的姑姑给她买了一把价值 500 元的古筝，生日后不久，小红在学校里以古筝交换 14 岁的同学小杰的价值 100 元的电动玩具 1 个。3 个月后，小红的母亲知道此事，将电动玩具返还给了小杰，并要求小杰返还古筝，小杰拒不返还。

问题：
小红的母亲要求小杰返还古筝的请求能否得到法律的支持？

5.3.4 可变更、可撤销合同

可变更、可撤销合同是指欠缺某种合同生效要件，当事人可以根据自己的意思请求法院或仲裁机构对合同内容予以变更或使合同效力消灭的合同。

1. 可变更、可撤销合同性质

(1) 主要违反当事人意思表示真实要件；

(2) 形成诉权：变更、撤销权行使主体为法院或仲裁机构。

2. 可变更、可撤销合同的法定情形

可变更、可撤销的合同是基于法定原因，当事人有权诉请法院或仲裁机构予以变更、撤销的合同。可变更、可撤销的合同的种类有：

可变更、可撤销
的合同.mp4

(1) 因重大误解订立的合同；

(2) 订立合同时显失公平的；

(3) 一方以欺诈、胁迫的手段或乘人之危，使对方在违背真实意思的情况下订立的合同，受损害方有权请求人民法院或仲裁机构变更或撤销。

对于可变更、可撤销的合同，当事人有权诉请法院或仲裁机构予以变更、撤销，当事人请求变更的，人民法院或者仲裁机构不得撤销。

3. 撤销权

撤销权是指撤销权人依其单方的意思表示使合同等法律行为溯及既往地消灭的利权。因撤销原因不同，撤销权人也不同。重大误解中，误解人是撤销权人；显失公平中，遭受明显不公的人是撤销权人；欺诈、胁迫中，受欺诈、受胁迫的人是撤销权人。撤销权是诉权，只能通过法院或者仲裁机构行使。

撤销权的消灭：

(1) 具有撤销权的当事人自知道或者应当知道撤销事由之日起一年内没有行使撤销权；

(2) 具有撤销权的当事人知道撤销事由后明确表示或者以自己的行为放弃撤销权。

例如：甲公司向乙公司订购乳胶漆一批，乙公司在订立合同时，谎称国产乳胶漆为进口乳胶漆。甲公司事后得知实情，适逢国产乳胶漆畅销，甲公司有意履行合同，乙公司则希望这批货以更高的价格卖给别人，此时：甲公司向乙公司催告交货或预付货款或递交确认合同有效的通知，则合同成为确定的有效合同；乙公司不能以合同订立存在欺诈为由主张撤销，从而使合同失去约束力。由此可见，我国对于一方当事人欺诈对方当事人而订立的合同是作为可撤销合同来处理的，这样就给予受到欺诈方选择权，尊重其意思自治。如果受到欺诈的一方当事人认为不必撤销合同的，则可以补正合同的效力。注意：我国可撤销合同的撤销权仅赋予受到欺诈的一方，而欺诈方是没有选择权的，所以不能主动主张合同可撤销。

【案例 5-8】 甲汽车销售公司与乙汽车制造公司签订了一份轿车买卖合同。由于甲公司的业务员丙对汽车型号不太熟悉，在签订合同时，将甲公司原先想买的 B 型号轿车写成了 A 型号轿车。虽然乙公司提供的型号不是甲公司原想购买的 B 型号轿车，但 A 型号轿车销量也不错。甲公司按照合同约定提货并支付了货款。

问题：

如何认定此次买卖行为？如果甲又反悔，可以退回车子、要回货款吗？

5.4 合同的履行

5.4.1 合同履行概述

合同的履行是指当事人按照合同的约定或者依照法律规定，全面地、适当地完成自己所负义务的行为。

合同的订立和效力是合同履行的前提，合同的履行是合同法的核心内容。因为，合同的履行是当事人缔约合同的最终目的，对合同的抗辩、保全、变更、转让、担保、违约责任和效力等问题的规定，都是为了保障合同得以顺利地履行。

当事人应当按照约定全面履行自己的义务。当事人应当遵循诚实信用原则，根据合同的性质、目的和交易习惯履行通知、协助、保密等义务。合同生效后，当事人就质量、价款或者报酬、履行地点等内容没有约定或者约定不明确的，可以协议补充；不能达成补充协议的，按照合同有关条款或者交易习惯确定。

5.4.2 合同履行的原则

当事人在履行合同时，应遵循一定的原则。这些原则中，有的是基本原则，如诚实信用原则、合同自由原则、公平原则、平等原则等；有的是专属于合同履行原则，如适当履行原则和兼顾附随义务原则。

适当履行原则，又称正确履行原则和全面履行原则，是指当事人按照合同的标的、数量、质量，由适当的主体在适当的履行期限、履行地点，以适当的方式，全面完成合同义务。也就是说当事人应当善意地履行合同，使履行无任何瑕疵，当事人给付的标的物或提供的服务，符合合同的宗旨和法规的规定。

兼顾附随义务原则，是指当事人不仅适当地履行合同约定的义务，而且应根据诚实信用原则，履行由合同性质、目的或交易习惯确定的附属性、补充性义务。《合同法》第六十条第二款规定：当事人应当遵循诚实信用原则，根据合同的性质、目的和交易习惯履行通知、协助、保密等义务，附随义务是由诚实信用原则衍生的义务，它要求当事人履行合同时或合同终止后，互相协作、互相帮助，不侵犯对方当事人的合法权益。

合同履行的原则包括诚实信用和全面履行原则。如果当事人没有全面履行合同的，对方当事人是可以要求完全履行的。

5.4.3 合同条款不明确时的履行

据我国《合同法》六十二条的相关规定，当事人就有关合同内容约定不明确，依照《中华人民共和国合同法》第六十一条的规定仍不能确定的，适用下列规定：

(1) 质量要求不明确的，按照国家标准、行业标准履行；没有国家标准、行业标准的，按照通常标准或者符合合同目的的特定标准履行。

(2) 价款或者报酬不明确的，按照订立合同时履行地的市场价格履行；依法应当执行政府定价或者政府指导价的，按照规定履行。

(3) 履行地点不明确，给付货币的，在接受货币一方所在地履行；交付不动产的，在不动产所在地履行；其他标的，在履行义务一方所在地履行。

(4) 履行期限不明确的，债务人可以随时履行，债权人也可以随时要求履行，但应当给对方必要的准备时间。

(5) 履行方式不明确的，按照有利于实现合同目的的方式履行。

(6) 履行费用的负担不明确的，由履行义务一方负担。

5.4.4　合同履行过程中的抗辩权

1. 合同履行的抗辩权

合同履行的抗辩权指在符合法定条件时，当事人一方对抗对方当事人的履行请求权，暂时拒绝履行其债务的权利。包括同时履行抗辩权、先履行抗辩权和不安抗辩权。

双务合同履行的抗辩权，是合同效力的表现。对于这种权利的行使，只是在一定期限内中止合同履行的债务，并不消灭履行效力。因此，是一时的抗辩权，延缓的抗辩权，它的存在基础是双务合同的牵连性，对于抗辩人一方是一种保护手段，可以免去抗辩人履行后得不到对方履行的风险，使对方当事人产生及时履行、提供担保等压力。

2. 同时履行抗辩权

同时履行抗辩权指当事人互负债务，没有先后履行顺序的，应当同时履行，一方在对方履行之前，有权拒绝其履行要求；在对方履行债务不符合约定时，有权拒绝其相应的履行要求；如有先后履行顺序的，先履行一方未履行的，后履行一方有权拒绝其履行要求；先履行一方履行债务不符合约定的，后履行一方有权拒绝其相应的履行要求。

同时履行抗辩权构成条件有：须由同一双务合同互负债务；该合同需由双方当事人同时履行；一方当事人有证据证明，同时履行的对方当事人不能履行合同或者不能适当履行合同。

【案例 5-9】 2010 年 5 月，甲、乙公司签订了一项房屋买卖合同，合同约定甲公司于当年 9 月 1 日向乙公司交付房屋 100 套，并办理登记手续，乙公司则向甲公司分三次付款：第一期支付 2000 万元，第二期支付 3000 万元，第三期则在 9 月 1 日甲公司向乙公司交付房屋时支付 5000 万元。在签订合同后，乙公司按期支付了第一期、第二期款项共 5000 万元。9 月 1 日，甲公司将房屋的钥匙移交乙公司，但并未立即办理房产所有权移转登记手续。因此，乙公司表示剩余款项在登记手续办理完毕后再付。在合同约定付款日期 7 日后，乙公司仍然没有付款，甲公司遂以乙公司违约为由诉至法院，请求乙公司承担违约责任。乙公司则以甲公司未按期办理房产所有权移转登记手续为由抗辩。

问题：

试分析本案涉及同时行使履行抗辩权的条件和法律后果？

5.5　合同的变更、终止、转让与解除

5.5.1　合同的变更

合同变更指当事人约定的合同的内容发生变化和更改，即权利和义务变化的民事法律行为。

1. 合同变更的条件

1)　原合同关系有效成立

合同的变更必须以有效成立的合同为对象，凡未成立或无效的合同，不存在变更的问题。因为，合同的变更发生改变原合同关系之效力，无原合同关系便无变更的对象。合同无效，自始即无合同关系；合同被撤销，合同自始失去法律约束力，亦无合同关系；追认权人拒绝追认效力未定的合同，仍无合同关系。在这些情况下，自然没有变更合同的余地。

合同的变更.mp4

拓展资源 5.pdf

2)　合同要素发生变化

有效成立的合同要成立合同变更，必须有合同要素的变化。在广义合同变更中，不仅指合同主体发生变更，也包括合同内容发生变化。在狭义的合同变更中，则不包括合同主体的变更，仅指合同内容的变更。因此，合同要素发生变化是合同的变更不可或缺的条件。就合同内容变化来说，主要包括下列内容的变化：

(1)　合同标的物变更，包括标的物种类、数量、品质、规格等发生变化；

(2)　合同履行条件变更，包括履行期限、履行地点、履行方式以及结算方式的改变等；

(3)　合同价格变更，即合同价款或者酬金的增减，以及利息的变化等；

(4)　合同性质变更，例如，选择之债变为简单之债，原合同转变为损害赔偿债务等；

(5)　合同所附条件或者期限变更，例如，所附条件除去或者增加，所附期限的延长或者提前等；

(6)　其他内容的变更，例如，违约金的变更，选择裁判机构协议的变更，等等。

当然，当事人对合同变更内容的约定必须明确。根据我国《中华人民共和国合同法》规定，约定不明确的，推定为未变更。而且变更后的合同内容不得具有违法性，不得规避法律的规定或者损害国家、集体和第三人的利益，不得有违公序良俗，否则，不发生合同变更的效果。

3)　合同的变更必须有合法依据

在合同法学上，合同变更的合法依据主要包括：

(1)　当事人协议。当事人协商一致变更合同是合同自由原则的体现，因此，当事人的合意是引起合同关系变更的重要法律事实。合同通过当事人协商变更是合同变更的一种类型，我国《合同法》第七十七条第一款规定："当事人协商一致，可以变更合同"。法律直接规定，基于法律的直接规定而变更合同，法律效果可直接发生，不以法院或者仲裁机构的裁判或当事人协议为必经程序。

(2)　裁判机关裁判。合同也可以由法院判决或者仲裁机关裁决的程序发生变更。

4)　符合法律要求的方式

对合同的变更法律要求采取一定方式的，须遵守此种要求；基于情势变更原则变更合同，变更意思表示不真实的合同，须经法院或者仲裁裁判的方式；当事人协议变更合同，有时需要采用书面形式，有时则无此要求。

《合同法》第七十七条第二款规定："法律、行政法规规定变更合同应当办理批准、登记等手续的，依其规定"。

2. 合同变更的效力

合同变更的效力合同一经过变更，即产生以下法律效力：

(1)　合同变更部分取代被变更部分，原合同未变更部分仍然继续有效。换句话说，合同变更仅对已经变更的部分发生效力，未变更部分的权利义务继续发生效力。这是因为，合同的变更，主要是在保持原合同关系的基础上，使合同内容发生变化，合同变更的实质是以变更后的合同代替了原合同。因此，在合同发生变更以后，当事人应当按照变更后的合同内容做出履行，任何一方违反变更后的合同内容都将构成违约。

(2)　合同变更原则上仅向将来发生效力，对已经履行的部分没有溯及力，已经履行的债务不因合同的变更失去其法律依据。因此，除当事人另有约定外，任何一方不得因合同的变更而要求对方返还已为的给付。合同的变更并不影响当事人要求赔偿的权利。《民法通则》第一百一十五条规定："合同的变更或者解除，不影响当事人要求赔偿损失的权利"。

【案例 5-10】　某甲公司作为卖方，应按约定在期限内向乙公司供应 2 万支显像管，期限是 2011 年 8 月 30 日。合同签订后，甲公司因条件发生变化预计在 8 月 30 日前无法生产出 2 万支显像管，于是经与乙公司协商将 2 万支显像管减少到 1.5 万支。

问题：

问甲公司这样做属于什么行为？

5.5.2　合同的终止

1. 合同的终止

有下列情形之一的，合同的权利义务终止：

(1)　债务已经按照约定履行；

(2)　合同解除；

(3)　债务相互抵销；

(4)　债务人依法将标的物提存；

(5)　债权人免除债务；

(6)　债权债务同归于一人；

(7)　法律规定或者当事人约定终止的其他情形。

2. 合同终止后应遵循的原则

合同的权利义务终止后，当事人应当遵循诚实信用原则，根据交易习惯履行通知、协助、保密等义务。合同的权利义务终止，不影响合同中结算和清理条款的效力。

5.5.3 合同的转让

债权人可以将合同的权利全部或者部分转让给第三人，但有下列情形之一的除外：

(1) 根据合同性质不得转让的；

(2) 按照当事人约定不得转让的；

(3) 依照法律规定不得转让的。

债权人转让权利的，应当通知债务人。未经通知，该转让对债务人不发生效力。债权人转让权利的通知不得撤销，但经受让人同意的除外。

债权人转让权利的，受让人取得与债权有关的从权利，但该从权利专属于债权人自身的除外。债务人接到债权转让通知后，债务人对让与人的抗辩，可以向受让人主张。

债务人接到债权转让通知时，债务人对让与人享有债权，并且债务人的债权先于转让的债权到期或者同时到期的，债务人可以向受让人主张抵销。

债务人将合同的义务全部或者部分转移给第三人的，应当经债权人同意。

债务人转移义务的，新债务人可以主张原债务人对债权人的抗辩。

债务人转移义务的，新债务人应当承担与主债务有关的从债务，但该从债务专属于原债务人自身的除外。

法律、行政法规规定转让权利或者转移义务应当办理批准、登记等手续的，依照其规定。

当事人一方经对方同意，可以将自己在合同中的权利和义务一并转让给第三人。

当事人订立合同后合并的，由合并后的法人或者其他组织行使合同权利，履行合同义务。当事人订立合同后分立的，除债权人和债务人另有约定的以外，由分立的法人或者其他组织对合同的权利和义务享有连带债权，承担连带债务。

5.5.4 合同的解除

当事人协商一致，可以解除合同。当事人可以约定一方解除合同的条件。解除合同的条件成就时，解除权人可以解除合同。

有下列情形之一的，当事人可以解除合同：

(1) 因不可抗力致使不能实现合同目的；

(2) 在履行期限届满之前，当事人一方明确表示或者以自己的行为表明不履行主要债务；

(3) 当事人一方迟延履行主要债务，经催告后在合理期限内仍未履行；

(4) 当事人一方迟延履行债务或者有其他违约行为致使不能实现合同目的；

(5) 法律规定的其他情形。

法律规定或者当事人约定解除权行使期限，期限届满当事人不行使的，该权利消灭。

法律没有规定或者当事人没有约定解除权行使期限，经对方催告后在合理期限内不行使的，该权利消灭。

当事人一方依照《中华人民共和国合同法》第九十三条第二款、第九十四条的规定主张解除合同的，应当通知对方。合同自通知到达对方时解除。对方有异议的，可以请求人民法院或者仲裁机构确认解除合同的效力。法律、行政法规规定解除合同应当办理批准、登记等手续的，依照其规定。

合同解除后，尚未履行的部分，终止履行；已经履行的，根据履行情况和合同性质，当事人可以要求恢复原状、采取其他补救措施，并有权要求赔偿损失。

5.6　合同的违约责任

5.6.1　违约责任的概念

合同的意义在于能对双方当事人产生法律约束力，债务人必须履行自己的合同义务，债权人也只有根据合同才能对债务人享有权利，在合同的有效期间内，当事人都必须遵守合同的规定，当事人的意志能够产生法律约束力，而法律约束力的坚强后盾就是法律责任。可见，违约责任制度是合同法中一项非常重要的制度，其根本目的就是保障合同利益的实现。

违约责任又称违反合同的民事责任，是指合同当事人履行合同义务或履行合同义务不符合约定所应承担的责任。违约责任具有这样一些法律特征：

(1) 违约责任是一种财产责任，即违约责任是一种具有财产内容的责任，其表现形式为违约金、损害赔偿等财产责任形式。

(2) 违约责任是合同当事人不履行或不适当履行合同义务所产生的责任。

(3) 违约责任具有相对性，即违约责任只能在特定的当事人之间产生，合同关系以外的人不负违约责任。

(4) 违约责任可以基于法律的规定或当事人约定而产生。

(5) 违约责任具有惩罚性与补偿性双重属性。违约责任旨在弥补或补偿因违约给对方造成的损害后果，具有补偿性，违约责任在债务人不履行合同时强迫其承担不利的后果与责任，又体现了对违约行为的制裁，具有惩罚性。

5.6.2　违约责任的构成

违约责任的构成要件是指合同当事人承担违约责任所应当具备的条件。违约责任的构成要件是确定当事人是否应当承担违约责任、承担何种违约责任的依据，对于保护合同双方当事人的利益以及指导司法审判人员执法都具有重要意义。

违约责任的构成要件可分为一般构成要件和特殊构成要件。一般构成要件，是指违约当事人承担任何违约责任形式都必须具备的要件。特殊构成要件，是指各种具体的违约责任形式所要求的构成要件。

违约责任的构成.mp4

违约行为是承担各种违约责任的必备要件。违约行为是合同当事人违反合同义务的行为，其主体是合同关系的当事人，合同外的第三人的行为不构成违约。违约行为在性质上是违反了合同义务，在后果上导致了对合同债权的侵害。

过错是实行过错原则情况下承担违约责任的要件。我国的合同法实行无过错责任原则，因而过错不是承担违约责任的必备要件。

【案例 5-11】 甲公司与乙公司签订了货物买卖合同，约定由甲公司发货，乙公司在货到后十日内付款，甲公司按合同的约定如期发货，而乙公司却由于暂时的财务资金问题不能按期付款。

在这个案例中，乙公司的不能付款虽非其主观过错所致，但带来的客观结果是未能按期付款，因此也应当认定为违约。但是，对于一些特殊类型的合同，如果法律对其构成要件另有规定的，则适用法律的特殊规定。例如，《合同法》第三百零三条规定了承运人承担违约责任须有过错，此时违约责任的构成要件之一就是违约方的主观过错。

损害事实及违约行为与损害事实之间的因果关系不是违约责任的一般构成要件，但它是违约责任的特殊要件，是损害赔偿这种违约责任形式的构成要件。

由此可见，当事人承担违约责任仅以其是否存在违约行为为条件，而不论该违约行为是否造成了另一方当事人的损失。只有违约方给另一方当事人造成了损失，才要求其对另一方当事人承担赔偿责任，且该损失不仅包括实际损失，而且包括可得利益的损失。

5.6.3　违约责任的归责原则

违约责任是指在当事人不履行合同债务时，所应承担的民事责任。想要明确违约责任，明确违约责任的归责原则具有十分重要的意义。

违约责任归责原则，是指确定违约责任是否成立，即违约行为人是否应对其违约行为承担违约责任的原则。

拓展资源 6.pdf

1. 过错责任

过错责任，是指由于当事人主观上的故意或者过失而引起的违约责任。在发生违约事实的情况下，只有当事人有过错，才能承担违约责任，否则，将不承担违约责任。

过错责任原则包含下列两个方面的含义：

(1) 它以行为人的过错作为责任的构成要件，行为人具有故意或者过失才有可能承担侵权责任。

(2) 它以行为人的过错程度作为确定责任形式、责任范围的依据。

2. 无过错责任

无过错责任原则，也叫无过失责任原则，是指没有过错造成他人损害的依法律规定应由与造成损害原因有关的人承担民事责任的确认责任原则。执行这一原则，主要不是根据行为人的过错，而是基于损害的客观存在，根据行为人的活动及所管理的人或物的危险性质与所造成损害后果的因果关系，而由法律规定的特别加重责任。

3. 赔偿实际损失

所谓实际损失，是指违约方因自己的违约行为而在事实上给对方造成的经济损失。一般情况下，实际损失包括财物的减少、损坏、丢失和其他损失及支出的必要费用，还包括可得利益的损失。当因违约方的违约行为造成对方经济损失时，违约方应当向对方承担赔偿责任。

4. 全面履行

这里所说的全面履行是指违约方承担经济责任(如支付违约金或者赔偿金等)后仍应按合同要求全面履行。也就是说，违约方承担了经济责任后并不能代替合同的履行，不能自然免除合同的法律约束力，不能免除过错方继续履行合同的责任。只要受害方要求继续履行合同，除了法律另有规定外，违约方又有能力履行，违约方就必须继续履行未完成的合同义务。

【案例 5-12】 乙公司于 2011 年 2 月 22 日交纳 30000 元投标保证金，并于当日中标后与甲公司订立了工矿产品购销合同，合同总金额为 138200 元，结算方式为货物装车过磅后，由司磅员、检查员、保管员、分管领导签字后到财务付款，付款后凭发票出门联出公司大门，招标文件和合同一并生效，具有同等法律效力。合同订立后，乙公司去提货，货物装车后因甲公司的地磅出现问题，双方协商到附近煤厂磅秤上进行称重。甲公司的车辆跟在乙公司车辆的后面出门，当甲公司的车到煤厂时，乙公司却将车开到煤厂对面的地铁公司的磅秤上去称重，甲公司对称重结果不认可，要求到煤厂重新称重，但乙公司以货物已称重为由，将货车开回乙公司所在地。甲公司立即与乙公司领导联系，乙公司领导在货车回到所在地后指示驾驶员将车开回甲公司门口，甲公司以货物明显减少为由，没有接收，并依法向当地公安机关报案。

问题:

如果打官司上诉甲公司应不应该归还投标保证金？

5.6.4　违约责任的承担形式

依据《合同法》的有关规定，违约的当事人承担违约责任的主要形式主要包括：继续履行、采取补救措施、赔偿损失、支付违约金等。

1. 继续履行

继续履行合同指虽然要对方承担一种违约责任，但是还要实现合同目的。当事人一方不履行非金钱债务或履行非金钱债务不符合约定的，对方可以要求履行，但特殊情况除外，如法律上或事实上不能履行、债务的标的不适于强制履行或履行费用过高、债权人在合理期限内未要求履行等。

违约责任的承担
形式.mp4

2. 采取补救措施

对于能够采取补救措施的情况，债权人可以要求债务人采取补救措施，但这一方式不影响用其他形式承担违约责任。

3. 赔偿损失

损失赔偿额应当相当于因违约所造成的损失，包括合同履行后可以获得的利益，但不得超过一个限度：违约方订立合同时预见到或应当预见到的违反合同造成的损失。但是经营者对消费者提供商品或服务有欺诈行为的，应当按照《消费者权益保护法》的规定按双倍赔偿损失。

4. 支付违约金

违约金是指当事人一方不履行合同时，依法律规定或合同约定向对方支付一定数额的金钱。合同当事人可以约定一方违约时应当根据情况向对方交付一定数额的违约金，也可约定违约产生的损失赔偿额的计算方法。

值得企业管理者注意的是，违约金具有补偿性，约定的违约金视为违约的损害赔偿，约金的数额与损失赔偿额应大体相当，因此，我国合同法规定了双方当事人在合同中约定的违约金数额明显高于或低于实际损失时的法定变更程序。

5.7 案 例 分 析

1. 案例 1

原告：某大学及受害学生

被告：某建筑公司

案情：2016 年 4 月，某大学为建设学生公寓，与某建筑公司签订了一份建设工程合同.合同约定，合同采用固定总价合同形式，工程的全部费用在验收合格后一次付清，学校不支付预付款，交付使用后如发生质量问题由承包人负责修复。一年后，某大学和建筑公司一起竣工验收后发现工程底层的内承重墙体裂缝较多，要求建筑公司修复后再验收，该建筑公司认为不影响使用拒绝修复。因学生多要入住，学校暂时接收了公寓并安排学生入住。使用 7 月后，公寓底层内承重墙倒塌，造成一人死亡，三人受伤，一人残疾。受害者与该大学要求建筑公司赔偿损失，并修复倒塌工程。该公司以使用不当且过保修期为由拒绝赔偿.因此学校和受害者起诉法院，请求主持公道。

法院组织了专家鉴定发现，一楼墙体没有设计基础梁，审查施工图时，审查机关曾提出参考建议，设计单位没采纳；回填土压实系数未达到设计要求，学校在未采取防水措施时在大楼周围 6 米内种植草坪并漫灌式浇水；关于承重砖，建筑公司称，供应单位是学校指定的，公司不该承担责任。

请大家对上述案例分析，找出需要讨论的问题进行分析，提出见解，该如何判决此案。

答：(1) 对合同中学生公寓楼"交付使用，如果在 6 个月内发生严重质量问题，由承包人负责修复"的约定，此约定不合理。按国家规定，主体结构工程保修期为设计文件规定的该工程的合理使用年限。

(2) 双方约定工程采用固定总价合同形式，由于内承重墙体裂缝较多，大学在支付学生公寓楼的工程款时，可以选择的合理做法有：拒绝支付全部工程款；扣除修复费用后支付其余工程款。

(3) 下列关于学生公寓内承重墙体裂缝的修复和费用支出的说法：由大学另行委托其他建筑公司修复，修复费用由大学从原建筑公司的保修金中扣除；由建筑公司负责修复，修复费用由建筑公司承担。

(4) 关于建筑公司以使用不当且已过保修期为由拒绝赔偿问题的处理：拒绝赔偿理由不充分；可以要求关主管部门调解；向仲裁委员会申请仲裁。

(5) 事故受害者向大学提出赔偿：由于内承重墙属于主体结构组成部分，该大学应与建筑公司共同承担事故责任。

2. 案例 2

某水电站工程引水隧道在施工过程中遇到连绵大雨。由于地下断层，裂隙和许多喀斯特溶洞相互贯通等不利的地质条件，使隧道工区的地下水骤增，工程被迫停工，设备也被淹没。为了保证工程进度和施工安全，业主指令承包商紧急购买所需的额外排水设备，尽快恢复施工。承包商在贯彻和实施业主指令的过程中，向业主单位正式提出了索赔要求，承包商认为，如此大量的地下涌水，造成设备被淹和被迫停工，实属承包商无法合理预见的不利自然条件，理应得到补偿。该承包公司的索赔报告书中提出了下列三项索赔：

(1) 额外增加的排水设备费；

(2) 额外排水工作的劳务费；

(3) 被地下涌水淹没的机械设备损失费。

业主分析了承包商的索赔要求，认同了前两项索赔，但是不同意补偿第三项索赔。业主认为在地下水涌出和增加的过程中，承包商有可能将那些设备撤到不被水淹没的地方，有经验的承包商可以避免此项损失。承包商则坚持认为业主应该赔偿被地下涌水淹没的机械设备损失。双方协商未果，诉诸法院。

法院经过审理，认为按照《合同法》第一百一十九条规定，在出现地下涌水后，承包商应当采取适当措施防止损失的扩大，但在涌水的过程中承包商可以但却没有采取适当措施，致使机械设备被淹，不得就扩大的损失要求赔偿，遂驳回了承包商的诉讼请求。

分析：

从上述案例中，我们可以看到法院判决所依据的其实是合同法第一百一十九条所确定的原则：合同的当事人有防止损失扩大的义务。

《合同法》第一百一十九条规定："当事人一方违约后，对方应当采取适当措施防止损失的扩大；没有采取适当措施致使损失扩大的，不得就扩大的损失要求赔偿。当事人因防止损失扩大而支出的合理费用，由违约方承担"。本条虽然规定的是一方违约情况下另一方防止损失扩大的义务，但在合同履行过程中出现签订合同时无法合理预见的不利条件时，当事人同样也有防止损失扩大的义务。

在上述案例中，如果承包商采取了适当的措施，将会有两种结果：

(1) 由于地下涌水过快，最终还是未能避免机械设备被淹，那么承包商应该是可以获得相应的赔偿的，并且还可以要求为避免设备被淹而采取的措施的费用；

(2) 承包商由于采取了措施而避免了机械设备被淹，那么承包商可以要求业主赔偿为避免设备被淹而采取的措施的费用。在这两种情况下，承包商均可以获得相应的赔偿。当然这里要注意的一点是采取的措施要适当，如果承包商采取措施的费用超过了所挽救的设备的价值，那么对于超过设备价值部分的措施费用承包商也是无权要求赔偿的。

在工程承包合同的履行过程中，尤其是一些大型工程，工期很长，其间往往会出现许多在签订合同时所不能预见的不利条件，如恶劣的自然条件、战争等，在出现这些情况时，承包商往往会认为，因为这些情况是一个有经验的承包商所不能合理预见的，所以损失理所当然的可以从业主那里获得索赔。在这种思想的支配下，就会对所发生的损失听之任之，而不采取合理的措施去防止损失的扩大。殊不知，自己的这种做法给将来的索赔埋下了隐患。所以，作为承包商在施工过程中，如果出现了签订合同时无法预见的情况并造成损失的时候，应该及时地采取措施以防止损失的继续扩大，否则承包商是无权就扩大的损失从业主那里得到赔偿的。

3. 案例 3

2014 年 10 月 2 日，某市帆布厂(以下简称甲方)与某市区修建工程队(以下简称乙方)订立了建筑工程承包工程。合同规定：乙方为甲方建一框架厂房，跨度为 12m，总造价为 98.9 万元；承包方式为包工包料；开、竣工日期为 2014 年 11 月 2 日至 2016 年 3 月 10 日。自开工至 2016 年年底，甲方付给乙方工程款、材料垫付款共 101.6 万元。到合同规定的竣工期限，乙方未能完工，而且已完工程质量部分不合格。为此，双方发生纠纷。

经查明：乙方在工商行政管理机关登记的经营范围为维修和承建小型非生产性建筑工程，无资格承包此项工程。经有关部门鉴定：该项工程造价应为 98.9 万元，未完工程折价为 11.7 万元，已完工程的厂房屋面质量不合格，返工费为 5.6 万元。

受诉法院审理认为：工商企业法人应在工商行政管理机关核准的经营范围内进行经营活动，超范围经营的民事行为无效。本案被告乙方承包建筑厂房，超越了自己的技术等级范围。根据经济合同法第七条第一款第一项、第十六条第一款及《建设工程施工合同管理办法》第四条之规定，判决如下：

(1) 原、被告所订立的建筑工程承包合同无效；

(2) 被告返还原告多付的工程款 14.4 万元；

(3) 被告偿付因工程质量不合格所需的返工费 5.6 万元。

分析：

建筑企业在进行承建活动时，必须严格遵守核准登记的建筑工程承建技术资质等级范围，禁止超资质等级承建工程。本案被告的经营范围仅能承建小型非生产性建筑工程和维修项目，其技术等级不能承建与原告所订合同规定的生产性厂房。因此被告对合同无效及工程质量问题应负全部责任，承担工程质量的返工费，并偿还给原告多收的工程款。

本 章 小 结

合同法是调整平等主体之间合同法律关系规范的总称，是民法的部门法。本章主要阐述了合同和合同法的一般原理和规则，合同订立的主体资格、内容、形式和缔约过失责任，合同的效力、履行、变更，以及合同的违约责任等内容，这些内容的学习，为学生以后的学习工作打下了良好的基础。

实 训 练 习

一、单选题

1. 甲公司要运送一批货物给收货人乙公司，甲公司的法定代表人丙电话联系并委托某汽车运输公司运输。汽车运输公司安排本公司司机刘某驾驶。在运输过程中，因刘某的过失发生交通事故，致货物受损。乙公司因未能及时收到货物而发生损失。问：乙公司应向谁要求承担损失(   )。

    A. 甲公司   B. 丙   C. 刘某   D. 汽车运输公司

2. 采用数据电文形式订立合同的，合同成立的地点是(   )。

    A. 发件人的主营业地   B. 收件人住所地

    C. 发件人的住所地   D. 收件人的主营业地

3. 下列属于要约的是(   )。

    A. 某医院购买药品的招标公告   B. 含有 "仅供参考" 的订约提议

    C. 某公司寄送的价目表   D. 超市货架上标价的商品

4. 下列有关承诺的说法不正确的是(   )。

    A. 承诺的内容必须与要约一致   B. 承诺必须在要约的有效期到达要约人

    C. 承诺生效以后合同可以成立   D. 承诺方式必须符合要约的要求

5. 甲将其电脑借给乙使用，乙却将该电脑卖给丙。依据我国合同法的规定，下列关于乙、丙之间买卖电脑的合同效力的表述哪个是正确的(   )。

    A. 无效   B. 有效   C. 效力待定   D. 可撤销变更或可变更

6. 下列情形中，属可撤销的合同是(   )。

    A. 因重大误解订立的合同   B. 因欺诈而使国家利益受到损失

    C. 恶意串通损害他人利益的   D. 格式合同中免除自己义务未作说明的

7. 下列概念中属于合同法的协作履行原则具体体现的是(   )。

    A. 债务人履行债务时，债权人应提供必要的条件和方便

    B. 履行主体应适当

    C. 债务人可选择最经济合理的运输方式

    D. 在事情变更的情况下可变更合同

8. 债务转让合同成立的要件之一是债务承担须经债权人同意，根据《合同法》的规定，债权人拒绝同意债务转让时，债务人与第三人订立的债务转让合同(   )。

    A. 效力待定   B. 无效

    C. 不成立   D. 对第三人有效，对债权人无效

9. 如果债务人在清偿债务时，除原本债务外，尚应支付利息及费用，但债务人的给付不足以清偿其全部债务时，则应依下列顺序抵充(   )。

    A. 费用、利息、原本债务   B. 原本债务、利息、费用

    C. 利息、费用、原本债务   D. 原本债务、费用、利息

10. 损害赔偿的完全赔偿原则不包括的范围是(   )。

A. 直接损失　　　　　　　　　　B. 可得利益损失

C. 精神损失　　　　　　　　　　D. 物质损失

二、多选题

1. 下列关于联合承包工程的表述中，正确的有(　　)。

　　A. 联合体只能按成员中等级高的单位的业务许可范围承包工程

　　B. 在签订工程承包合同前，联合体各方要签订联合承包合同

　　C. 如果出现赔偿责任，建设单位可以向任何一方要求赔偿

　　D. 联合体承包工程有利于规避承包风险，但削减了联合体各方的利润

　　E. 联合体成员结成非法人联合体承包工程

2. 建设工程施工合同中，发包人的主要义务有(　　)。

　　A. 提供必要的施工条件　　　　　B. 现场安排监理工程师

　　C. 及时检查隐蔽工程　　　　　　D. 支付工程价款

　　E. 及时协调、处理与承包方的纠纷

3. 下面有关建设工程合同特征的说法正确的是(　　)。

　　A. 合同中的发包人必须取得准建证，承包人有从事相关业务的合法资格

　　B. 合同的标的是最终形成的建筑产品

　　C. 合同的履行具有长期性特点

　　D. 行政部门在施工阶段开始介入合同监督

　　E. 建设工程应当采用书面形式

4. 下面关于建设工程分包合同说法正确的是(　　)。

　　A. 未经发包人同意，设计人不得将自己承包的部分工作进行分包

　　B. 分包单位可以把自己承包的部分工程再分包

　　C. 总承包人不得将其承包的全部工程进行分包

　　D. 建设工程中的主体工程不得分包

　　E. 未通过承包人的同意，发包人不得直接要求分包人承担责任

5. 下列关于监理人在建设工程中的权力说法正确的是(　　)。

　　A. 选择工程分包人的认可权

　　B. 当发现设计不符合合同约定的要求时有权自行更正

　　C. 有权审批工程施工组织设计和技术方案

　　D. 有权对工程施工使用的材料和施工质量进行检验

　　E. 对设计标准和生产工艺等有权向委托人提出建议

三、问答题

1. 简述合同法的概念与适用范围。

2. 简述承诺的概念与构成要件。

3. 简述无效合同的种类。

4. 简述后履行抗辩权的成立要件。

5. 简述合同变更的条件。

6. 承担违约责任的方式有哪些？

第 5 章　课后题答案.pdf

实训工作单一

班级		姓名		日期	
教学项目		建筑工程合同法规			
任务	了解合同概念，学习合同法律	参考法律	《中华人民共和国民法通则》、《中华人民共和国合同法》		
学习目标		培养能够独立分析本章中案例的逻辑			
学习要点					
学习查阅记录					
评语			指导教师		

实训工作单二

班级		姓名		日期	
教学项目			建筑工程合同法规		
任务	了解效力待定合同	参考法律	《中华人民共和国民法通则》、《中华人民共和国合同法》		
学习目标		寻找并独立分析一个关于这方面的案例			
学习要点					
学习查阅记录					
评语				指导教师	

第 6 章　建筑工程勘察设计法规

06

【学习目标】

1. 了解建筑工程勘察设计法规的概念
2. 熟悉建筑工程的建设标准
3. 掌握建筑工程勘察设计文件的编制内容
4. 熟悉建筑工程抗震的内容以及施工图
　 设计文件的审查
5. 了解建筑工程勘察设计监督管理的内容

建筑工程勘察设计法规.avi

【教学要求】

本章要点	掌握层次	相关知识点
建筑工程勘察设计法规	1. 了解工程勘察设计法规的概念及要求 2. 熟悉工程建设标准 3. 掌握建筑工程勘察设计的承发包方法	工程勘察设计法规 工程建设标准 工程勘察设计的承发包
工程建设标准的制定与实施	1. 了解工程建设标准的制定 2. 熟悉工程建设标准的实施	工程建设标准的制定 工程建设标准的实施
建筑工程勘察设计文件	1. 熟悉勘察设计文件的编制 2. 掌握各设计阶段的内容 3. 掌握工程勘察设计阶段的内容	勘察设计文件的编制 设计阶段及其内容
建设工程抗震	1. 了解建设工程抗震的概念 2. 熟悉建设工程抗震设计	建设工程抗震
施工图文件审查	1. 了解施工图文件审查的概念 2. 掌握施工图文件审查的内容、形式、程序	施工图文件审查

续表

本章要点	掌握层次	相关知识点
建设工程勘察设计监督管理	1. 了解建设工程勘察设计监督管理的内容 2. 了解建设工程勘察设计监督管理的作用	建设工程勘察设计监督管理

 【项目案例导入】

2015 年 9 月，原告某设计事务所和原告某设计院下设的某分院(不具备法人资格)签订了联合设计"××商厦"建设项目协议。随后，设计事务所、设计院某分院与被告签订一份工程设计合同。约定：两原告为被告设计"××商厦"建设项目，总设计费 20 万元。两原告依约完成设计时，即通知被告付费 20 万元，被告未支付。经催讨未果，两原告向人民法院提起诉讼，要求被告支付 20 万元设计费。

被告辩称：被告的"××商厦"属乙级建设项目，而原告设计事务所设计资质属丙级，属越级设计。原告设计院无营业执照，根据建设部有关文件规定，不能从事地方上的设计，其下属的某分院更不具有法人资格，故原、被告间签订的工程设计合同属无效合同。由于两原告的过错造成合同无效，被告不应承担设计费 20 万元。

 【项目问题导入】

请结合本章所学的知识，试分析原告和被告在此事件中有什么做法不妥，这件事如何处理？

6.1 建筑工程勘察设计法规概述

6.1.1 建筑工程勘察设计的概念

建筑工程勘察是指为满足工程建设的规划、设计、施工、运营及综合治理等的需要，对地形、地质及水文等状况进行测绘、勘探测试，并提供相应成果和资料的活动，岩土工程中的勘测、设计、处理、监测活动也属工程勘察范围。

建设工程勘察.mp4

建筑工程设计是根据建筑工程的要求，对建筑工程所需的技术、经济、资源环境等条件进行综合分析、论证，编制建筑工程设计文件的活动。

在工程建设的各个环节中，勘察是先行，而设计是整个工程建设的灵魂。

6.1.2 建筑勘察、设计的一般要求

(1) 建筑勘察、设计的单位实行资质管理制度，专业技术人员实行执业资格注册管理制度，任何单位和个人都必须在法律允许的范围内从事建筑工程勘察设计活动。

(2) 建筑勘察设计单位应坚持先勘察，后设计，再施工的原则，鼓励采用先进技术、先进工艺、先进设备、新型材料和现代管理方法。单位和个人必须依法勘察、设计，严格执行工程建设强制性标准，并对质量负责。

(3) 勘察、设计应遵循国家有关的法律法规和强制性标准，并满足合同规定的技术性能、质量标准和工程的可施工性、可操作性及可维修性。

(4) 勘察、设计管理由设计经理负责，并适时组建项目设计组。在项目实施过程中，设计经理应接受项目经理和设计管理部门的双重领导。

(5) 设计计划在项目初始阶段由设计经理负责组织编制，经公司有关职能部门评审后，由专业总工程师批准实施。设计应满足合同约定的质量目标与要求、相关的质量规定和标准，同时应满足公司的三标一体化管理体系的要求。

(6) 设计计划应明确项目费用控制指标、设计人工时指标和限额设计指标，并建立项目设计执行效果测量基准。

(7) 设计进度计划应符合项目总进度计划的要求，并应充分考虑与工程勘察、采购、施工、试运行的进度协调，还应考虑设计工作的内部逻辑关系及资源分配、外部约束条件等。

6.1.3　工程建设标准

工程建设标准的概念是指对基本建设中各类工程的勘察、规划、设计、施工、安装、验收等需要协调统一的事项所制定的标准。由政府或立法机关颁布，是对新建建筑物的最低技术要求，也是建设法规体系的组成部分。

工程建设标准.mp4

制定和实施各项工程建设标准，并使其各系统的标准形成相辅相成、共同作用的完整体系，即实现工程建设标准化，是我国工程建设领域现阶段一项重要的经济、技术政策，可保证质量及安全生产，提高经济效益、社会效益和环境效益。

1. 工程建设标准的种类

(1) 按照属性分类有技术标准、经济标准和管理标准。

(2) 按级别分类有国家标准(全国范围内统一)、行业标准(全国某个行业范围内统一)、地方标准(省级范围内统一)和管理标准。下级标准只能是上级标准的补充，它不得低于上级标准；当不同级别的标准发生矛盾时，以上级标准为准。

(3) 按适应阶段可以分为设计标准和验收标准。设计标准：设计基础标准、设计通用标准、结构设计通用标准、设计专用标准、相关专业设计标准；验收标准：质量检验评定标准、施工规程与技术规程、施工验收标准、材料试验方法标准

(4) 按执行效力分类可以分为：强制性标准(必须执行的标准)和推荐性标准(当事人自愿采用的标准)。

2. 工程勘察设计标准

工程勘察设计标准分为工程建设勘察技术规范和工程设计标准两种。

工程设计标准包括设计标准规范和标准设计两种。

(1) 设计标准规范是强制性勘察设计标准。"一经颁发，就是技术法规。在一切工程勘察、设计工作中都必须执行。"设计标准规范分为国家、部、省(自治区、直辖市)、设计单位四级。

(2) 标准设计是推荐性设计标准。"一经颁发，建设单位和设计单位要因地制宜地积极采用，凡无特殊理由的不得另行设计。"标准设计分为国家、部、省三级。

6.1.4 建筑工程勘察设计的承发包

1. 招标发标

除有特定要求的一些项目，在经有关主管部门批准后，可以直接发包外，其他的必须依照法规采用招标方式发包。发包方可以将整个建设工程勘察设计发包给一个勘察、设计单位，也可以分别发给几个勘察、设计单位。

2. 直接发包

采用特定的专利或专有技术的；建筑艺术造型有特定要求的；国务院规定的其他建设工程的勘察设计工程可以选择直接发包。

3. 转包

一般情况下，不得将所承揽的建设工程勘察、设计进行转包，但经发包方书面同意后，可将主体部分外的其他部分的勘察、设计分包给具有相应资质等级的其他建设工程勘察、设计单位。

【案例 6-1】在一房地产开发项目中，业主向承包商提供了地质勘察报告，证明地下土质很好。承包商据此作施工方案，用挖方的余土作通往住宅区道路基础的填方。由于基础开挖施工时正值雨季，开挖后土方潮湿，且易碎，不符合道路填筑要求。承包商不得不将余土外运，另外取土作道路填方材料。对此承包商提出索赔要求。

问题：

请对本案例进行分析，本案说明的是什么？

6.2 工程建设标准的制定与实施

1. 工程建设标准的制定原则

(1) 遵守国家相关法律法规及相关方针、政策，密切结合自然条件，合理利用资源，充分考虑使用和维修的要求，做到安全适用、技术先进、经济合理；

(2) 积极开展科学实验或测试验证；

(3) 积极采用新技术、新工艺、新设备、新材料；

(4) 条文规定严谨明确，文句简练，不得模棱两可；

工程建设标准的
制定原则.mp4

(5) 注意与现行标准的协调，更改需要审批；

(6) 发扬民主、充分讨论。

2. 工程建设标准的审批、发布

1) 国家标准

国家标准由国务院建设行政主管部门审查批准，国务院标准化行政主管部门统一编号，两个部门联合颁行。

2) 行业标准

行业标准由国务院有关行政主管部门编制计划，组织草拟，统一审批、编号、发布，并报国务院建设行政主管部门备案。

3) 地方标准

地方标准由省级政府规定其制定、审批、发布方法。标准发布后报国务院建设行政主管部门备案。

4) 企业标准

企业标准由企业组织制定，按国务院有关行政主管部门或省级政府的规定报送备案。

3. 工程建设标准的实施

(1) 各级行政主管部门不得擅自更改国家或行业的强制性标准；应对勘察、设计、规划、施工单位及建设单位执行强制性标准的情况进行监督检查。

(2) 工程建设活动的部门、单位和个人，都必须执行强制性标准。

(3) 不符合强制性标准的工程勘察成果报告和规划、设计文件，不得批准使用；不按标准施工，质量达不到合格标准的工程，不得验收。

(4) 工程质量监督结构和安全监督机构，应根据现行的强制性标准，对工程建设的质量和安全进行监督，发生争议时，由该标准的批准部门进行裁决。

(5) 国家机关、社会团体、企业、事业单位及全体公民均有权检举、揭发违反强制性标准的行为。

(6) 推荐性标准国家鼓励，但自愿采用，具体如何采用由当事人在工程合同中予以确认。

6.3 建筑工程勘察设计文件

6.3.1 勘察设计文件的编制

1. 建筑工程设计原则

(1) 贯彻经济、社会发展规划、城乡规划和产业政策。城市规划、村庄和集镇规划一经批准公布，即成为工程建设必须遵守的规定；

(2) 综合利用资源，满足环保要求。高土地利用率、少占耕地、选用耗能少的生产工艺和设备、节约能源、节水措施、有效的技术措施防止对环境的污染；

(3) 遵守工程建设技术标准、强制性标准；

(4) 采用新技术、新工艺、新材料、新设备；

(5) 重视技术和经济效益的结合；

(6) 公共建筑和住宅要注意美观、适用和协调。

2. 编制勘察设计文件的要求

编制建设工程勘察文件应当真实、准确，满足建设工程规划、选址、设计、岩土治理和施工的需要。编制方案设计文件，应当满足编制初步设计文件和控制概预算的需要；编制初步设计文件，应当满足编制施工招标文件、主要设备材料订货和编制施工图设计文件的需要；编制施工图设计文件，应当满足设备材料采购、非标准设备制作和施工的需要，并注明建设工程合理使用年限。

3. 建筑工程设计文件的依据

(1) 项目批准文件；

(2) 城市规划；

(3) 工程建设强制性标准；

(4) 国家规定的建筑工程勘察、设计深度要求；

(5) 铁路、交通、水利等专业建设工程，还应当以专业规划的要求为依据；

(6) 若有可能，设计单位还应该参加项目的前期工作，以从中了解和掌握有关情况，收集必要的设计基础资料，为编制设计文件做好准备。

6.3.2 设计阶段和内容

1. 设计阶段

(1) 一般建设项目可分为初步设计和施工图设计两阶段，如果需要也可先行进行方案设计；

(2) 技术复杂的建设项目分为初步设计、技术设计、施工图设计三个阶段；

(3) 存在总体部署问题的建设项目，一般先进行总体规划设计，再进行一般设计。

2. 勘察设计文件的要求

1) 勘察文件

勘察文件应真实、准确、满足建设工程规划、选址、设计、岩土治理和施工的需要。

2) 设计文件

(1) 方案设计文件是编制初步设计文件和控制概算的需要；

(2) 初步设计文件是编制施工招标文件、主要设备材料订货和编制施工图设计文件的需要；

(3) 施工图设计文件是设备材料采购、非标准设备制作和施工的需要，还需注明建设工程合理使用年限。

3. 材料、设备的选用

(1) 设计文件中选用的材料、构配件、设备，应当注明其规格、型号、性能等技术指标，其质量要求必须符合国家规定的标准。

(2) 勘察、设计文件中规定采用的新技术、新材料，可能影响工程质量和安全，又没有国家技术标准的，应当由国家认可的监测机构进行试验、论证，出具监测报告，并经国务院有关部门或省、自治区、直辖市人民政府有关部门组织的建设工程技术专家委员会审定后，方可使用。

总体设计.mp4

4. 各设计阶段的内容与深度

1) 总体设计

一般由文字说明和图纸两部分组成。内容包括：建设规模、产品方案、原材料来源、工艺流程概况、主要设备配备、主要建筑物及构筑物、公用或辅助工程、"三废"质量及环境保护方案、占地面积估计、总图布置及运输方案、生活区规划、生产组织和劳动定员估计、工程进度和配合要求、投资估算等。

拓展资源 1.pdf

总体设计应满足开展初步设计，以及主要大型设备、材料的预安排和土地征用谈判的要求。

2) 初步设计

初步设计一般应包括文字说明和图纸两部分。内容包括：设计依据、设计指导思想、产品方案、各类资源的用量和来源、工艺流程、主要设备选型及配置、总图运输、主要建(构)筑物、公用及辅助设施、新技术采用情况、主要材料用量、外部协作条件、占地面积和土地利用情况、综合利用和"三废"治理、生活区建设、抗震和人防措施、生产组织和劳动定员、各项技术经济指标、建设顺序和期限、总概算等。

初步设计的深度应满足：设计方案的比选与确定、主要设备材料订货、土地征用、基建投资的控制、施工图设计的编制、施工组织设计的编制、施工准备和生产准备等。

3) 技术设计

技术设计深度应能满足确定设计方案中重大技术问题和有关实验、设备制造等方面的要求。

4) 施工图设计

施工图设计的内容应根据已获批准的初步设计进行编制。设计深度应满足：设备材料的安排和非标准设备的制作、施工图预算的编制、施工要求等。

6.4　建筑工程抗震

1. 建筑工程抗震的概念

建筑工程抗震是建筑工程抵御地震灾害的简称，指通过编制、实施抗震防灾规划，对建筑工程进行抗震设防和加固，最大限度地抵抗和防御地震灾害的活动。

建筑工程抗震包括抗震防灾规划、抗震设防和抗震加固三方面工作。

建设工程抗震.mp4

2. 抗震设防

(1) 抗震设防范围：地震烈度为六度及六度以上地区和今后有可能发生破坏性地震地区所有新建、改建、扩建工程都必须进行抗震设防。

(2) 抗震设防地区村镇建设中的公共建筑、统建的住宅及乡镇企业的生产、办公用房，必须进行抗震设防，其他建筑工程应根据当地经济发展水平，因地制宜、就地取材采取抗震措施，提高村镇房屋的抗震能力。

(3) 抗震设防设计

工程勘察设计单位应按规定的业务范围承担工程项目的抗震设计，严格遵守现行抗震设计规范和有关规定。设计文件应有抗震设防的内容，包括设防的依据、设防标准、方案论证等。

新建工程采用新技术、新材料和新结构体系的，均应通过相应级别的抗震性能鉴定，符合抗震要求，方可采用。

建设行政主管部门应当对工程项目的抗震设计质量进行审查、监督。

建设项目竣工验收时，应对抗震设防的设计要求、构造措施进行检查验收。

3. 抗震加固

1) 需要进行抗震鉴定的工程

未经抗震设防或抗震加固的建筑工程；虽经抗震设防或加固，但未经正式设计就进行改建、大规模装修、安装了大型设备的建筑工程；在使用过程中经历过破坏性地震、洪水、风暴等自然灾害，承重结构出现局部倒塌、裂缝，其抗震能力严重受损的建设工程，必须进行抗震鉴定。

鉴定工作应由具有相应资质的设计或工程咨询单位承担，应在对工程场地、原设计、施工情况及工程现状进行全面调查的基础上，分析缺陷原因，提出书面鉴定意见。

2) 抗震加固

抗震加固必须严格按照抗震鉴定的程序：加固设计、设计审查、加固施工、竣工验收进行。

抗震加固应与城市改造规划、单位及个人的房屋维修、大修计划及企业的技术改造相结合。除有短期地震预报外，对列入城市近期改建、企业改造计划的房屋工程设施和设备可不进行抗震加固，对临时性建筑可不进行抗震加固。

对应当加固的房屋、工程设施和设备均应由产权所有者负责进行抗震加固，提出加固计划，并按建设行政主管部门批准的计划期限完成。

4. 勘察、设计文件的修改

(1) 建筑工程勘察设计文件经批准后，不得任意修改和变更，建设单位、施工单位、监理单位都不得修改建筑工程勘察设计文件；

(2) 确需修改的，应由原勘察、设计单位修改；

(3) 确需修改的，经原勘察、设计单位书面同意，建设单位也可以委托其他具有相应资质的建筑工程勘察、设计单位修改。修改单位对修改的勘察、设计文件承担相应责任；

(4) 施工单位、监理单位发现建筑工程勘察、设计文件不符合工程建设强制性标准、合同约定的质量要求的，应当报告建设单位，建设单位有权要求建筑工程勘察、设计单位对建筑工程勘察、设计文件进行补充、修改；

（5）勘察设计文件需要作重大修改的，建设单位应当报经原审批机关批准后，方可修改。修改设计文件应遵守两大规定：凡涉及计划任务书的主要内容，须经原计划任务书审批机关批准；凡涉及初步设计的主要内容，须经原设计审批机关批准，修改工作由原设计单位负责进行。

【案例 6-2】　中国古代传统建筑中使用了大量的技术措施，这些措施是古建筑抗震的关键。比如榫卯的使用：榫卯是极为精巧的发明，我们的祖先早在 7000 年前就开始使用，这种不用钉子的构件连接方式，使得中国传统的木结构成为了当代建筑排架、框架或者刚架的特殊性结构，不但可以承受较大的荷载，而且允许产生一些变形。在地震荷载下建筑通过变形吸收一定的地震能量，减少了结构的地震响应。

问题：

结合本案例联想其他例子。

6.5　施工图设计文件审查

1. 施工图设计文件审查的概念

建筑工程施工图设计文件审查是建筑工程必须进行和遵守的基本建设程序。《建设工程质量管理条例》规定"建设单位应当将施工图设计文件报县级以上人民政府建设行政主管部门或者有关单位审查。""县级以上人民政府建设行政主管部门或者交通、水利等有关部门应对施工图设计文件中涉及公共利益、公众安全、工程建设强制性标准的内容进行审查。未经审查批准的施工图设计文件，不得使用。"

施工图设计文件
审查.mp4

2. 施工图审查的范围及内容

1） 范围

凡属建筑工程设计等级分级标准中的各类新建、改建、扩建的建设工程项目均须进行施工图审查。各地的具体审查范围，由省级政府建设行政主管部门确定。

2） 施工图审查的内容

施工图审查的内容有建筑物的稳定性与安全性，包括地基基础及结构主体的安全；是否符合消防、节能、环保、抗震、卫生、人防等有关强制性标准、规范；是否达到规定的施工图设计深度的要求；是否损害公共利益等。

施工图审查主要涉及社会公众利益、公众安全方面的问题，至于设计方案在经济上是否合理、技术上是否保守等主要涉及业主利益的问题，是属于设计咨询范畴的内容，不属于施工图审查的范围。

3） 施工图审查机构

（1）施工图审查机构应具备的条件。

① 施工图审查机构应由政府主管部门审定批准的审查机构来承担，它是具有独立法

人资格的公益性中介组织；

 ② 具有独立的法人资格；

 ③ 具有符合设计审查条件的工程技术人员；

 ④ 有固定的工作场所，注册资金不少于 50 万元；

 ⑤ 有健全的技术管理和质量保证体系；

 ⑥ 审查人员应熟练掌握国家和地方现行的强制性标准、规范。

 (2) 设计审查人员必须具备的条件。

设计审查人员必须具有 10 年以上结构设计工作经历，独立完成过 5 项 2 级以上(含 2 级)项目工程设计；获准注册的一级注册结构工程师，并具有高级工程师职称；年满 35 周岁并不超过 65 周岁；有独立工作能力，并有一定语言文字表达能力；有良好的职业道德。

 4) 施工图审查机构的审批

符合上述条件的直辖市、计划单列市、省会城市的设计审查机构由省级建设行政主管部门初审，然后报国务院建设行政主管部门审批，并颁布施工图设计审查许可证。其他城市的设计审查机构由省级建设行政主管部门审批，并颁发施工图设计审查许可证。取得施工图设计审查许可证的机构，方可承担审查工作。

3．施工图审查的程序

1) 报送

施工图完成后，建设单位应将施工图连同项目批准立项的文件或初步设计批准文件及主要的初步设计文件一起报送建设行政主管部门，由建设行政主管部门委托有关审查机构进行审查。

专业审查与结构安全性审查统一报送、统一受理，通过有关专项审查后，由建设行政主管部门统一颁发设计审查批准书，真正做到一个窗口对外办公。

2) 施工图审查及要求

审查机构在审查结束后，应向建设行政主管部门提交书面的项目施工图审查报告，报告应由审查人员签字、审查机构盖章。

审查结果合格，主管部门应当及时向建设单位通报审查结果，颁发审查批准书；审查结果不合格，审查机构提出书面意见，将施工图退回建设单位，交由原设计单位修改后，重新报送。

审查机构收到审查材料后，应当在一定期限内完成审查工作，并提出工作报告。一般项目 20 个工作日；特级、一级项目 30 个工作日，重大及技术复杂项目可适当延长。

施工图一经生产批准，不得擅自修改。若特殊情况需要对主要内容进行修改，必须报原审批部门委托生产机构审查，合格后方能实施。审查费用由施工图审查机构向建设单位收取。

4．施工图审查各方的责任

1) 设计单位与设计人员的责任

勘察设计单位及其设计人员必须对自己的勘察设计文件的质量负责，若遇质量问题，设计单位及设计人员必须依据实际情况和相关法律的规定，承担相应的经济责任、行政责任和刑事责任。审查机构只对工程质量承担间接的审查责任。

2)　审查机构及审查人员的责任

(1)　设计文件质量责任。

审查单位和审查人员只负间接的监督责任。质量问题造成损失的，业主只能向设计单位和设计人员追责，审查机构和审查人员在法律上并不承担赔偿责任。

(2)　审查机构及审查人员的工作责任。

《暂行办法》规定，对玩忽职守、徇私舞弊、贪污受贿的审查人员和机构，由建设行政主管部门依法给予暂停或吊销其审查资格、并处以相应的经济处罚。构成犯罪的，依法追究刑事责任。

(3)　政府主管部门的责任。

《暂行办法》规定，国家机关工作人员在建设工程勘察设计活动的监督管理工作中玩忽职守、滥用职权、徇私舞弊、构成犯罪的，依法追究刑事责任；尚不构成犯罪的，依法给予行政处分。

【案例 6-3】　某公司研究开发生产基地项目位于某区产业基地内，项目总占地面积约 $8000m^2$，该项目建设单位在没有取得规划审批手续的情况下实施建设，造成了约 $9000m^2$ 的违法建设工程。

经调查，某设计单位于 2016 年与建设单位签订了《建设工程设计合同》，承揽了研发基地工程项目的设计任务，该设计单位在建设单位未取得任何规划许可审批手续的情况下，应建设单位要求，向其提供了证章齐全、专业齐全的全套施工图，建设单位利用该图实施了违法建设。通过调查事实情况、采集证据材料证明该设计单位对违法建设负有责任，事实清楚、法律依据充分，主管部门依据《北京市城市规划条例》及《〈北京市城市规划条例〉行政处罚办法》(因《北京市城乡规划条例》已颁布实施，旧法相应废止)高限对其实施了行政处罚。

问题:

请结合所学的相关知识，简述本案例存在的不妥之处？

6.6　建筑工程勘察设计监督管理

1.　监督管理机构

(1)　国务院建设行政主管部门对全国的建筑工程勘察、设计活动实施统一监督管理。国务院铁路、交通、水利等有关部门按照国务院规定的职责分工，负责全国的有关专业建筑工程勘察、设计活动的监督管理。

(2)　县级以上地方人民政府的建设行政主管部门对本行政区域内的建筑工程勘察、设计活动实施监督管理，且交通、水利等有关部门在各自的职责范围内，负责本行政区域内有关专业建筑工程勘察、设计活动的监督管理。

(3)　任何单位和个人对建筑工程勘察、设计活动中的违法行为都有权检举、控告、投诉。

2. 监督管理的内容

(1) 县级以上人民政府建设行政主管部门或交通、水利等有关部门应对施工设计文件中涉及公共利益、公众安全、工程建设强制性的内容进行审查。

(2) 未经审查批准的施工图设计文件，不得使用。

(3) 建筑工程勘察、设计单位在其勘察、设计资质证书规定的业务范围内跨部门、跨地区承揽勘察设计任务的有关地方人民政府及其所属部门不得设置障碍，不得违反国家规定收取任何费用。

3. 违法责任

1) 建设单位的违法责任

发包方将建筑工程勘察、设计业务发包给不具有相应资质等级的建筑工程勘察、设计单位的，责令改正，处以 50 万元以上 100 万元以下的罚款。

违法责任.mp4

2) 勘察、设计单位的违法责任

(1) 非法承揽业务的责任。

建筑工程勘察、设计单位未取得资质证书承揽工程的，予以取缔；以欺骗手段取得资质证书承揽工程的，吊销其资质证书；超越资质等级许可的范围，或以其他勘察、设计单位的名义承揽业务，或允许其他单位或个人以本单位的名义承揽建筑工程勘察、设计业务的，可责令其停业整顿，降低其资质等级，情节严重的，吊销其资质证书。

对于上述各种行为的勘察设计单位，还应处合同约定的勘察费、设计费 1 倍以上 2 倍以下的罚款，并没收其违法所得。

(2) 非法转包的责任。

建筑工程勘察设计单位非法转包的责令改正，没收违法所得，并处合同约定的勘察费、设计费 25%以上 50%以下的罚款，还可责令其停业整顿、降低其资质等级，情节严重的，吊销其资质证书。

(3) 不按规定进行设计的责任。

不按工程建设强制性标准进行勘察、设计的勘察、设计单位；不按勘察成果文件进行设计或指定建筑材料、建筑构配件生产厂、供应商的设计单位，责令改正，并处 10 万元以上 30 万元以下的罚款。造成工程事故的，责令停业，降低资质等级；情节严重的，吊销资质证书；造成损失的，依法承担赔偿损失。

3) 勘察、设计执业人员的违法责任

未经注册、擅自以注册建设工程勘察、设计人员的名义从事建筑工程勘察、设计活动的，责令停止违法行为；已经注册的执业人员和其他专业技术人员，未受聘于一个建筑工程勘察设计单位或同时受聘于两个以上建筑工程勘察设计单位从事有关业务活动的，可责令停止执行业务或吊销资格证书，还要没收其违法所得，处违法所得 2 倍以上 5 倍以下的罚款，给他人造成损失的，依法承担赔偿责任。

4) 国家机关工作人员的违法责任

监督管理工作中玩忽职守、滥用职权、徇私舞弊，构成犯罪的，依法追究刑事责任；

尚不构成犯罪的，依法给予行政处分。

4. 监督管理的作用

(1) 深化改革，着力提升企业竞争力；

(2) 加强督导，继续推进工程质量治理；

(3) 健全制度，继续加大建筑市场监管力度；

(4) 精简效能，深入推进行政审批制度改革。

6.7　案例分析

案情：某学校需要扩大校舍。经校方商讨决定，不做勘察，将四年前为第一个校舍所做的勘察成果提供给设计院作为设计依据，设计院根据校方的要求和设计资料、规范等文件进行设计。

校方将该工程的施工任务委托给李某所带的施工队进行施工，经过紧张施工，在 2014年 2 月份竣工完成，4 月份投入使用。

校舍建成后使用一年就发现北墙地基沉陷明显，北墙墙体多处开裂，根据质量保修书的规定，校方与李某交涉，李某认为不是自身原因造成的，不予返修。该学校一纸诉状将李某告上法庭，请求判定李某按照施工质量保修的有关规定承担质量责任。李某不服，最终该案件进行了开庭审理。

问题：

试分析质量责任应由谁承担？

分析：

(1) 质量责任应由建设方承担，设计方也应承担部分责任。根据《建筑法》第五十四条规定"建设单位不得以任何理由要求建筑设计单位或者施土单位在工程设计或者施工作业中违反法律、行政法规和建筑工程质量、安全标准，降低工程质量"该学校为节省投资，坚持不做勘察，违反了法律规定，对该工程质量应承担主要责住。

(2) 设计方也有责任。《建筑法》第五十四条还规定，"建筑设计单位和建筑施工企业对建设单位违反规定提出的降低工程质量的要求，应当予以拒绝"。因此，设计单位对于建设单位的不否理要求没有予以拒绝；应该承担次要质量责任。

本 章 小 结

本章主要讲了建筑工程勘察设计法规的概述、工程建设标准的制定与实施、建筑工程勘察设计文件的编制方法和内容、建筑工程抗震、施工图设计文件审查和建设工程勘察设计监督管理的相关内容，这些内容的学习，为学生未来的学习、工作打下了坚实的基础。

实训练习

一、单选题

1. 《工程建设标准强制性条文》是设计或施工时(　　)。
   A. 重要的参考指标　　　　　　　B. 必须绝对遵守的技术法规
   C. 必须绝对遵守的管理标准　　　D. 必须绝对遵守的工作标准

2. 建筑工程的消防设计图纸及有关资料应由(　　)报送公安消防机构审核。
   A. 建设单位　　　B. 设计单位　　　C. 施工单位　　　D. 监理单位

3. 建设工程勘察、设计单位(　　)承揽勘察、设计业务。
   A. 不得跨部门、跨地区　　　　　B. 可跨部门但不得跨地区
   C. 可跨地区但不得跨部门　　　　D. 可跨部门、跨地区

4. 工程建设标准是指建设工程设计、施工方法和安全保护的(　　)的技术要求及有关工程建设的技术术语、符号、代号、制图方法的一般原则。
   A. 统一　　　　　B. 系统　　　　　C. 全面　　　　　D. 完整

5. 工程建设标准根据标准的内容划分，下列不正确的是(　　)。
   A. 技术标准　　　B. 建设定额　　　C. 经济标准　　　D. 管理标准

6. 保障人体健康、人身财产安全的标准和法律、行政性法规规定强制性执行的国家和(　　)标准是强制性标准。
   A. 行业　　　　　B. 工作　　　　　C. 管理　　　　　D. 技术

7. 工程建设标准根据标准的属性划分，下列错误的是(　　)。
   A. 技术标准　　　B. 设计标准　　　C. 经济标准　　　D. 管理标准

8. 按属性进行分类，工程建设标准可划分为(　　)。
   A. 强制性标准　　　　　　　　　B. 推荐性标准
   C. 技术标准　　　　　　　　　　D. 行业标准

二、多选题

1. 工程勘察设计的要求包括(　　)。
   A. 市场准入　　　　　B. 科学设计的要求　　　C. 政府监管的要求
   D. 依法设计的要求　　　E. 以上都不正确

2. 可直接发包的工程建设勘察设计项目有(　　)。
   A. 采用特定的专利或专有技术的　　B. 建筑艺术造型有特定要求的
   C. 工程量较小的　　　　　　　　　D. 国务院规定的其他工程建设的勘察设计
   E. 国家规定的有关工程

3. 工程建设标准按属性进行分类有(　　)。
   A. 技术标准　　　　　B. 经济标准　　　　　C. 管理标准
   D. 法规标准　　　　　E. 财务标准

4. 先勘察，后设计，再施工的原则，鼓励采用(　　)。

A. 先进技术　　　　　　B. 先进工艺　　　　　　C. 先进设备

D. 新型材料　　　　　　E. 现代管理方法

5. 技术复杂的建设项目包括(　　)三个阶段。

A. 结构设计　　　　　　B. 建筑设计　　　　　　C. 施工图设计

D. 技术设计　　　　　　E. 初步设计

三、问答题

1. 简述建设勘察、设计的一般要求。

2. 什么叫工程建设标准？

3. 简述勘察设计文件的编制。

第 6 章　课后题答案.pdf

实训工作单

班级		姓名		日期	
教学项目			建筑工程合同法规		
任务	学习工程勘察设计法律法规	学习途径	本书中的案例分析，自行查找相关法律书籍		
学习目标		理解什么是勘察设计文件，明白审查文件要求			
学习要点					
学习查阅记录					
评语				指导教师	

第 7 章　建筑工程安全生产管理法规　07

【学习目标】

1. 了解建筑工程安全生产管理概念
2. 了解建筑工程安全生产监督管理制度
3. 掌握建筑工程安全生产责任体系
4. 掌握建筑工程安全生产管理制度
5. 了解建筑工程安全生产营救救援和调查处理制度

建筑工程安全生产
管理法规.avi

【教学要求】

本章要点	掌握层次	相关知识点
建筑工程安全生产管理法规概述	1. 了解建筑工程安全生产管理的方针 2. 掌握建筑工程安全生产管理的原则	安全生产管理方针 安全生产管理原则
建筑工程安全生产监督管理制度	掌握建筑安全生产的监督	安全生产监督管理制度
建筑工程安全生产责任体系	1. 掌握建设单位的安全责任 2. 掌握施工单位的安全责任制	建设单位的安全责任 施工单位的安全责任制
建筑工程安全生产管理制度	1. 掌握建筑工程安全生产责任制度 2. 掌握建筑工程安全生产教育培训制度	安全生产责任制 安全生产教育培训制
建筑工程安全生产应急救援和调查处理制度	1. 了解建筑工程安全生产应急救援制度 2. 掌握建筑工程安全生产调查处理制度	安全生产应急救援制度 安全生产调查处理制度

【项目案例导入】

2016 年 4 月 27 日，青海省西宁市银鹰金融保安护卫有限公司基地边坡支护工程施工现场发生一起坍塌事故，造成 3 人死亡、1 人轻伤，直接经济损失 60 万元。

该工程拟建场地北侧为东西走向的自然山体，坡体高 12～15m，长 145m，自然边坡度 1∶0.5～1∶0.7。边坡工程 9m 以上部分设计为土钉喷锚支护，9m 以下部分为毛石挡土墙，总面积为 2000m²。其中毛石挡土墙部分于 2016 年 3 月 21 日由施工单位分包给私人劳务队(无法人资格和施工资质)进行施工。

4 月 27 日上午，劳务队 5 名施工人员人工开挖北侧山体边坡东侧 5m×lm×1.2m 毛石挡土墙基槽。下午 16 时左右，自然地面上方 5m 处坡面突然坍塌，除在基槽东端作业的 1 人逃离之外，其余 4 人被坍塌土体掩埋。

根据事故调查和责任认定，对有关责任方作出以下处理：项目经理、现场监理工程师等责任人分别受到撤职、吊销执业资格等行政处罚；施工、监理等单位分别受到资质降级、暂扣安全生产许可证等行政处罚。

【项目问题导入】

请结合本章所学的有关知识，试分析此事故产生的直接原因和间接原因，以及这件事给予我们教训？

7.1　建筑工程安全生产管理法规概述

建筑生产的特点是产品固定、人员流动，而且多为露天高空作业，不安全因素较多，有些工作危险性较大，是事故多发行业。因此，加强建筑安全生产管理，预防和减少建筑业事故的发生，保障建筑职工及他人的人身安全和财产安全非常重要。

建筑工程安全生产是指在建设过程中要避免人员、财产的损失及对周围环境的破坏。它包括建筑生产过程中施工现场的人员安全、财产设备安全，施工现场及附近的道路、管线和房屋的安全，施工现场和周围的环境保护，工程建成后的使用安全等方面的内容。

建设工程安全生产
的概念.mp3

7.1.1　建筑工程安全生产管理法规概念

建筑安全生产管理是指建设行政主管部门、建设安全监督管理机构、建筑施工企业及有关单位，对建筑生产过程中的安全工作进行计划、组织、指挥、控制等一系列的管理活动。其目的在于保证建筑工程安全和建筑职工的人身安全。建设工程安全生产管理包括建设行政主管部门对建设活动中的安全问题所进行的行业管理；从事建设活动的主体对自己建设生产活动的安全生产所进行的企业管理。从事建设活动的主体所进行的安全生产管理包括建设单位对安全生产的管理、

厂房触电[高质量
和大小].avi

设计单位对安全生产的管理、施工单位对建设工程安全生产的管理等。

在建设活动中，质量和安全是两件头等大事，忽略了质量、安全，速度和效益就无从谈起。为了加强对建设工程安全生产监督管理，保证人民群众生命和财产安全，更好的贯彻"安全第一，预防为主"的方针，我国颁布了规范工程建设安全生产的相关法律规范：《中华人民共和国安全生产法》(以下简称《安全生产法》)、《中华人民共和国建筑法》(以下简称《建筑法》)、《建筑工程安全生产管理条例》、《建筑施工企业安全生产许可证管理规定》以及《建设工程施工现场管理》等法律、法规和部门规章。另外地方建设行政主管部门根据建设工程安全生产的实际，依据相应的法律规范制定出地方性的安全生产规章和制度。

7.1.2　建筑工程安全生产管理的方针

我国《安全生产法》中规定：安全生产管理，坚持"安全第一，预防为主"的方针。

所谓安全第一，就是指在生产经营活动中，在处理保证安全与实现生产经营活动的其他各项目标的关系上，要始终把安全，特别是从业人员和其他人员的人身安全放在首要的位置，实现"安全优先"的原则。在确保安全的前提下，再来努力实现生产经营的其他目标。

所谓预防为主，就是指对安全生产的管理，主要不是放在发生事故后去组织抢救、进行事故调查，找原因、追究责任、堵漏洞，而是要谋事在先，尊重科学，探索规律，采取有效的事前控制措施，千方百计预防事故的发生，做到防患于未然，将事故消灭在萌芽状态。虽然人类在生产活动中还不可能完全杜绝安全事故的发生，但只要思想重视，预防措施得当，事故特别是重大事故的发生还是可以减少的。

安全生产管理的
方针.mp3

安全第一还反映了当安全与生产发生矛盾时，应该服从安全，消灭隐患，保证建设工程在安全的条件下生产；预防为主则体现在事先策划，始终控制、事后总结，通过信息的收集、归类分析、制订预案、控制防范。安全第一、预防为主的方针体现了国家对建筑安全生产过程中"以人为本"，保护劳动者权利，保护社会生产力，保护建筑生产的高度重视，确立了建筑安全生产管理在建筑活动管理中首要的和重要的位置。

7.1.3　建筑工程安全生产管理的原则

1. 生产与安全统一的原则

生产与安全统一的原则即管生产必须管安全，在安全生产的具体实践中，要坚持"生产与安全统一的原则"和"搞技术必须搞安全的原则"。"管生产必须管安全"，即分管生产的各级负责人要同时分管安全生产工作；"搞技术必须搞安全的原则"，即进行技术工艺和设备、设施的设计、制造、运行和使用等环节过程中，要同时考虑和保障技术安全。

建筑工程安全生产
管理的原则.mp3

2. "三同时"原则

《劳动法》《安全生产法》对工程建设项目都提出了"三同时"的要求。这是为确保建设项目(工程)符合国家规定的职业安全卫生标准,保障劳动者在生产过程中的安全与健康的重要措施。

所谓"三同时",就是指新建、扩建、改建工程的劳动安全卫生设施必须与主体工程同时设计、同时施工、同时投入生产和使用。因此,企业在搞新建、改建、扩建基本建设项目(工程)技术改造项目(工程)和引进工程技术项目时,项目中的安全卫生设施必须与主体工程实施"三同时"。

带电作业.avi

3. "四不放过"原则

"四不放过"原则即事故原因未查清不放过;事故责任者和职工群众没受到教育不放过;安全隐患没有整改预防措施不放过;事故责任者不处理不放过。

4. "三同步"原则

企业在考虑自身的经济发展,进行机构改革、技术改造时,安全生产方面要相应地与之同步规划、同步组织实施、同步运作投产。

5. 安全否决权原则

安全否决权的原则是指安全工作是衡量企业经营管理工作好坏的一项基本内容,该原则要求,在对企业各项指标考核、评选先进时,必须要首先考虑安全指标的完成情况。安全生产指标具有一票否决的作用。

建筑工程安全生产
管理的原则.mp3

【案例7-1】 2010年11月17日,西安市某工厂住宅楼在拆除地下人防工程时发生坍塌事故,造成人4死亡,3人受伤。

问题:

请根据本章所学的知识,试分析建筑工程安全生产管理的原则?

7.2 建筑工程施工安全生产许可证制度

安全生产许可证是矿山企业、建筑施工企业和危险化学品、烟花爆竹、民用爆炸物品生产企业必备的一个证件,它和企业资质联系在一块,取得建筑施工资质证书的企业,必须要申请安全生产许可证,方可通过招投工作来接相应工程,它们是有机整体。

企业未取得安全生产许可证的,不得从事生产活动。省、自治区、直辖市人民政府建设主管部门负责建筑施工企业安全生产许可证的颁发和管理,并接受国务院建设主管部门的指导和监督。

2015年1月,住房城乡建设部经修改后重新发布的《建筑施工企业安全生产许可证管理规定》中规定,本规定所称建筑施工企业,是指从事土木工程、建筑工程、线路管道和设备安装工程及装修工程的新建、扩建、改建和拆除等有关活动的企业。

7.2.1 申请领取安全生产许可证的条件

《安全生产许可证条例》规定,企业取得安全生产许可证,应当具备十三项安全生产条件。《建筑施工企业安全生产许可证管理规定》中进一步规定，建筑施工企业取得安全生产许可证，应当具备下列安全生产条件：

高空作业.avi

(1) 建立、健全安全生产责任制，制定完备的安全生产规章制度和操作规程；

(2) 保证本单位安全生产条件所需资金的投入；

(3) 设置安全生产管理机构，按照国家有关规定配备专职安全生产管理人员；

(4) 主要负责人、项目负责人、专职安全生产管理人员经建设主管部门或者其他有关部门考核合格；

(5) 特种作业人员经有关业务主管部门考核合格，取得特种作业操作资格证书；

(6) 管理人员和作业人员每年至少进行一次安全生产教育培训并考核合格；

(7) 依法参加工伤保险，依法为施工现场从事危险作业的人员办理意外伤害保险，为从业人员交纳保险费；

(8) 施工现场的办公、生活区及作业场所和安全防护用具、机械设备、施工机具及配件符合有关安全生产法律、法规、标准和规程的要求；

(9) 有职业危害防治措施，并为作业人员配备符合国家标准或者行业标准的安全防护用具和安全防护服装；

(10) 有对危险性较大的分部分项工程及施工现场易发生重大事故的部位、环节的预防、监控措施和应急预案；

(11) 有生产安全事故应急救援预案、应急救援组织或者应急救援人员，配备必要的应急救援器材、设备；

(12) 法律、法规规定的其他条件。

建筑施工企业未取得安全生产许可证的，不得从事建筑施工活动。

7.2.2　安全生产许可证的有效期和政府监管的规定

1. 安全生产许可证的申请

建筑施工企业从事建筑施工活动前，应当依照《建筑施工企业安全生产许可证管理规定》向企业注册所在地省、自治区、直辖市人民政府住房城乡建设主管部门申请领取安全生产许可证。

高空作业安全.avi

(1) 向当地安检站申报。需申报资料有安全三类人员和十三项。人员是需经过当地建筑安全部门培训过的考核通过的人员，由建设厅统一发证。其中，十三项是提供企业基础资料的册子，安全三类人是企业负责人 A 证，企业项目负责人 B 证，专职安全生产管理人员 C 证。三类人员三年延期一次，延期之前要继续教育，继续教育合格后会发继续教育证。

(2) 考核通过后，上报各地市安检站，通过审查的会上报建设厅。当地建设厅会组织专家继续审查，通过的可以颁发证书，没有通过的需要尽快整改继续上报。

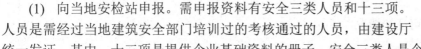

2. 安全生产许可证的有效期

安全生产许可证的有效期为 3 年。安全生产许可证有效期满需要延期的，企业应当于期满前 3 个月向原安全生产许可证颁发管理机关办理延期手续。企业在安全生产许可证有效期内，严格遵守有关安全生产的法律法规，未发生死亡事故的，安全生产许可证有效期届满时，经原安全生产许可证颁发管理机关同意，不再审查，安全生产许可证有效期延期 3 年。

建筑施工企业变更名称、地址、法定代表人等，应当在变更后 10 日内，到原安全生产许可证颁发管理机关办理安全生产许可证变更手续。建筑施工企业破产、倒闭、撤销的，应当将安全生产许可证交回原安全生产许可证颁发管理机关予以注销。建筑施工企业遗失安全生产许可证，应当立即向原安全生产许可证颁发管理机关报告，并在公众媒体上声明作废后，方可申请补办。

3. 安全生产许可证的延期

1) 提交安全生产许可证延期手续

企业向主管部门提高安全生产许可证延期手续，符合标准的，予以受理，向申请人出具《受理通知书》，并将申请材料转审查人员。不符合标准但申请材料存在可以当场更正的错误的，允许申请人当场更正；不能当场更正的，向申请人出具《补正材料通知书》，一次性告知申请人需要补正的全部内容，并将申请材料退回申请人。

2) 审查

按照审查标准对受理人员移送的申请材料进行审查。符合标准的，签署意见后将申请材料转决定人员。不符合标准的，书面写明审查意见及理由后将申请材料转决定人员。大致需要 15 个工作日。

3) 决定

对行政许可申请作出决定。同意审查意见的，签署意见，转告知人员。不同意审查意见的，书面提出意见及理由，转告知人员。一般需要 4 个工作日。

4) 批准延期

对准予行政许可的，在 3 个工作日内制作《办理结果通知书》和《建筑施工企业安全生产许可证》，并在 10 日内将许可证书送达申请人。

对不予行政许可的，在 3 个工作日内制作《办理结果通知书》，写明理由和申请人享有的依法申请行政复议或者提起行政诉讼的权利，并将《办理结果通知书》和申请材料退回申请人。

4. 无须申领许可证的情况

对于从事土石方、混凝土预制构件、金属门窗、预应力、无损检测、体育场地设施工程施工的企业，按照安全生产许可证管理的有关规定，不需要申领建筑施工企业安全生产许可证；对于从事电梯安装和爆破的企业，按照职责分工，依法分别由相关部门核准资质，不需要申领建筑施工企业安全生产许可证；拆除作业按工程性质由具有相应资质类别的企业承担，该类企业应申领建筑施工企业安全生产许可证。

工件飞人事件.avi

5. 政府监管

住房城乡建设主管部门在审核发放施工许可证时，应当对已经确定的建筑施工企业是否有安全生产许可证进行审查，对没有取得安全生产许可证的，不得颁发施工许可证。企业取得安全生产许可证后，不得降低安全生产条件，并应当加强日常安全生产管理，接受安全生产许可证颁发管理机关的监督检查。安全生产许可证颁发管理机关发现企业不再具备安全生产条件的，应当暂扣或者吊销安全生产许可证。企业不得转让、冒用安全生产许可证或者使用伪造的安全生产许可证。

安全生产许可证颁发管理机关或者其上级行政机关发现有下列情形之一的，可以撤销已经颁发的安全生产许可证：

(1) 安全生产许可证颁发管理机关工作人员滥用职权、玩忽职守颁发安全生产许可证的；

(2) 超越法定职权颁发安全生产许可证的；

(3) 违反法定程序颁发安全生产许可证的；

(4) 对不具备安全生产条件的建筑施工企业颁发安全生产许可证的；

(5) 依法可以撤销已经颁发的安全生产许可证的其他情形。

7.3　建筑工程安全生产监督管理制度

建筑工程安全监督管理是指各级人民政府安全监督管理部门、各级人民政府建设行政主管部门及其授权的建筑安全生产监督机构，对于建筑工程安全生产所实施的监督管理。根据国务院颁布的《建设工程安全生产管理条例》第三十九条，国务院负责安全生产监督管理的部门依照《中华人民共和国安全生产法》的规定，对全国建筑工程安全生产工作实施综合监督管理；县级以上地方人民政府负责安全生产监督管理的部门依照《中华人民共和国安全生产法》的规定，对本行政区域内建筑工程安全生产的监督管理。

监理单位的安全
责任.mp3

《安全生产法》从不同的方面规定了安全生产的监督管理，其主要内容有下列几点。

(1) 县级以上地方各级人民政府应当根据本行政区域内的安全生产状况，组织有关部门按照责任分工，对本行政区域内容易发生重大安全生产事故的生产经营单位进行严格检查，发现事故隐患，应当及时处理。

(2) 对安全生产负有监督管理职责的部门(以下统称负有安全生产监督管理职责的部门)依照有关法律、法规的规定，对涉及安全生产的事项需要审查批准(包括批准、核准、许可、注册、认证、颁发证照等，下同)或者验收的，必须严格依照有关法律、法规和国家标准或者行业标准规定的安全生产条件和程序进行审查；不符合有关法律、法规和国家标准或者行业标准规定的安全生产条件的，不得批准或者验收通过。对未依法取得批准或者验收合格的单位擅自从事有关活动的，负责行政审批的部门发现或者接到举报后应当立即予以取缔，并依法予以处理。对已经依法取得批准的单位，负责行政审批的部门发现其不再具备安全生产条件的，应当撤销原批准。

（3）负有安全生产监督管理职责的部门对涉及安全生产的事项进行审查、验收，不得收取费用；不得要求接受审查、验收的单位购买其指定品牌或者指定生产、销售单位的安全设备、器材或者其他产品。

（4）负有安全生产监督管理职责的部门依法对生产经营单位执行有关安全生产的法律、法规和国家标准或者行业标准的情况进行监督检查，行使以下职权：

①　进入生产经营单位进行检查，调阅有关资料，向有关单位和人员了解情况。

②　对检查中发现的安全生产违法行为，当场予以纠正或者要求限期改正；对依法应当给予行政处罚的行为，依照本法和其他有关法律、行政法规的规定作出行政处罚决定。

③　对检查中发现的事故隐患，应当责令立即排除；重大事故隐患排除前或者排除过程中无法保证安全的，应当责令从危险区域内撤出作业人员，责令暂时停产停业或者停止使用；重大事故隐患排除后，经审查同意，方可恢复生产经营和使用。

④　对有根据认为不符合保障安全生产的国家标准或者行业标准的设施、设备、器材予以查封或者扣押，并应当在 15 日内依法作出处理决定。监督检查不得影响被检查单位的正常生产经营活动。

安全生产监督检查人员执行监督检查任务时，必须出示有效的监督执法证件；对涉及被检查单位的技术秘密和业务秘密，应当为其保密。安全生产监督检查人员应当将检查的时间、地点、内容、发现的问题及其处理情况，作出书面记录，并由检查人员和被检查单位的负责人签字；被检查单位的负责人拒绝签字的，检查人员应当将情况记录在案，并向负有安全生产监督管理职责的部门报告。负有安全生产监督管理职责的部门在监督检查中应当相互配合，实行联合检查；确需分别检查的，应当互通情况，发现存在的安全问题应当由其他有关部门进行处理的，应当及时移送其他有关部门并形成记录备案，接受移送的部门应当及时的进行处理。检察机关依照行政监察法的规定，对负有安全生产监督管理职责的部门及其工作人员履行安全生产监督管理职责实施监察。

脚手架安全.avi

7.4　建筑工程安全生产责任体系

安全生产责任制是根据我国的安全生产方针"安全第一，预防为主，综合治理"和安全生产法规建立的各级领导、职能部门、工程技术人员、岗位操作人员在劳动生产过程中对安全生产层层负责的制度。安全生产责任制是企业岗位责任制的一个组成部分，是企业中最基本的一项安全制度，也是企业安全生产、劳动保护管理制度的核心。

实践证明，凡是建立、健全了安全生产责任制的企业，各级领导重视安全生产、劳动保护工作，切实贯彻执行党的安全生产、劳动保护方针、政策和国家的安全生产、劳动保护法规，在认真负责地组织生产的同时，积极采取措施，改善劳动条件，工伤事故和职业性疾病就会减少。反之，就会职责不清，相互推诿，而使安全生产、劳动保护工作无人负责，无法进行，工伤事故与职业病就会不断发生。

起重机安全事件.avi

7.4.1　建设单位的安全责任

建设单位是建筑工程的投资主体，在建筑活动中占据主导地位，同时因建设单位的市场行为不规范所造成的事故居多，所以必须依法规范建设单位的行为。

起重机超载.avi

1. 向施工单位提供有关资料

向施工单位提供施工现场及毗邻区域内地下管线资料、气象和水文观测资料、相邻建筑物和构筑物、地下工程等有关资料。

2. 依法履行合同的责任

(1) 不得对勘察、设计、施工、工程监理等单位提出不符合建筑工程安全生产法律、法规和强制性标准规定的要求；

(2) 不得压缩合同约定的工期。

3. 提供安全生产费用的责任

按照有关规定和合同约定向施工单位拨付建设工程现场安全文明施工措施费(编制概算时确定)。

4. 使用合格设备的责任

不得明示或暗示施工单位购买、租赁、使用不符合安全施工要求的安全防护用具、机械设备、施工机具及配件、消防设施和器材等。

5. 提供安全施工措施资料的责任

(1) 需要申领施工许可证的，在申请时建设单位有提供安全施工措施资料的责任。

(2) 办理开工报告的，建设单位需要自开工报告批准之日起15日内，将安全施工措施报送工程所在地县级以上人民政府建设行政主管部门备案。

6. 对拆除工程进行备案的责任

(1) 拆除工程应发包给具有相应资质等级的施工单位；

(2) 在拆除施工前 15 日前，报送资料至工程所在地县级以上人民政府建设主管部门备案；

(3) 报送备案资料内容：

① 施工单位资质等级证明；

② 拟拆除建筑物、构筑物及可能危及毗邻建筑的说明；

③ 拆除施工组织方案；

④ 堆放、清除废弃物的措施。

(4) 需要进行爆破作业，应遵守民用爆炸物品管理规定。

7. 组织签订相关文件

负责牵头组织签订建设工程项目施工安全责任保证书及两个以上施工单位在同一作业区域进行施工作业时双方之间的安全生产管理协议。

7.4.2 施工单位的安全责任

施工单位是工程建设活动中的重要主体之一，在施工安全生产中处于核心地位。在工程建设施工中，消除事故隐患，防范安全事故的发生，确保施工安全生产，施工单位是关键。建设工程生产的主要特点是产品牢固，人员流动性大，多为露天作业、高处作业，施工环境和作业条件差，不安全因素随着工程的进度变化而变化，事故隐患较多。对于这种现象国家颁布了相关法规，用于规范施工单位的行为。

天然气安全.avi　　　施工单位的安全责任.mp3

(1) 施工单位从事建设工程的新建、扩建、改建和拆除等活动，应当具备国家规定的注册资本、专业技术人员、技术装备和安全生产等条件，依法取得相应等级的资质证书，并在其资质等级许可的范围内承揽工程。

(2) 施工单位主要负责人依法对本单位的安全生产工作全面负责。施工单位应当健全安全生产责任制度和安全生产教育培训制度，制定安全生产规章制度和操作规程，保证本单位安全生产条件所需资金的投入，对所承担的建设工程进行定期和专项安全检查，并做好安全检查记录。

施工单位的项目负责人应当由取得相应执业资格的人员担任，对建设工程的安全施工负责，落实安全生产责任制度、安全生产教育培训制度和操作规程，确保安全生产费用的有效使用，并根据工程的特点组织制定安全施工措施，消除安全事故隐患，及时、如实报告生产安全事故。

(3) 施工单位对列入建筑工程概算的安全作业环境及安全施工措施所需的费用，应当用于施工安全防护用具及设施的采购和更新、安全施工措施的落实、安全生产条件的改善等，不得挪作他用。

(4) 施工单位应当设立安全生产管理机构，配备专职安全生产管理人员。专职安全生产管理人员负责对安全生产进行现场监督检查。发现安全事故隐患后，应当及时向项目负责人和安全生产管理机构报告；对于违章指挥、违章操作的，应当立即制止。专职安全生产管理人员的配备办法由国务院建设行政主管部门会同国务院其他有关部门制定。

(5) 建设工程实行施工总承包的，由总承包单位对施工现场的安全生产负总责。总承包单位应当自行完成建设工程主体结构的施工。总承包单位依法将建设工程分包给其他单位的，分包合同中应当明确各自的安全生产方面的权利、义务。总承包单位和分包单位对分包工程的安全生产承担连带责任。分包单位应当服从总承包单位的安全生产管理，分包单位不服从管理导致生产安全事故的，由分包单位承担主要责任。

(6) 施工单位应当在施工组织设计中编制安全技术措施和施工现场临时用电方案，对下列达到一定规模的危险性较大的分部分项工程编制专项施工方案，并附具安全验算结果，经施工单位技术负责人、总监理工程师签字后实施，由专职安全生产管理人员进行现场监督：

① 基坑支护与降水工程；

② 土方开挖工程；

③ 模板工程；

④ 起重吊装工程；

⑤ 脚手架工程；

⑥ 拆除、爆破工程；

⑦ 国务院建设行政主管部门或者其他有关部门规定的其他危险性较大的工程。

对前款所列工程中涉及深基坑、地下暗挖工程、高大模板工程的专项施工方案，施工单位还应当组织专家进行论证、审查。

【案例 7-2】 2014 年 10 月 25 日上午 10 时，南京某建筑公司承建的南京电视台演播中心裙楼工地发生一起重大职工因功伤亡事故。大演播厅舞台在浇筑顶部混凝土施工中，因模板支撑系统失稳，大演播厅舞台屋架坍塌，造成正在施工现场的民工和电视台工作人员 6 人死亡，5 人受伤直接经济损失 70 余万元。

问题：

根据本章所学的知识，试分析施工单位的安全责任？

(7) 建设工程施工前，施工单位负责项目管理的技术人员应当针对有关安全施工的技术要求向施工作业班组、作业人员作出详细说明，并由双方签字确认。

(8) 施工单位应当在施工现场入口处、施工起重机械、临时用电设施、脚手架、出入通道口、楼梯口、电梯井口、孔洞口、桥梁口、隧道口、基坑边沿、爆破物及有害危险气体和液体存放处等危险部位，设置明显的安全警示标志。安全警示标志必须符合国家标准。

(9) 施工单位应当将施工现场的办公、生活区与作业区分开设置，并保持安全距离；办公、生活区的选址应当符合安全性要求。职工的膳食、饮水、休息场所等应当符合卫生标准。施工单位不得在尚未竣工的建筑物内设置员工集体宿舍。

(10) 施工单位对可能因建设工程施工造成损害的毗邻建筑物、构筑物和地下管线等，应当采取专项防护措施。在城市市区内的建筑工程，施工单位应当对施工现场实行封闭围挡。

(11) 施工单位应当在施工现场建立消防安全责任制度，确定消防安全责任人，制定用火、用电、使用易燃易爆材料等各项消防安全管理制度和操作规程，设置消防通道、消防水源，配备消防设施和灭火器材，并在施工现场入口处设置明显标志。

(12) 施工单位应当向作业人员提供安全防护用具和安全防护服装，并书面告知危险岗位的操作规程和违章操作的危害。在施工中发生危及人身安全的紧急情况时，作业人员有权立即停止作业或者在采取必要的应急措施后撤离危险区域。

(13) 作业人员应当遵守安全施工的强制性标准、规章制度和操作规程，正确使用安全防护用具、机械设备等。

(14) 施工单位采购、租赁的安全防护用具、机械设备、施工机具及配件，应当具有生产(制造)许可证、产品合格证，并在进入施工现场前进行查验。

(15) 施工单位在使用施工起重机械和整体提升脚手架、模板等自升式架设设施前，应当组织有关单位进行验收，也可以委托具有相应资质的检验检测机构进行验收；使用承租的机械设备和施工机具及配件的，由施工总承包单位、分包单位、出租单位和安装单位共同进行验收。验收合格的方可使用。

(16) 施工单位的主要负责人、项目负责人、专职安全生产管理人员应当在建设行政主管部门或者其他有关部门考核合格后方可任职。

施工单位应当对管理人员和作业人员每年至少进行一次安全生产教育培训，其教育培训情况记入个人工作档案。

(17) 未经教育培训或者教育培训考核不合格的人员，不得上岗作业。

(18) 施工单位应当为施工现场从事危险作业的人员办理意外伤害保险。意外伤害保险费由施工单位支付。实行施工总承包的，由总承包单位支付意外伤害保险费。意外伤害保险期限自建设工程开工之日起至竣工验收合格之日止。

7.4.3　勘察单位的安全责任

勘察单位应当按照法律、法规和工程建设强制性标准进行勘察，提供的勘察文件应当真实、准确，满足建设工程安全生产的需要。勘察单位在勘察作业时，应当严格执行操作规程，采取措施保证各类管线、设施和周边建筑物、构筑物的安全。

施工单位的安全
责任.mp3

工程勘察是工程建设的先行官。工程勘察成果是建筑工程项目规划、选址、设计的重要依据，也是保证施工安全的重要因素和前提条件。因此，勘察单位必须按照法律、法规的规定以及工程建设强制性标准的要求进行勘察，并提供真实、准确的勘察文件，不能弄虚作假。

此外，勘察单位在进行勘察作业时，也易发生安全事故。为了保证勘察作业的安全，要求勘察人员必须严格执行操作规程，并应采取措施保证各类管线、设施和周边建筑物、构筑物的安全，为保障施工作业人员和相关人员的安全提供必要条件。

7.4.4　监理单位的安全责任

工程监理是监理单位受建设单位的委托，依照法律、法规和建设工程监理规范的规定，对工程建设实施的监督管理。但在实践中，一些监理单位只注重对施工质量、进度和投资的监控，不重视对施工安全的监督管理，这就使得施工现场因违章指挥、违章作业而发生的伤亡事故局面未能得到有效控制。因此，必须依法加强施工安全的监理工作，进一步提高建设工程监理水平。

考勘察单位的
安全责任.mp3

(1) 将安全生产管理内容纳入监理规划和监理细则，明确安全监理范围、内容、工作程序和制度措施，以及人员配备计划和职责等；依据《危险性较大的分部分项工程安全管理办法》的规定，对危险性较大的分部分项工程，针对工程特点、周边环境和施工工艺等，制定安全监理工作流程、方法和措施。

(2) 审查总、分包施工企业资质、安全生产许可证、三类人员及特种作业人员取得安全生产考核合格证书和操作资格证书。

(3) 审核总、分包施工企业工程项目安全生产保障体系、安全生产责任制、各项规章制度和安全生产管理机构建立及人员配备情况。

(4) 审核施工企业工程项目应急救援和安全防护、文明施工措施费用使用计划情况。

(5) 审核施工现场安全防护是否符合投标时承诺和《建筑施工现场环境与卫生标准》等标准要求情况。

(6) 检查施工单位施工机械和整体提升脚手架、模板等自升式架设设施、安全防护用具、各种设施的安全许可验收记录，并由监理工程师签收备案。

(7) 审查施工组织设计中的安全技术措施或专项施工方案是否符合工程建设强制性标准情况。

(8) 定期巡视检查危险性较大的分部分项工程施工作业。

(9) 督促施工单位进行安全自查工作，并对施工现场安全生产情况进行巡视检查。对发现的各类安全事故隐患，应书面通知施工单位，并督促其立即整改；情况严重的，监理单位应及时下达工程暂停令，要求施工单位停工整改，同时报告建设单位。安全事故隐患消除后，监理单位应检查整改结果，签署复查或复工意见。施工单位拒不整改或不停工整改的，监理单位应及时向工程所在地建设行政主管部门报告。检查、整改、复查、报告等情况应当记载在监理日志、监理月报中。

7.4.5　其他相关单位的责任

1. 机械设备和配件供应单位的安全责任

为建设工程提供机械设备和配件的单位，应当按照安全施工的要求配备齐全有效的保险、限位等安全设施和装置。

2. 出租机械设备和施工机具及配件单位的安全责任

削铁.avi

出租的机械设备和施工工具及配件的单位，应当具有生产(制造)许可证、产品合格证。

出租单位应当对出租的机械设备和施工工具及配件的安全性能进行检测，在签订租赁协议时，应当出具检测合格证明。禁止出租检测不合格的机械设备和施工工具及配件。

3. 施工起重机械和自升式架设设施的安全管理

安装、拆卸施工起重机械和整体提升脚手架、模板等自升式架设设施，应当编制拆装方案、制定安全施工措施，并由专业技术人员现场监督。

施工起重机械和整体提升脚手架、模板等自升式架设设施安装完毕后，安装单位应当自检，出具自检合格证明，并向施工单位进行安全使用说明，施工单位办理验收手续并签字。

施工起重机械和整体提升脚手架、模板等自升式架设设施的使用达到国家规定的检验检测期限的，必须经具有专业资质的检验检测机构检测。经检测不合格的，不得继续使用。

检验检测机构对检测合格的施工起重机械和整体提升脚手架、模板等自升式架设设施，应当出具安全合格证明文件，并对检测结果负责。

7.5 建筑工程安全生产管理制度

在建筑活动中，只有明确安全责任，分工有序，才能形成完整有效的安全管理体系，激发每个人的安全责任感，严格执行建筑安全的法律、法规和安全规程、技术规范，防患于未然，减少和杜绝建筑工程事故，为建筑工程的生产创造一个良好的环境。

为保证"安全第一、预防为主"方针的落实，《安全生产法》及其他相关法规还具体规定了安全生产责任制度、安全生产教育培训制度、安全生产责任事故追究制度等基本制度。

7.5.1 建筑工程安全生产责任制度

安全生产责任制度是建筑生产中最基本的安全管理制度，是所有安全规章制度的核心。安全生产责任制度是指由企业负责人应负的安全生产责任，其他各级管理人员、技术人员和各职能部门应负的安全生产责任，直到各岗位操作人员应负的岗位安全生产责任所构成的企业安全生产制度。安全生产责任制度作为"安全第一，预防为主"方针的具体体现，同时也是建筑安全生产的基本制度，其主要内容包括以下内容。

安全生产责任
制度.mp3 度

1. 从事建筑活动主体的负责人的责任制

安全生产是企业管理工作中的重要内容，涉及企业生产经营活动的各个方面，它除了对单位的生产经营有重大影响以外，对社会公共安全也有重大影响。所以法律规定必须有企业"一把手"挂帅，统筹协调，全面负责，这既是对本单位的负责也是对社会应负的责任。生产经营单位可以安排副职负责人分管安全生产工作，但不能因此减轻或减免主要负责人对本单位安全生产工作所应负的全面责任。《安

预留洞口盖板拆除
[高质量和大小].avi

全生产法规定》，生产经营单位的主要负责人，应对本单位的安全生产负有以下责任：

(1) 建立、健全本单位安全生产责任制；

(2) 组织制定本单位安全生产规章制度和操作规程；

(3) 保证本单位安全生产投入的有效实施；

(4) 督促、检查本单位的安全生产工作，及时消除生产安全事故隐患；

(5) 组织制定并实施本单位的生产安全事故应急救援预案；

(6) 及时、如实报告生产安全事故；

(7) 组织制订并实施本单位安全生产教育和培训计划。

【案例 7-3】　2012 年 3 月 20 日下午，上海某建筑安装工程有限公司分包的某汽修车间工程，钢结构屋架地面拼装基本结束。14 时 20 分左右，专业吊装负责人曹某，酒后来到车间西北侧东西向并排停放的 3 榀长 21m、高 0.9m、自重约 1.5t 的钢屋架前，弯腰蹲下在最南边的 1 榀屋架下查看拼装质量，当发现北边第三榀屋架略向北倾斜，即指挥两名工人用钢管撬平并加固。由于两名工人使力不均，使得那榀屋架反过来向南倾斜，导致 3 榀屋架连锁一起向南倒下。当时，曹某还蹲在构件下，没来得及反应，整个身子就被压在构件下，待现场人员翻开 3 榀屋架，曹某已流血过多，经医护人员抢救无效死亡。

问题：

请根据本章所学的知识，试分析本案例各方存在的过失，以及建筑工程安全生产责任制度。

2. 各级管理人员的安全生产责任制

结合建筑企业及工程建设的特点，相关法规对各级管理人员的责任也作出了明确规定。企业总工程师(技术负责人)对企业劳动保护和安全生产的技术工作负总的责任。项目经理、施工队长、车间主任应对本单位劳动保护和安全生产工作负具体领导责任。工长、施工员对所管工程的安全生产负直接责任。企业中的生产、技术、材料等各个职能机构，都应在各自业务范围内，对实现安全生产的要求负责。企业应根据实际情况，建立安全机构，并按照职工总数配备相应的专职人员，负责安全管理工作和安全监督检查工作。生产经营单位的安全生产管理机构及安全生产管理人员主要的职责是：

(1) 组织或者参与拟订本单位安全生产规章制度、操作规程和生产安全事故应急救援预案；

(2) 组织或者参与本单位安全生产教育和培训，如实记录安全生产教育和培训情况；

(3) 督促落实本单位重大危险源的安全管理措施；

(4) 组织或者参与本单位应急救援演练；

(5) 检查本单位的安全生产状况，及时排查生产安全事故隐患，提出改进安全生产管理的建议；

(6) 制止和纠正违章指挥、强令冒险作业、违反操作规程的行为；

(7) 督促落实本单位安全生产整改措施。

3. 岗位人员的安全生产责任制

岗位人员是指生产经营单位中从事生产经营活动的人员，他们包括直接操作人员、工程技术人员、管理人员、服务人员等。由于安全生产贯穿于生产的全过程之中，它依赖于每道工序、每个个人的有机衔接和有效配合，每个从业人员的行为都直接关系到安全生产的实施与成效。因此，每个从业人员也都要从自身角度对本单位的安全生产承担责任。

岗位人员的安全
生产责任制.mp3

7.5.2　建筑工程安全生产教育培训制度

安全生产教育和培训是安全生产管理工作的一个重要组成部分，是实现安全生产的一项重要的基础性工作，生产安全事故的发生，不外乎人的不安全因素和物的不安全状态两种原因。而在我国，由于人的不安全行为所导致的生产安全事故数量在事故总数中占很大比重，因而对从业人员进行安全生产教育和培训，控制人的不安全行为，对减少安全生产事故是极为重要的。

安全生产教育和
培训制度.mp3

安全生产教育培训制度是对广大建筑职工进行安全教育培训，提高安全意识，增加安全知识和技能的制度，只有通过对广大职工进行安全生产教育、培训，才能使广大职工真正认识到安全生产的重要性、必要性，才能使广大职工按规章正确办事，严格执行安全生产操作规程，认识和掌握生产中的危险因素和生产安全事故的发生规律，并正确运用科学技术知识加以治理和预防，及时发现和消除隐患，保证安全生产。

安全生产教育培训的对象有管理人员、特种作业人员、企业职工。培训的内容包括安全生产的法律、法规知识和安全科学技术知识。

1. 管理人员的安全教育

对企业的各级领导和安全管理人员的安全教育，能使他们正确理解和掌握有关安全生产方面的法律、法规和政策，增强安全生产的法律意识，以便自觉依法做好安全生产管理工作。

2. 特种作业人员的安全教育

特种作业人员必须经过专门的安全技术培训并考核合格，取得《中华人民共和国特种作业操作证》后方可上岗作业，跨省、自治区、直辖市从业的特种从业人员，可以在户籍所在地或者从业所在地参加培训。安全生产资格证的有效期为 3 年，有效期届满需要延期的，应当于有效期届满 30 日前向原发证部门申请办理延期手续。

3. 企业职工的安全教育

对新进企业的员工，改变工资和更换岗位的员工，长时间离岗再上岗的员工，企业必须及时进行安全政策方针、法律法规和技术知识的培训，使从业人员掌握所在岗位的安全生产要领和工作技能。企业对员工的安全教育培训需长期持续进行，保持经常性安全教育，比如班组会议、安全活动日、企业安全生产大会、事故现场分析会、安全生产标牌等。

7.5.3　建筑工程安全生产认证制度

1. 特殊专业队伍的安全认证

对特殊专业队伍的安全认证，主要是指对人工挖孔桩、地基基础、护壁支撑、塔吊装拆、井字架(龙门架)、特种脚手架搭设等施工队伍进行资格审查，经审查合格领取《专业施工安全许可证》后方可从事专业施工。

2. 工程项目的安全认证

对工程项目的安全认证，主要是指开工前对安全条件的审查，其主要内容有施工组织设计中有无针对性的安全技术措施和专项作业安全技术方案，安全员的配备情况，项目经理的安全资格条件，以及进入现场的机械、机具、设备是否符合安全规定。

3. 防护用品、安全设施、机械设备等安全认证

对防护用品、安全设施、机械设备等进行安全认证，主要是指对进入施工现场使用的各类防护用品、电气产品、安全设施、架设机具、机械设备等要进行检验、检测。凡技术指标和安全指标性能不合格的，不得在施工现场中使用。

4. 专职安全人员资格认证

对专职安全人员实行资格认证，主要是审查其工程建设及安全专业的知识和能力，不具备条件的，不能从事专职安全工作。

7.5.4　建筑工程安全生产责任追究制度

我国的法律法规规定实行安全生产事故责任追究制度，对安全生产事故的调查处理，首先需要对安全生产事故的责任进行认定。

1. 事故责任的种类与划分

1) 安全责任的设定

目前，我国的法律法规对安全责任的设定主要有：行政首长负责制、层级责任制、岗位责任制、技术责任制四种。

2) 事故责任的种类与划分

(1) 按违法行为的性质、产生危害后果的大小来划分有行政责任、民事责任和刑事责任；

(2) 按事故发生的因果关系来划分有直接责任和间接责任；

(3) 按事故责任人的过错严重程度来划分有主要责任与次要(重要)责任，全部责任与同等责任；

拓展资源 1.pdf

(4) 按领导的隶属关系或管理与被管理的关系来划分有直接领导责任与领导责任；

(5) 按行政机关、职能部门、管理机构的职责来划分有监管不力责任；

(6) 按建设工程的安全责任主体来划分有建设单位、勘察单位、设计单位、监理单位、施工单位以及为建设工程提供机械设备和配件的单位、安拆起重机械或整体脚手架等有关服务单位的安全责任。

2. 事故责任的认定

根据现行的法律法规规定，对建设工程安全事故责任的认定，一般为：

(1) 建设工程各责任主体间的事故责任认定。

(2) 安全责任人的直接责任或主要责任的认定有下列情形之一的，负直接责任或主要责任：

① 违章指挥、违章冒险作业造成安全事故；

② 忽视安全、忽视警告，操作错误造成安全事故；

③ 不进行安全技术交底。

拓展资源 2.pdf

3. 事故责任的追究

1) 追究的原则

(1) 因果原则。

有因果关系的才认定与追究，无因果关系的不认定与追究。

(2) 法定原则。

法律无明文规定的不处罚、不定罪。

(3) 公开、公正原则。

执法的依据、程序事先公开公布，责任与违法行为相衡相当。

(4) 及时原则。

追究应在法定的时效内进行。

2) 事故责任追究依据的法律法规

建设工程事故责任追究的依据现行的法律法规主要有：

《行政监察法》《公务员法》《关于行政机关工作人员的奖惩暂行规定》《企业职工奖惩条例》《国务院关于特大安全事故行政责任追究的规定》《建筑法》《安全生产法》《建设工程安全生产管理条例》《特种设备安全监察条例》《建设工程勘察设计管理条例》《安全生产许可证条例》《建设工程质量管理条例》《生产安全事故报告和调查处理条例》《民法通则》《民事诉讼法》《刑法》等。对事故责任的追究，要遵从相关法律法规的规定。

7.6 建筑工程安全生产应急救援和调查处理制度

7.6.1 建筑工程安全生产应急救援制度

1. 事故的分类

根据《生产安全事故报告和调查处理条例》，工程建设安全事故划分为特别重大事故、重大事故、较大事故和一般事故 4 个等级。

(1) 特别重大事故，是指造成 30 人以上死亡，或者 100 人以上重伤，或者 1 亿元以上直接经济损失的事故；

(2) 重大事故，是指造成 10 人以上 30 人以下死亡，或者 50 人以上 100 人以下重伤，或者 5000 万元以上 1 亿元以下直接经济损失的事故；

(3) 较大事故，是指造成 3 人以上 10 人以下死亡，或者 10 人以上 50 人以下重伤，或者 1000 万元以上 5000 万元以下直接经济损失的事故；

(4) 一般事故，是指造成 3 人以下死亡，或者 10 人以下重伤，或者 1000 万元以下直接经济损失的事故。其中，事故造成的急性工业中毒的人数，也属于重伤的范围。

2. 生产安全事故应急救援预案

建筑业属于事故多发行业之一，由于建设工程中生产安全事故的发生不可能完全杜绝，在加强施工安全监督管理、坚持预防为主的同时，为了减少建设工程安全事故中人员伤亡和财产损失，还必须建立建筑工程生产安全事故应急救援制度。

安全事故人命关天，任何的拖延和耽误都有可能导致生命和财产安全的威胁，都有可能导致损失的扩大。因此，必须在事故发生以前，未雨绸缪，制定好应急救援的措施，一旦发生事故，可以在最短的时间内将损失降到最小。

事故应急救援预案是指县级以上地方人民政府或者人民政府建设行政主管部门针对本行政区域内容易发生的重大事故，预先制订出一整套如何处理事故的具体方案，以便于在事故发生后能够按照较为科学的程序和步骤进行处理。事故应急处理预案是安全事故处理的一项重要制度，是保证事故正确处理，减少事故损失的重要措施。

3. 生产安全事故应急救援

1) 地方政府应急救援工作职责

各级人民政府全面负责领导安全生产工作，在各类重大、特大事故的应急救援工作中处于组织指挥的核心地位，必须牵头抓好事故应急救援工作，制定应急预案，建立、健全救援体系。

2) 生产经营单位生产安全事故的应急救援

(1) 高危生产经营单位的事故应急救援。

危险物品的生产、经营、储存单位以及矿山、建筑施工单位应当建立应急救援组织；生产经营规模较小，可以不设应急救援组织的，应当指定兼职的应急救援人员。危险物品的生产、经营、储存单位以及矿山、建筑施工单位应当配备必要的应急救援器材、设备，并进行经常性维护、保养，保证正常运转。

法律虽然没有对高危生产经营单位以外的其他生产经营单位的应急救援工作作出强制性规定，但也应根据本单位实际情况，建立专门的应急救援机构或者指定专人负责此项工作，防患于未然。

(2) 重大事故的应急抢救。

负有安全生产监督管理职责的部门接到事故报告后，应当立即按照国家有关规定上报事故情况。负有安全生产监督管理职责的部门和有关地方人民政府对事故情况不得隐瞒不报、谎报或者拖延不报。有关地方人民政府和负有安全生产监督管理职责的部门的负责人接到重大生产安全事故报告后，应当立即赶到事故现场，组织事故抢救。任何单位和个人都应当支持、配合事故抢救，并提供一切便利条件。

重大事故的应急
抢救.mp3

7.6.2 事故报告

生产经营单位发生事故后，当事人或事故现场有关人员应当及时采取自救、互救措施，减少人员伤亡或财产损失，保护事故现场。

1. 报告时间

(1) 生产经营单位发生事故后，事故现场的有关人员应当及时向本单位负责人报告；单位负责人接到报告后，应当于 1 小时内向事故发生地的县级以上人民政府安全生产监督管理部门和负有安全生产监督管理职责的有关部门报告，并坚持及时、准确、完整的原则，立刻逐级或直接报告有关部门，任何单位和个人对事故不得迟报、漏报、谎报或者瞒报。

(2) 安全生产监督管理部门和负有安全生产监督管理职责的有关部门逐级上报事故情况，每级上报时间不得超过 2 小时。情况紧急时，事故现场有关人员可以直接向事故发生地县级以上人民政府安全生产监督管理部门和负有安全生产监督管理职责的有关部门越级报告。

2. 报告内容

报告的内容包括：事故发生单位概况；事故发生的时间、地点以及事故现场情况；事故的简要经过；事故已经造成或者可能造成的伤亡人数(包括下落不明的人数)和初步估计的直接经济损失；已经采取的措施；事故报告单位名称、报告人数、报告人姓名、电话；其他应当报告的情况。

3. 报告程序与逐级上报

1) 上报安全生产事故

安全生产监督管理部门和负有安全生产监督管理职责的有关部门接到事故报告后，应当依照下列规定上报事故情况，并通知公安机关、劳动保障行政部门、工会和人民检察院：

(1) 特别重大事故、重大事故逐级上报至国务院安全生产监督管理部门和负有安全生产监督管理职责的有关部门；

(2) 较大事故逐级上报至省、自治区、直辖市人民政府安全生产监督管理部门和负有安全生产监督管理职责的有关部门；同时，也要在规定的时间内报告国家安全生产监督管理总局。

(3) 一般事故上报至设区的市级人民政府安全生产监督管理部门和负有安全生产监督管理职责的有关部门。

安全生产监督管理部门和负有安全生产监督管理职责的有关部门依照上述规定上报事故情况，应当同时报告本级人民政府。国务院安全生产监督管理部门和负有安全生产监督管理职责的有关部门以及省级人民政府接到发生特别重大事故、重大事故的报告后，应当立刻报告国务院。

必要时，安全生产监督管理部门和负有安全生产监督管理职责的有关部门可以越级上报事故情况。

2)　补报安全生产事故

生产安全事故自事故发生之日起 30 日内，如事故造成的伤亡人数发生变化的，应当及时补报。道路交通事故、火灾事故自发生之日起 7 日内，事故造成的伤亡人数发生变化的，应当及时补报。

3)　补报和举报安全生产事故

安全生产监督管理部门和负有安全生产监督管理职责的有关部门应当建立值班制度，并向社会公布值班电话，受理事故报告和举报。

7.6.3　建筑工程安全生产调查处理制度

1. 事故的调查

1)　事故调查的目的

事故发生后必须进行认真的调查，事故调查应当坚持实事求是、尊重科学的原则，及时、准确地查清事故经过、事故原因和事故的直接经济损失，查明事故性质，认定事故责任，总结事故教训，提出整改措施，并对事故责任者的处理提出建议。

事故调查过程，也是验证各项安全生产法律法规、标准、规章制度和操作规程、安全防范措施、安全培训教育是否健全或行之有效的过程。政府有关安全生产监督管理部门通过大量的伤亡事故调查资料研究分析，可发现不同行业、不同单位以及在不同条件下发生伤亡事故的特点和规律，为宏观控制伤亡事故发生，修订安全生产法规和标准，提供科学依据。

2)　事故调查权的决定

特别重大事故由国务院或者国务院授权有关部门组织事故调查进行调查。重大事故、较大事故、一般事故分别由事故发生地省级人民政府、设区的市级人民政府、县级人民政府负责调查，也可以授权或者委托有关部门组织事故调查组进行调查。未造成人员伤亡的一般事故，县级人民政府也可以委托事故发生单位组织事故调查组进行调查，事故发生单位要报告调查情况。上级人民政府认为必要时，可以调查由下级人民政府负责调查的事故。

自事故发生之日起 30 日内(道路交通事故、火灾事故自发生之日起 7 日内)，因事故伤亡人数变化导致事故等级发生变化，依据《条例》规定应当由上级人民政府负责调查的，上级人民政府可以另行组织事故调查组进行调查。已经组织事故组的，也可以由原事故调查组继续调查。

特别重大事故以下等级的事故，事故发生地与事故发生单位不在同一个县级以上行政区域的，由事故发生地人民政府负责调查，事故发生单位所在地人民政府应当派人参加。

3)　事故调查组织

事故调查组的组成应当遵循精简、效能的原则。事故调查组组长由负责事故调查的人民政府指定。根据事故的具体情况，确定事故调查组的成员单位组成，要根据事故的行业和领域的特点，决定哪些部门参加事故调查组。例如，建筑工程生产安全事故，应由建筑行政部门派人参加事故调查。

在一般情况下，事故调查组应由以下部门、单位派人组成或参加：

(1) 有关人民政府，包括组织事故调查的事故发生地人民政府以及事故单位所在地的人民政府或经委托、授权的有关部门；

(2) 安全生产监督管理部门；

(3) 负有安全生产监督管理职责的有关部门；

(4) 监察机关；

(5) 公安机关；

(6) 工会；

(7) 人民检察院

必要时，可以聘请有关专家参与调查。事故调查组的工作由事故调查组组长主持。事故调查组的成员履行的事故调查行为是职业行为。因此，他是代表其所属部门、单位，在事故调查组领导下进行的事故调查工作。

4) 事故调查组的职责

事故调查组履行各项职责是事故调查工作的核心。调查组要坚持"政府统一领导，分级负责"的原则；成员单位相互配合，提高效率的原则；坚持实事求是，尊重科学的原则和坚持强调"四不放过"的原则。

5) 提交事故调查报告

事故调查报告在事故调查组全面履行职责的前提下由事故调查组作出。这是事故调查最核心的任务，是其工作成果的集中体现。事故调查报告在事故调查组组长的主持下完成。事故调查报告的内容应当符合《条例》第三十条的规定，并在规定的时限内提出。

6) 生产安全事故调查的组织原则

生产安全事故的调查工作实行"政府统一领导，分级负责"的原则。生产安全事故的调查是一项复杂细致的工作，各级政府领导和安全生产监督管理人员只有深入事故现场，做好耐心细致的调查工作，才能查清事故的真正原因。

7) 生产安全事故调查的程序

生产事故发生后，事故发生地区(县)人民政府及有关部门应立即根据事故等级、性质和严重程度组成不同级别的事故调查组，按下列程序进行调查：

(1) 成立事故调查组，制订调查方案；

(2) 事故现场勘查；

(3) 事故伤害材料收集；

(4) 物证材料收集；

(5) 人证材料收集；

(6) 摄影和绘制事故图；

(7) 事故原因分析；

(8) 事故责任分析；

(9) 提出对事故责任者的处理建议，提出事故预防措施；

(10) 拟写事故调查报告合。

8) 事故调查的时限

事故调查组应当自事故发生之日起 60 日内提交事故报告。特殊情况下，经负责事故调查的人民政府批准，提交事故调查报告的期限可以适当延长，但延长的期限最长不超过 60 日。

2. 生产安全事故处理

1) 事故处理的时限

根据《条例》的规定，重大事故、较大事故、一般事故，负责事故调查的人民政府应当自收到事故调查报告之日起 15 日内做出批复；特别重大事故，30 日内做出批复，特殊情况下，批复时间可以适当延长，但延长的时间最长不超过 30 日。

2) 对事故调查报告批复的落实

有关机关应当按照人民政府的批复，依照法律、行政法规规定的权限和程序，对事故发生单位和有关人员进行行政处罚，对负有事故责任的国家工作人员进行处分。事故发生单位应当按照负责事故调查的人民政府的批复，对本单位负有事故责任的人员进行处理。负有事故责任的人员涉嫌犯罪的，依法追究刑事责任。

3) 建设部对事故的审理和结案要求

(1) 事故调查处理结论报出后，须经当地有审批权限的机关审批后方能结案，并要求伤亡事故处理的工作在 90 日内结案，特殊情况也不能超过 180 日。

(2) 对事故责任者，应根据事故情节轻重、损失大小、责任轻重加以区分，依法严肃处理。

(3) 处理资料进行专案存档。事故调查和处理资料是用鲜血和教训换来的，是对职工进行教育的宝贵资料，也是伤亡人员和受到处罚人员的历史资料，因此应保存完整。

(4) 存档的主要内容有：职工伤亡事故登记表；职工重伤、死亡事故调查报告书；现场勘查资料记录、图纸、照片等；技术鉴定和试验报告；物证、人证调查资料；医疗部门对死亡者的诊断及影印件；事故调查组的调查报告；企业或主管部门对其事故所做的结案申请报告，受理人员的检查材料。

7.7　建筑工程安全生产保险制度

7.7.1　保险与保险索赔的规定

1. 保险的法律概念

保险是一种受法律保护的分散危险、消化损失的法律制度。因此，危险的存在是保险产生的前提。但保险制度上的危险具有损失发生的不确定性，包括发生与否的不确定性、发生时间的不确定性和发生后果的不确定性。

2. 保险合同

保险合同是指投保人与保险人约定保险权利义务关系的协议。

保险合同在履行中还会涉及被保险人和受益人。被保险人是指其财产或者人身受保险合同保障，享有保险金请求权的人，投保人可以为被保险人。受益人是指人身保险合同中由被保险人或者投保人指定的享有保险金请求权的人，投保人、被保险人都可以为受益人。

保险合同一般是以保险单的形式订立的。保险合同分为财产保险合同、人身保险合同。

1) 财产保险合同

财产保险合同是以财产及其有关利益为保险标的的保险合同。在财产保险合同中，保险合同的转让应当通知保险人，经保险人同意继续承保后，依法转让合同。

在合同的有效期内，保险标的的危险程度显著增加的，被保险人应当按照合同约定及时通知保险人，保险人可以按照合同约定增加保险费或者解除合同。建筑工程一切险和安装工程一切险即为财产保险合同。

2) 人身保险合同

人身保险合同是以人的寿命和身体为保险标的的保险合同。投保人应向保险人如实申报被保险人的年龄、身体状况。投保人于合同成立后，可以向保险人一次支付全部保险费，也可以按照合同规定分期支付保险费。人身保险的受益人由被保险人或者投保人指定。保险人对人身保险的保险费，不得用诉讼方式要求投保人支付。

3. 保险索赔

对于投保人而言，保险的根本目的是发生灾难事件时能够得到补偿，而这一目的必须通过索赔来实现。

1) 投保人进行保险索赔须提供必要的有效的证明

保险事故发生后，依照保险合同请求保险人赔偿或者给付保险金时，投保人、被保险人或者受益人应当向保险人提供其所能提供的与确认保险事故的性质、原因、损失程度等有关的证明和资料。

2) 投保人等应当及时提出保险索赔

投保人，被保险人或者受益人知道保险事故发生后，应当及时通知保险人。

3) 计算损失大小

如果一个工程项目同时由多家保险公司承保，则应当按照约定的比例分别向不同的保险公司提出索赔要求。

7.7.2 建设工程保险的主要种类和投保权益

建设工程活动涉及的法律关系较为复杂，风险较为多样。因此，建设工程活动涉及的险种也较多。主要包括：建筑工程一切险(及第三者责任险)、安装工程一切险(及第三者责任险)、机器损坏险、机动车辆险、建筑职工意外伤害险、勘察设计责任保险、工程监理责任保险等。

1. 建筑工程一切险(及第三者责任险)

建筑工程一切险是承保各类民用、工业和公用事业建筑工程项目，包括道路、桥梁、水坝、港口等，在建造过程中因自然灾害或意外事故而引起的一切损失的险种。

建筑工程一切险往往还加保第三者责任险。第三者责任险是指在保险有效期内因在施工工地上发生意外事故造成在施工工地及邻近地区的第三者人身伤亡或财产损失，依法应由被保险人承担的经济赔偿责任。

1) 投保人与被保险人

建设部、国家工商行政管理局颁布的《建设工程施工合同(示范文本)》中规定，工程开

工前，发包人应当为建设工程办理保险，支付保险费用。

建筑工程一切险的被保险人具体包括：

(1) 业主或工程所有人；

(2) 承包商或者分包商；

(3) 技术顾问，包括业主聘用的建筑师，工程师及其他专业顾问。

2) 保险责任范围

保险人对下列原因造成的损失和费用，负责赔偿：

(1) 自然事件，指地震、海啸、雷电、飓风、台风、龙卷风、风暴、暴雨、洪水、水灾、冻灾、冰雹、地崩、山崩、雪崩、火山爆发、地面下陷下沉及其他人力不可抗拒的破坏力强大的自然现象；

(2) 意外事故，指不可预料的以及被保险人无法控制并造成物质损失或人身伤亡的实发性事件，包括火灾和爆炸。

3) 除外责任

下列原因造成的损失、费用，保险人不负责赔偿：

(1) 设计错误引起的损失和费用；

(2) 自然磨损，内在或潜在缺陷、物质本身变化、自燃、自热、氧化、锈蚀、渗漏、鼠咬、虫蛀、大气(气候或气温)变化、正常水位变化或其他渐交原因造成的保险财产自身的损失和费用；

(3) 因原材料缺陷或工艺不善引起的保险财产本身的损失以及为换置、修理或矫正这些缺点错误所支付的费用；

(4) 非外力引起的机械或电气装的本身损失，或施工用机具、设备、机械装置失灵造成的本身损失。

下列损失、费用，保险人也不负责赔偿：

(1) 维修保养或正常检修的费用；

(2) 档案、文件、账簿、票据、现金、各种有价证券、图表资料及包装物料的损失；

(3) 盘点时发现的短缺；

(4) 领有公共运输行驶执照的，或已由其他保险予以保障的车辆、船舶和飞机的损失；

(5) 除非另有约定，在保险工程开始以前已经存在或形成的位于工地范围内或其周围的属于被保险人的财产的损失；

(6) 除非另有约定，在本保险合同保险期间终止以前，保险财产中已由工程所有人签发完工验收证书或验收合格或实际占有或使用或接收部分的损失。

4) 第三者责任险

建筑工程一切险如果加保第三者责任险，保险人对下列原因造成的损失和费用，负责赔偿：①在保险期限内，因发生与所保工程直接相关的意外事故引起工地内及邻近区域的第三者人身伤亡，疾病或财产损失；②被保险人因上述原因支付的诉讼费用以及事先经保险人书面同意而支付的其他费用。

5) 保险期限

建筑工程一切险的保险责任自保险工程在工地动工或用于保险工程的材料、设备运抵工地之时起始，至工程所有人对部分或全部工程签发完工验收证书或验收合格，或工程所有人实际占用或使用或接收该部分或全部工程之时终止，以先发生者为准。但在任何情况下，保险期限的起始或终止不得超出保险单明细表中列明的保险生效日或终止日。

2. 安装工程—切险(及第三者责任险)

安装工程一切险是承保安装机器、设备、储油罐、钢结构工程、起重机、吊车以及包含机械工程因素的各种安装工程的险种。安装工程一切险往往还加保第三者责任险。

1) 保险责任范围

保险人对因自然灾害、意外事故(具体内容与建筑工程一切险基本相同)造成的损失和费用，负责赔偿。

2) 除外责任

其除外责任与建筑工程一切险的其外责任中的第(2)(5)(6)相同，不同之处主要是：①因设计错误、铸造或原材料缺陷或工艺不善引起的保险财产本身的损失以及为换置、修理或矫正这些缺点错误所支付的费用；②由于超负荷、超电压、碰线、电弧、漏电、短路、大气放电及其他电气原因造成电气设备或电气用具本身的损失；③施工用机具、设备、机械装置失灵造成的本身损失。

3) 保险期限

安装工程一切险的保险责任自保险工程在工地动工或用于保险工程的材料、设备运抵工地之时起始，至工程所有人对部分或全部工程签发完工验收证书或验收合格，或工程所有人实际占有或使用接收该部分或全部工程之时终止，以先发生者为准。但在任何情况下，安装期保险期限的起始或终止不得超出保险单明细表中列明的安装期保险生效日或终止日。

安装工程一切险的保险期内，一般应包括一个试车考核期。试车考核期的长短，一般根据安装工程合同中的约定进行确定，但不得超出安装工程保险单明细表中列明的试车和考核期限。安装工程一切险对考核期的保险责任一般不超过 3 个月，若超过 3 个月，应另行加收保险费。安装工程一切险对于旧机器设备不负考核期的保险责任，也不承担其维修期的保险责任。

3. 建筑职工意外伤害险

《建筑法》《建设工程安全生产管理条例》均规定，施工单位应当为施工现场从事危险作业的人员办理意外伤害保险。

7.8 案 例 分 析

1. 案例 1

2013 年 2 月 13 日上午 7 时 10 分，在某工程二期施工现场，钢筋班工人准备将堆放在基坑边上的钢筋原料移至钢筋加工场，钢筋工刘某等 3 名工人在钢筋堆旁作转运工作。由于堆放的钢筋不稳，刘某站在钢筋堆上不慎滑倒，被随后滚落的一捆钢筋压伤。7 时 25 分刘某被送到医院，经抢救无效于 12 时 20 分死亡。

案例分析：

直接原因：

场地狭小，钢筋材料堆放困难，堆放不整齐，不稳。

间接原因：

(1) 工人自我保护意识不强，对工作场所情况不了解；

(2) 吊装管理不到位。

案例教训：

(1) 应加强对工人的安全教育，提高安全素质和技能，增强安全意识；

(2) 对于场地狭小的现场，应进行科学的文明施工组织设计，合理安排场地，物料堆放必须整齐有序。

2. 案例 2

2014 年 6 月 10 日上午，某花园二期 B 栋的一个构造坑进行墙面防水施工，由于事发前几天一直下雨，坑底部积水，赵某等两人负责抽水工作。负责防水作业的工人到场时水尚未完全抽干，防水工彭某等两人下到构造坑里面清理墙面，做涂装前准备工作。由于墙面潮湿，工人用煤气喷灯对墙面进行烘烤约 20 分钟。之后，彭某等人用小桶盛装氯丁胶黏结剂，携进坑里面开始进行防水涂装工作，约 10 分钟，在坑槽里面的赵某、彭某等人晕倒，经医院抢救无效死亡。

案例分析：

直接原因：

(1) 涂装作业使用的氯丁胶黏结剂苯含量是标准要求的 133.4 倍，严重超标；

(2) 涂装前用煤气喷灯烘烤墙面，造成构造坑内氧气不足。

间接原因：

(1) 管理制度不健全，没有严格执行 ISO 9000 管理体系，无原材料采购、进场、入库和使用管理制度；

(2) 涂装作业前无安全技术交底，工人未使用个人防护用具；

(3) 没有严格执行《涂装作业安全规程》(GB 14444—1993)，入坑前未作气体检测，无通风换气措施。

案例教训：

(1) 建立健全各项安全管理制度并严格执行；

(2) 严格执行 ISO9000 管理体系，严格执行原材料采购、进场、入库和使用管理制度，把好原材料产品质量关；

(3) 涂装作业应严格执行《涂装作业安全规程》，进入密闭空间(或有限空间)前一定要作气体检测，采取通风换气措施。

3. 案例 3

2014 年 4 月 1 日晚上 8:30，某污水截排工程现场，正在工作的盾构机工作温度过高发出警报，带班工长通知操作人员回地面休息，发出信号后，电瓶车司机鸣喇叭启动，此时担任出土泥斗车引导工作的劳务工龙某(工作位置在设备台车 3~4 节间一侧的平台)因急于跟同伴返回地面，从两斗车中间跨越至行走通道，被已经启动的电瓶车撞倒，送医院抢救无效死亡。

案例分析：

直接原因：

(1) 龙某缺乏安全意识，违章从工作位置向泥斗车间隙中跨越，与车抢道；

(2) 电瓶车警示灯位置不合适，信号不明显。

间接原因：

电瓶车操作人员和指挥人员的岗位责任制和相关管理制度不健全。

案例教训：

(1) 要严格执行相关的安全操作规程，坚决杜绝违章冒险行为；

(2) 加强安全教育，提高作业人员的安全素质和安全意识，提高遵章守纪自觉性；

(3) 施工车辆、机械设备的安全装置应配备齐全，保持良好的机况；

(4) 进一步建立健全并落实安全生产责任制。

本 章 小 结

通过对本章的学习可以对建筑工程安全生产管理有简单的了解，安全管理是为施工项目实现安全生产开展的管理活动。施工现场的安全管理，重点是进行人的不安全行为与物的不安全状态的控制，落实安全管理决策与目标，以消除一切事故，避免事故伤害，减少事故损失为管理目的。

实 训 练 习

一、单选题

1. 建筑工程安全生产管理的原则不包括(   )。

    A. 生产与安全统一的原则　　　　　B. "三同时"原则

    C. 安全否决权原则　　　　　　　　D. "安全第一，预防为主"原则

2. 对有根据认为不符合保障安全生产的国家标准或者行业标准的设施、设备、器材予以查封或者扣押，并应当在(   )日内依法作出处理决定。

    A. 7　　　　　　　B. 10　　　　　　　C. 14　　　　　　　D. 15

3. (   )是工程建设活动中的重要主体之一，在施工安全生产中处于核心地位。

    A. 施工单位　　　B. 建设单位　　　C. 勘察单位　　　　D. 设计单位

4. 安全生产教育培训的对象不包括(   )。

    A. 管理人员　　　　　　　　　　　B. 特种作业人员

    C. 勘察人员　　　　　　　　　　　D. 企业职工

5. (   )是我国第一部真正意义上针对建设工程安全生产的行政法规。

    A. 《建设工程安全生产管理条例》　B. 《建筑法》

    C. 《安全生产法》　　　　　　　　D. 《劳动法》

6. 依据《建设工程安全生产管理条例》,(　　)对全国建设工程安全生产工作实施综合监督管理。

　　A. 国务院安全生产委员会　　　　　B. 国务院负责安全生产监督管理的部门

　　C. 国务院建设行政主管部门　　　　D. 建设部负责安全生产监督管理的部门

7. 《建设工程安全生产管理条例》规定,工程监理单位应当审查施工组织设计中的安全技术措施或者专项施工方案是否符合(　　)。

　　A. 行业标准规范　　　　　　　　　B. 安全技术标准规范

　　C. 工程建设强制性标准　　　　　　D. 国家法律、法规

8. 《建设工程安全生产管理条例》规定,施工单位的项目负责人应当由(　　)的人员担任。

　　A. 建筑施工企业法人确定　　　　　B. 取得相应执业资格

　　C. 取得项目经理资质证书　　　　　D. 注册工程师

二、多选题

1. 专职安全生产管理人员负责对安全生产进行现场监督检查。对于(　　)的,应当立即制止。

　　A. 影响工程造价　　　　B. 违章指挥　　　　　C. 违章操作

　　D. 戴安全帽　　　　　　E. 不参加安全培训的工人上岗工作

2. 安装、拆卸施工起重机械和整体提升脚手架、模板等自升式架设设施,应当(　　)。

　　A. 编制拆装方案　　　　　　　　　B. 停止其他工种人员作业

　　C. 企业负责人参加并监督　　　　　D. 制定安全施工措施

　　E. 由专业技术人员现场监督

3. 施工起重机械和整体提升脚手架、模板等自升式架设设施安装完毕后,(　　)。

　　A. 安装单位应当自检　　　　　　　B. 出具自检合格证明

　　C. 向施工单位进行安全使用说明　　D. 办理验收手续并签字

　　E. 由专业技术人员现场监督

4. 根据《建设工程安全生产管理条例》规定,建设工程施工前,施工单位负责项目管理的技术人员应当对有关安全施工的技术要求向施工(　　)作出详细说明,并由双方签字确认。

　　A. 施工队伍负责人　　　B. 施工队伍安全员　　　C. 作业班组

　　D. 现场安全员　　　　　E. 作业人员

5. 施工单位应当遵守有关环境保护法律、法规的规定,在施工现场采取措施,防止或者减少(　　)、振动和施工照明对人和环境的危害和污染。

　　A. 粉尘　　　　　　　B. 废气废水　　　　　C. 建筑材料

　　D. 固体废物　　　　　E. 噪声

三、问答题

1. 简述建筑工程安全生产管理的原则。

2. 监督管理制度的作用有哪些?

3. 保险和索赔有哪些规定?

第7章 课后题答案.pdf

实训工作单一

班级		姓名		日期	
教学项目			建筑工程安全生产管理法规		
任务	学习建筑工程施工安全生产许可证制度	学习途径	本书中的案例分析，自行查找相关法律书籍		
学习目标		掌握建筑工程施工安全生产许可证制度			
学习要点					
学习查阅记录					
评语				指导教师	

实训工作单二

班级		姓名		日期	
教学项目			建筑工程安全生产管理法规		
任务	学习建筑工程安全生产应急救援和调查处理制度	学习途径	本书中的案例分析，自行查找相关法律书籍		
学习目标		掌握建筑工程安全生产应急救援和调查处理制度			
学习要点					
学习查阅记录					
评语			指导教师		

第8章　建设工程质量管理法规　08

【学习目标】

1. 了解建筑工程质量管理概念
2. 掌握建筑工程质量监督、检测制度
3. 掌握建筑工程质量管理的责任与义务
4. 掌握建筑工程竣工验收和质量保修制度

建筑工程质量管理法规.avi

【教学要求】

本章要点	掌握层次	相关知识点
建设工程质量管理概述	1. 了解建设工程质量管理的概念 2. 掌握质量管理体系	质量管理的概念 质量管理体系
建设工程质量管理监督、检测制度	1. 熟悉建设工程质量管理监督制度 2. 掌握建设工程质量验评及奖励制度	质量管理监督制度 质量验评及奖励制度
建设工程质量管理的责任与义务	掌握各个主体的质量责任	建筑工程质量管理的责任 建筑工程质量管理的义务
建设工程竣工验收和质量保修制度	1. 掌握竣工验收的相关概念 2. 了解质量保修制度	竣工验收 质量保修制度

【项目案例导入】

　　2015年3月20日，建设单位就某安置小区住宅项目进行公开招标，招标控制价为7321.62万元，该项目采用经评审的最低投标价法评标。本工程共5家建筑施工单位共同参加投标，投标人A的投标报价为6792.18万元，投标人B的投标报价为7024.55万元，投标人 C 的投标报价为 7322.65 万元，投标人 D 的投标报价为 6955.12 万元，投标人 E 的投标报价为 6431.46 万元。在评标过程中，E 针对评标专家投标价过低的问题没有做出正当的解释。

2015 年 5 月 27 日，建设单位就该项工程向中标人发出中标通知书，其中载明：工程建筑面积 74781 ㎡，要求 6 月 9 日签订工程承包合同，6 月 15 日开工。确定中标人以后，建设单位就本次招投标的情况电话通知了行政监督管理部门。随后告知中标人做好施工准备。

中标人在准备施工过程中，将本工程的一非主体工程分包给承包商 F，在后期的施工过程中，因为承包商 F 管理缺陷，导致出现了工程质量问题。在建设单位追究责任的过程中，中标人提出工程已经分包给承包商 F 而拒绝承担质量责任。

【项目问题导入】

施工质量在整个项目中至关重要，请结合本章所学的有关知识，试分析本案例中各方存在的问题，以及如何解决？

8.1 建设工程质量管理概述

8.1.1 建设工程质量管理的概念

建筑工程质量有广义和狭义之分，狭义上的工程建设质量是指在国家现行的有关法律、法规、技术标准、设计文件和合同中，对工程的安全、适用、经济、环保、美观等特性的综合要求。广义上的建设工程质量还包括工程建设参与者的服务质量和工作质量，工程实体质量的好坏是决策、计划、勘察、设计、施工等单位和各个环节工作质量的综合反映，现在国内外都趋向于从广义上来理解工程建设质量。

建设工程质量管理
的概念.mp3

建设工程是百年大计，建设工程的质量更是关系到人身财产安全，重要工程的质量甚至对社会政治，经济活动产巨大影响。为此，《建筑法》第五章对建筑工程质量作出了全面具体的规范针对我国建设工程存在的质量问题，国务院根据《建筑法》于 2016 年 1 月颁发了《建设工程质量管理条例》，该条例与建筑法相配套，对加强工程质量管理，保证建设工程质量，保护人民生命财产安全以及规范建设市场，都有十分重要的意义。

为了保证建设工程质量监督的有效进行，建筑法规在建筑质量管理方面确立了建设工程质量标准标准化制度，企业质量体系认证制度，建设工程质量监督制度，建设工程质量责任制度，建设工程竣工验收制度以及竣工验收备案管理制度等。

8.1.2 质量管理体系

建设工程质量的优劣直接关系到国民经济的发展和人民生命的安全，因此，加强建设工程质量的管理，是个十分重要的问题，目前我国现行的建设工程质量管理体系包括纵向管理和横向管理两个方面。纵向管理是国家对建设工程质量所进行的监督管理；横向管理包括两个方面，一是工程承包单位对自己所承担的建筑工程的质量管理，包括设立专门质检机构，监理相应的质量保证制度；二是建设单位对所建工程质量的管理，通常委托监理单位对工程质量进行监理。

质量管理体系.mp3

1. 政府的质量管理

政府对建设工程的质量管理，是维护社会公共安全和利益的政府职能。工程质量的优劣直接关系到国民经济发展和人民生命财产安全，政府的管理具体由建设行政主管部门及其授权机构实施，这种管理贯穿在工程建设的全过程和各个环节中，它对建设工程从计划、规划、土地管理、环保、消防等方面进行监督管理，还对工程建设中各种活动，如建设工程的招标投标、工程施工、验收维修等进行监督管理，建设行政主管部门是建设工程质量监督管理的职能部门。

2. 建设单位的质量管理

建设单位的质量管理，是指建设单位为保证工程合同规定的质量标准对工程项目进行的质量管理。其目的在于保证工程项目能够按照工程合同规定的质量要求达到业主的建设意图，取得良好的投资效益。其管理依据除国家制定的法律、法规外，主要是合同文件和设计图纸。在设计阶段及其前期的质量管理以审核可行性研究报告及设计文件、图纸为主，审核项目设计是否符合业主要求；在施工阶段的质量管理常采用驻现场实地监理，检查是否严格按图施工，并达到合同文件规定的质量标准。

3. 承包商的质量管理

承包商的质量管理，是指勘察单位、设计单位、施工单位对自己所承担工作的质量管理。其目的在于保证工程项目能够按照工程合同规定的质量要求实施；同时，也有利于承包商的工程质量信誉的提高，增强其在承包市场上的竞争实力。承包商要按照要求建立专门的质检机构，配备相应的质检人员，建立相应的质量保证制度，如审核校对

承包商的质量
管理.mp3

制、培训上岗制、质量抽检制、各级质量责任制和部门领导质量责任制等。其管理依据是招标文件和合同中规定的技术规范及图纸，参照工程量清单，制定相应的技术管理制度，做好施工组织设计，采用先进合理的施工工艺和技术，以保证工程质量目标的实现。

8.2　建筑企业质量认证体系

《建筑法》第五十三条规定："国家对从事建筑活动的单位推行质量体系认证制度。从事建筑活动的单位根据自愿原则可以向国务院产品质量监督管理部门或者国务院产品质量监督管理部门授权的部门认可的认证机构申请质量体系认证。经认证合格的，由认证机构颁发质量体系认证证书。"

所谓"质量体系"，是指企业为保证其产品质量所采取的管理、技术等各项措施所构成的有机整体，即企业的质量保证体系。企业的质量体系不仅包括企业质量管理的组织机构、规章制度等管理软件，还包括资源(含人才资源)、专业技能、设计技术、设备以及计算机系统等硬件。

质量体系认证.mp3

质量体系认证，是指依据国际通用的质量管理和质量保证系列标准，经过国家认可的质量体系认证机构对企业的质量体系进行审核，对于符合规定条件和要求的，通过颁发企业质量体系认证证书的形式，证明企业的质量保证能力符合相应要求的活动。质量体系认证的对象是企业，认证的过程是对质量体系的整体水平进行科学的评价，以证明企业的质量保证能力是否符合相应标准的要求。质量体系认证的依据是国际通用的质量管理标准。我国已经对该国际标准等同采用并转化为我国的国家标准。我国等同采用系列标准制定的系列标准由五个标准组成，即：

(1) 《质量管理和质量保证—选择和使用指南》(GB/T I9000—ISO9000)；

(2) 《质量体系—设计、开发、生产、安装和服务质量保证模式》(GB/T I9001—ISO 9001)；

(3) 《质量体系—生产和安装的质量保证模式》(GB/T I9002—ISO9002)；

(4) 《质量体系—最终检验和试验的质量保证模式》(GB/T I9003—ISO9003)；

(5) 《质量管理和质量保证体系要素—指南》(GB/T I9004—ISO9004)；

(6) 《质量和质量保证》(GB/T I9000—ISO9000)系列标准是在总结国际成功经验的基础上，从质量管理的共性出发，阐述了质量管理工作的基本原则、基本规律和质量体系要素的基本构成，它适用于不同体制、不同行业的生产、服务企业开展质量管理工作，同样也适用于建筑业企事业单位的质量管理工作。

GB/T I9000 系列标准只是一套推荐性标准。编号中"T"就是推荐一词的汉语拼音首写字母，但其一但被法规或者合同确定采用后就具有强制性，如果供需双方或者第三方选择某一质量保证模式作为产品认证标准，那么该质量保证模式在合同约定范围内就具有法律效力。

8.3 建设工程质量管理的责任

8.3.1 建设单位的质量责任

(1) 建设单位应当将工程发包给具有相应资质等级的单位，并不得将建设工程肢解发包。

(2) 建设单位应当依法对工程建设项目的勘察、设计、施工、监理以及与工程建设有关的重要设备、材料等的采购进行招标。

(3) 建设单位必须向有关的勘察、设计、施工、工程监理等单位提供与建设工程有关的原始资料。原始资料必须真实、准确、齐全。

(4) 建设工程发包单位不得迫使承包方以低于成本的价格竞标,不得任意压缩合理工期;不得明示或者暗示设计单位或者施工单位违反工程建设强制性标准,降低建设工程质量。

(5) 建设单位应当将施工图设计文件报县级以上人民政府建设行政主管部门或者其他有关部门审查。施工图设计文件未经审查批准的,不得使用。

(6) 实行监理的建设工程,建设单位应当委托具有相应资质等级的工程监理单位进行监理。

(7) 建设单位在领取施工许可证或者开工报告前,应当按照国家有关规定办理工程质量监督手续。

(8) 按照合同约定,由建设单位采购建筑材料、建筑构配件和设备的,建设单位应当保证建筑材料、建筑构配件和设备符合设计文件和合同要求。建设单位不得明示或者暗示施工单位使用不合格的建筑材料、建筑构配件和设备。

(9) 涉及建筑主体和承重结构变动的装修工程,建设单位应当在施工前委托原设计单位或者具有相应资质等级的设计单位提出设计方案;没有设计方案的,不得施工。房屋建筑使用者在装修过程中,不得擅自变动房屋建筑主体和承重结构。

(10) 建设单位收到建设工程竣工报告后,应当组织设计、施工、工程监理等有关单位进行竣工验收。建设工程经验收合格的,方可交付使用。

(11) 建设单位应当严格按照国家有关档案管理的规定,及时收集、整理建设项目各环节的文件资料,建立、健全建设项目档案,并在建设工程竣工验收后,及时向建设行政主管部门或者其他有关部门移交建设项目档案。

8.3.2 勘察、设计单位的质量责任

(1) 从事建设工程勘察、设计的单位应当依法取得相应等级的资质证书,在其资质等级许可的范围内承揽工程,并不得转包或者违法分包所承揽的工程。

(2) 勘察、设计单位必须按照工程建设强制性标准进行勘察、设计,并对其勘察、设计的质量负责。注册建筑师、注册结构工程师等注册执业人员应当在设计文件上签字,对设计文件负责。

(3) 勘察单位提供的地质、测量、水文等勘察成果必须真实、准确。

(4) 设计单位应当根据勘察成果文件进行建设工程设计。设计文件应当符合国家规定的设计深度要求,注明工程合理使用年限。

(5) 设计单位在设计文件中选用的建筑材料、建筑构配件和设备,应当注明规格、型号、性能等技术指标,其质量要求必须符合国家规定的标准。除有特殊要求的建筑材料、专用设备、工艺生产线等外,设计单位不得指定生产厂、供应商。

(6) 设计单位应当就审查合格的施工图设计文件向施工单位作出详细说明。

(7) 设计单位应当参与建设工程质量事故分析,并对因设计造成的质量事故,提出相应的技术处理方案。

8.3.3 施工单位的质量责任

(1) 施工单位应当依法取得相应等级的资质证书，在其资质等级许可的范围内承揽工程，并不得转包或者违法分包工程。

(2) 施工单位对建设工程的施工质量负责。施工单位应当建立质量责任制，确定工程项目的项目经理、技术负责人和施工管理负责人。建设工程实行总承包的，总承包单位应当对全部建设工程质量负责；建设工程勘察、设计、施工、设备采购中的一项或者多项实行总承包的，总承包单位应当对其承包的建设工程或者采购的设备的质量负责。

(3) 总承包单位依法将建设工程分包给其他单位的，分包单位应当按照分包合同的约定对其分包工程的质量向总承包单位负责，总承包单位与分包单位对分包工程的质量承担连带责任。

(4) 施工单位必须按照工程设计图纸和施工技术标准施工，不得擅自修改工程设计，不得偷工减料。施工单位在施工过程中发现设计文件和图纸有差错的，应当及时提出意见和建议。

(5) 施工单位必须按照工程设计要求、施工技术标准和合同约定，对建筑材料、建筑构配件、设备和商品混凝土进行检验，检验应当有书面记录和专人签字；未经检验或者检验不合格的，不得使用。

(6) 施工单位必须建立、健全施工质量的检验制度，严格工序管理，作好隐蔽工程的质量检查和记录。隐蔽工程在隐蔽前，施工单位应当通知建设单位和建设工程质量监督机构，进行检验。

(7) 施工人员对涉及结构安全的试块、试件以及有关材料，应当在建设单位或者工程监理单位监督下现场取样，并送至具有相应资质等级的质量检测单位进行检测。

(8) 施工单位对施工中出现质量问题的建设工程或者竣工验收不合格的建设工程，应当负责返修。

(9) 施工单位应当建立、健全教育培训制度，加强对职工的教育培训；未经教育培训或者考核不合格的人员，不得上岗作业。

【案例 8-1】 某大型公共建筑工程项目，建设单位为 A 房地产开发有限公司，设计单位为 B 设计研究院，监理单位为 C 工程监理公司，工程质量监督单位为 D 质量监督站，施工单位是 E 建设集团公司，材料供应为 F 贸易公司。该工程地下 2 层，地上 9 层，基底标高 -5.80m，檐高 29.97m。基础类型为墙下钢筋混凝土条形基础，局部筏式基础。结构形式为现浇剪力墙结构楼板，采用无粘结预应力混凝土，该施工单位缺乏预应力混凝土的施工经验，对该楼板无粘结预应力施工有难度。

问题：

根据所学的知识，试分析施工单位的质量责任有哪些？

8.3.4 工程监理单位的质量责任

(1) 工程监理单位应当依法取得相应等级的资质证书，在其资质等级许可的范围内承担工程监理业务，并不得转让工程监理业务。

(2)　工程监理单位与被监理工程的施工承包单位以及建筑材料、建筑构配件和设备供应单位有隶属关系或者其他利害关系的，不得承担该项建设工程的监理业务。

(3)　工程监理单位应当依照法律、法规以及有关技术标准、设计文件和建设工程承包合同，代表建设单位对施工质量实施监理，并对施工质量承担监理责任。

(4)　工程监理单位应当选派具备相应资格的总监理工程师和监理工程师进驻施工现场。未经监理工程师签字，建筑材料、建筑构配件和设备不得在工程上使用或者安装，施工单位不得进行下一道工序的施工。未经总监理工程师签字，建设单位不拨付工程款，不进行竣工验收。

(5)　监理工程师应当按照工程监理规范的要求，采取旁站、巡视和平行检验等形式，对建设工程实施监理。

【案例 8-2】　某建筑工程位于繁华市区，建筑面积 213000.00m^2，混凝土现浇结构，筏板式基础，地下 2 层，地上 15 层，基础埋深 10.2m。工程所在地区地势北高南低，地下水流从北向南。施工单位的降水方案计划是在基坑北边布置单排轻型井点。基坑开挖到设计标高后，施工单位和监理单位对基坑进行验槽，并对基底进行了钎探，发现地基东南角有约 350 m^2 的软土区，监理工程师随即指令施工单位进行换填处理。工程主体结构施工时，2 层现浇钢筋混凝土阳台在拆模时沿阳台根部发生断裂，经检查发现是由于施工人员将受力主筋位置布置错误所致。事故发生后，业主立即组织了质量大检查，发现一层大厅梁柱节点处有露筋；已绑扎完成的楼板钢筋位置与设计图纸不符；施工人员对钢筋绑扎规范要求不清楚。工程进入外墙面装修阶段后，施工单位按原设计完成了 1065.00m^2 的外墙贴面砖工作，业主认为原设计贴面与周边环境不协调，要求更换为大理石贴面，施工单位按业主要求进行了更换。

问题：

请根据所学的知识，试分析监理单位和施工单位在此次案例所负的质量责任？

8.4　建设工程质量管理监督、检测制度

8.4.1　建设工程质量管理监督制度

1. 政府对建设工程质量监督的内容

建设行政主管部门是建设工程质量监督管理的职能部门，建筑工程质量监督站承担了建筑工程质量监督的具体工作。工程质量监督管理应当包括下列内容：

(1)　执行法律法规和工程建设强制性标准的情况；

(2)　抽查涉及工程主体结构安全和主要使用功能的工程实体质量；

(3)　抽查工程质量责任主体和质量检测等单位的工程质量行为；

(4)　抽查主要建筑材料、建筑构配件的质量；

脚手架安全 1

[高质量和大小].avi

(5) 对工程竣工验收进行监督；

(6) 组织或者参与工程质量事故的调查处理；

(7) 定期对本地区工程质量状况进行统计分析；

(8) 依法对违法违规行为实施处罚。

政府对建设工程质量
监督的内容.mp3

2. 建筑工程质量管理监督的程序

(1) 建设单位应当在领取建设工程施工许可证前，持相关文件和资料到建筑工程质量监督机构办理工程质量监督手续；

(2) 建筑工程质量监督机构应当在收到上述文件之日起 7 个工作日内，根据工程特点和有关要求制订质量监督工作方案，并书面通知有关单位；

(3) 建筑工程质量监督机构及其质量监督人员应当按照质量监督工作方案对工程实体质量进行监督检查；

(4) 建筑工程质量监督机构应当对建设各方主体的质量行为进行监督检查；

(5) 建筑工程质量监督机构对工程质量竣工验收的组织形式、程序、执行验收标准等情况进行监督；

(6) 建筑工程质量监督机构应当在工程竣工验收完毕之日起 5 个工作日内，向建设工程主管部门(以下称备案机关)提交工程质量监督报告。

8.4.2 建设工程质量管理检测制度

建设工程质量检测是指依据国家有关法律、法规、工程建设强制性标准和设计文件，对建设工程的材料、构配件、设备，以及工程实体质量、使用功能等进行测试确定其质量特性的活动。

建设工程质量检测是对建设工程质量进行监督管理的重要手段之一。建设工程质量检测工作由政府考核合格有专业资质的检测机构承担。建设工程质量检测机构是对建设工程和建筑构件、制品及建筑材料和设备的质量进行检测的法定单位。

建设工程质量管理
检测制度.mp3

1. 建设工程质量检测管理部门

(1) 国务院住房和城乡建设主管部门负责对全国质量检测活动实施监督管理。

(2) 省、自治区、直辖市人民政府住房和城乡建设主管部门负责对本行政区域内的质量检测活动实施监督管理，并负责检测机构的资质审批。

(3) 市、县人民政府建设主管部门负责对本行政区域内的质量检测活动实施监督管理。

【案例 8-3】 某大桥工程包括引道总长 15.762km，是按照双向六车道、行车时速为120km/h 的高速公路标准设计和修建的。主航道采用 888m 的单跨双绞钢加劲梁悬索桥，辅航道为三跨预应力混凝土连续钢构桥。在工程的施工过程中出现了严重的质量问题：索股制作初期质量出现严重缺陷，锚道锚具铸件全部不合格，索夹裂纹超限等。对此质量控制工程师积极地采取了各种措施。

问题:

请根据所学的知识, 结合本案例简述建设工程质量管理检测制度?

2. 建设工程质量检测机构

检测机构根据《建设工程质量检测管理办法》分为见证取样检测机构和专项检测机构。其中, 专项检测机构根据检测项目又分为: 地基基础工程检测、主体结构工程现场检测、建筑幕墙工程检测、钢结构工程检测。

3. 检测机构资质的要求

检测机构资质的要求相关知识点详见右侧二维码。

4. 建设工程质量检测内容

具体质量检测内容详见右侧二维码。

拓展资源 1.pdf　　拓展资源 2.pdf

8.4.3　建筑工程质量验评及奖励制度

1. 建筑工程质量验评制度

建筑工程质量应按现行的国家标准、行业标准进行验评。现行的建筑工程质量分为优良、合格、不合格三级, 先由施工单位自行检验、评定等级, 再由监督站进行检验, 国家还实行建筑工程竣工验收制度。建筑工程竣工经验收合格后, 方可交付使用。

建筑工程质量
奖励制度.mp3

2. 建筑工程质量奖励制度

为鼓励建筑企业加强管理, 搞好工程质量, 争创国际先进水平, 促进全行业工程质量的提高, 我国还实行优秀工程奖励制度, 分别设立了国家优质工程奖、优秀工程设计奖、优秀工程勘察奖, 还定期进行工程设计计算机优秀软件、工程建设优秀标准设计的评选。另外, 中国建筑协会还设立建筑工程鲁班奖。

8.5　建设工程竣工验收和质量保修制度

8.5.1　竣工验收

工程竣工验收指建设工程项目竣工后建设单位会同设计、施工、设备供应单位及工程质量监督部门, 对该项目是否符合规划设计要求以及建筑施工和设备安装的质量进行全面检验, 并取得竣工合格资料、数据和凭证。应该指出的是, 竣工验收是建立在分阶段验收的基础之上, 前面已经完成验收的工程项目一般在房屋竣工验收时就不再重新验收。

竣工验收.mp3

竣工验收，是全面考核建设工作，检查是否符合设计要求和工程质量的重要环节，对促进建设项目(工程)及时投产，发挥投资效果，总结建设经验有重要作用。

1. 验收条件

建设单位在收到施工单位提交的工程竣工报告，并具备相应条件后，方可组织勘察、设计、施工、监理等单位有关人员进行竣工验收。

2. 验收内容和验收程序

验收条件、验收内容、验收程序相关内容详见右侧二维码。

3. 竣工验收备案

建设工程竣工验收备案是指建设单位在建设工程竣工验收后，将建设工程竣工验收报告和规划、公安消防、环保等部门出具的认可文件或者准许使用文件报建设行政主管部门审核的行为。

拓展资源 3.pdf

《建设工程质量管理条例》第四十九条规定："建设单位应当自建设工程竣工验收合格之日起 15 日内，将建设工程竣工验收报告和规划、公安消防、环保等部门出具的认可文件或者准许使用文件报建设行政主管部门或者其他有关部门备案。"

8.5.2 质量保修制度

建设工程质量保修制度，是指建设工程经竣工验收后，在规定的保修期限内，因勘察、设计、施工、材料等原因造成的质量缺陷，应当由施工承包单位负责维修、返工或更换，由责任单位负责赔偿损失的法律制度。建设工程质量保修制度对于促进建设各方加强质量管理，保护用户及消费者的合法权益可起到重要的保障作用。

质量保修制度.mp3

1. 建设工程质量保修书的提交时间及主要内容

《建设工程质量管理条例》规定，建设工程承包单位在向建设单位提交工程竣工验收报告时，应当向建设单位出具质量保修书。质量保修书中应当明确建设工程的保修范围、保修期限和保修责任等。

建设工程质量保修的承诺，应当由承包单位以建设工程质量保修书这一书面形式来体现。建设工程质量保修书是一项保修合同，是承包合同所约定双方权利义务的延续，也是施工单位对竣工验收的建设工程承担保修责任的法律文本。人们在日常生活中购买几十元、数百元的商品，生产供应厂商往往都须出具质量保修书，而建设工程造价动辄几十万元、数百万元、数亿元甚至更多，如果没有保修的书面约定，那么对投资人和用户是不公平的，也不符合权利义务对等的市场经济准则。

建设工程承包单位应当在向建设单位提交工程竣工验收报告资料时，向建设单位出具工程质量保修书。工程质量保修书包括如下主要内容;

1) 质量保修范围

《建筑法》规定，建筑工程的保修范围应当包括地基基础工程、主体结构工程、屋面

建设工程质量
期限.mp3

防水工程和其他土建工程，以及电气管线、上下水管线的安装工程，供热、供冷系统工程等项目。当然，不同类型的建设工程，其保修范围有所不同。

2)　质量保修期限

《建筑法》规定，保修的期限应当按照保证建筑物合理寿命年限内正常使用，维护使用者合法权益的原则确定。具体的保修范围和最低保修期限由国务院规定。据此，国务院在《建设工程质量管理条例》中作了明确规定。

3)　承诺质量保修责任

主要是施工单位向建设单位承诺保修范围、保修期限和有关具体实施保修的措施，如保修的方法、人员及联络办法，保修答复和处理时限，不履行保修责任的惩罚等。

需要注意的是施工单位在建设工程质量保修书中，应当对建设单位合理使用建设工程有所提示。如果是因建设单位或用户使用不当或擅自改动结构、设备位置以及不当装修等造成质量问题的，施工单位不承担保修责任；由此而造成的质量受损或其他用户损失，应当由责任人承担相应的责任。

2. 建设工程质量的最低保修期限

建设工程保修期的起始日是竣工验收合格之日。按照《建设工程质量管理条例》的规定，建设行政主管部门或者其他有关部门发现建设单位在竣工验收过程中有违反国家有关建设工程质量管理规定行为的，责令停止使用，重新组织竣工验收。对于重新组织竣工验收的工程，其保修期起始日为各方都认可的重新组织竣工验收的合格日期。

1)　建设工程的最低保修期限

《建设工程质量管理条例》规定，在正常使用条件下，建设工程的最低保修期限为：

(1)　基础设施工程、房屋建筑的地基基础工程和主体结构工程，为设计文件规定的该工程的合理使用年限；

(2)　屋面防水工程、有防水要求的卫生间、房间和外墙面的防渗漏为 5 年；

(3)　供热与供冷系统，为 2 个采暖期、供冷期；

(4)　电气管线、给排水管道，设备安装和装修工程为 2 年。其他项目的保修期限由发包方与承包方约定。

2)　地基基础工程和主体结构的保修期

基础设施工程、房屋建筑的地基基础工程和主体结构工程的质量直接关系到基础设施工程和房屋建筑的整体安全可靠，必须在该工程的合理使用年限内予以保修，即实行终身负责制。可以说，工程合理使用年限就是该工程勘察、设计、施工等单位的质量责任年限。

3)　屋面防水工程、供热与供冷系统等的最低保修期

在《建设工程质量管理条制》中对屋面防水工程、供热与供冷系统、电气管线、给排水管道、设备安装和装修工程等的最低保修期限分别作出了规定。如果建设单位与施工单位经平等协商另行签订保修合同的，其保修期限可以高于法定的最低保修期限，但不能低于最低保修期限，否则视作无效。

4)　建设工程超过合理使用年限后需要继续使用的规定

《建设工程质量管理条例》规定，建设工程超过合理使用年限后需要继续使用的，产权所有人应当委托具有相应资质等级的勘察、设计单位鉴定，并根据鉴定结果采取加固、维修等措施，重新界定使用。

各类工程根据其重要程度、结构类型、质量要求和使用性能等确定的使用年限。确定建设工程的合理使用年限，并不意味着超过合理使用年限后，建设工程就一定要报废、拆除。该建设工程经过具有相应资质等级的勘察、设计单位鉴定，提出技术加固措施，在设计文件中重新界定使用期，并经有相应资质等级的施工单位进行加固、维修和补强，达到能继续使用条件的可以继续使用。否则，如果违法继续使用的，所产生的后果由产权所有人负责。

3. 保修的程序

(1)　建设单位向施工单位发出保修通知单；

(2)　施工单位在保修书约定的时间内予以保修，涉及结构安全或者严重影响使用功能的紧急抢修事故，施工单位应立即到达现场抢修；

(3)　施工单位不按约定保修，建设单位可另行委托其他单位保修，由原施工单位承担相应责任；

(4)　保修费用由造成质量缺陷的责任方承担：

①　施工原因，保修费用由施工单位负担；

②　非施工单位原因，施工单位向建设单位索要费用，建设单位再向责任方追偿。

4. 保修义务的责任落实与损失赔偿责任的承担

《建设工程质量管理条例》规定，建设工程在保修范围和保修期限内发生质量问题的，施工单位应当履行保修义务，并对造成的损失承担赔偿责任。

《最高人民法院关于审理建设施工合同适用法律问题的解释》规定，因保修人未及时履行保修义务，导致建筑物损毁或者造成人身、财产损害的，保修人应当承担赔偿责任。保修人与建筑物所有人或者发包人对建筑物毁损均有过错的，各自承担相应的责任。

建设工程保修的质量问题是指在保修范围和保修期限内的质量问题。对于保修义务的承担和维修的经济责任承担应当按下述原则处理：

(1)　施工单位未按照国家有关标准规范和设计要求施工所造成的质量缺陷，由施工单位负责返修并承担经济责任。

(2)　由于设计问题造成的质量缺陷，先由施工单位负责维修，其经济责任按有关规定通过建设单位向设计单位索赔。

(3)　因建筑材料、构配件和设备质量不合格引起的质量缺陷，先由施工单位负责维修，其经济责任属于施工单位采购的或经其验收同意的，由施工单位承担经济责任；属于建设单位采购的，由建设单位承担经济责任。

(4)　因建设单位(含监理单位)错误管理而造成的质量缺陷，先由施工单位负责维修，其经济责任由建设单位承担；如属监理单位责任，则由建设单位向监理单位索赔。

(5)　因使用单位使用不当造成的损坏问题，先由施工单位负责维修，其经济责任由使用单位自行负责。

(6) 因地震、台风、洪水等自然灾害或其他不可抗拒原因造成的损坏问题。先由施工单位负责维修，建设参与各方再根据国家具体政策分担经济责任。

8.6 案例分析

背景

某安装公司承接一高层住宅楼工程设备安装工程的施工任务，为了降低成本，项目经理通过关系购进廉价暖气管道，并隐瞒了工地甲方和监理人员。工程完工后，通过验收后交付使用单位使用，过了保修期后的某一冬季，该楼大批用户暖气漏水。

问题

(1) 为避免出现质量问题，施工单位应事前对哪些因素进行控制？

(2) 该工程出现质量问题的主要原因是项目经理组织使用不合格材料，为了防止质量问题的发生，应如何对参与施工人员进行控制？

(3) 该工程暖气漏水时，已过保修期，施工单位是否对该质量问题负责，为什么？

分析与答案

(1) 影响施工项目的质量因素主要有五个方面，即4M1E，指人、材料、机械、方法和环境。

(2) 人作为控制对象，是要避免产生错误；作为控制的动力，是要充分调动人的积极性，发挥人的主导作用。为了避免人的失误，调动人的主观能动性，增强人的责任感和质量观，应从领导者的素质、人的理论和技术水平、人的生理缺陷、人的心理行为、人的错误行为和人的违纪违章等六个方面来考虑人对质量的影响。在使用人的问题上，应从政治素质、思想素质、业务素质和身体素质等方面综合考虑，全面控制。

(3) 虽然已过保修期，但施工单位仍要对该质量问题负责。原因是：该质量问题的发生是由于施工单位采用不合格材料造成，是施工过程中造成的质量隐患，不属于保修的范围，因此不存在过了保修期的说法。产品的保修是指生产和销售单位对其生产和销售的产品在使用合格的材料，采用合理的生产工艺，经过规定的检验试验程序检验试验合格的产品中允许一定比例不合格产品在使用过程中出现的对消费者的危害的补偿。该案例是由于使用不合格的暖气管道发生的质量事故，在暖气管道的合理使用年限内，都应由该暖气管道的施工单位对质量问题负责。

本 章 小 结

本章带领学生从质量管理的概念开始，依次了解建设工程质量管理体系、建筑企业质量认证系统、建设工程质量管理监督、检测制度、建设工程过程中各方的责任与义务，以及工程竣工验收与质量保修制度等内容，从各方面学习了建设工程质量管理相关的法律法规。

实训练习

一、单选题

1. 目前我国现行的建设工程质量管理体系包括纵向管理和横向管理两个方面。其中纵向管理的是(   )。

    A. 政府机关   B. 建设单位   C. 设计单位   D. 勘察单位

2. 专项检测机构根据检测项目不包括(   )。

    A. 地基基础工程检测   B. 主体结构工程现场检测

    C. 安装工程检测   D. 建筑幕墙工程检测

3. 建设单位应当自建设工程竣工验收合格之日起(   )日内,将建设工程竣工验收报告和规划、公安消防、环保等部门出具的认可文件或者准许使用文件报建设行政主管部门或者其他有关部门备案。

    A. 5   B. 10   C. 15   D. 21

4. 国家规定屋面防水工程、有防水要求的卫生间、房间和外墙面的防渗漏保修的期限为(   )年。

    A. 1   B. 5   C. 2   D. 3

5. 在竣工验收时,施工单位的质量保修书中应明确规定保修期限。基础设施工程、房屋建筑工程的地基基础和主体结构工程的最低保修期限,在正常使用条件下为(   )。

    A. 终身保修   B. 30年   C. 50年   D. 设计文件规定的年限

二、多选题

1. 建设工程竣工验收应当具备的条件包括(   )。

    A. 完成建设工程设计和合同约定的各项内容

    B. 有完整的技术档案和施工管理资料

    C. 有工程使用的主要材料、建筑构配件和设备的进程试验报告

    D. 有施工单位签署的质量保修书

    E. 有勘察、设计、施工、工程监理等单位共同签署的质量合格文件

2. 根据《建设工程质量管理条例》,以下内容属于设计单位质量责任和义务的有(   )。

    A. 选择材料设备的责任

    B. 参与工程质量事故分析

    C. 解释设计文件的责任

    D. 任何情况下设计单位不得指定材料的生产厂、供应商

    E. 建设工程竣工验收时应出具完整的技术档案

3. 建设工程竣工验收应当具备下列(   )条件。

    A. 完成建设工程设计和合同约定的各项内容

    B. 有完整的技术档案和施工管理资料

C. 有质量监督机构签署的质量合格文件

D. 有施工单位签署的工程保修书

E. 有工程使用的主要建筑材料、建筑物配件和设备的进场试验报告

4. 某监理公司在其承担的两项监理工程中出现了下述行为，其中，该监理公司必须承担相应的法律责任的有(　　)。

A. 该工程超越了本公司资质等级

B. 与施工单位串通，弄虚作假、降低工程质量

C. 将不合格的建设工程、建筑材料、建筑构配件和设备按照合格签字

D. 未对建筑材料、建筑构配件、设备和商品混凝土进行检验

E. 未按照工程建设强制性标准进行设计

5. 某设计院在其承担的一项设计工程中出现了下述行为，其中，该设计院必须承担相应的法律责任的有(　　)。

A. 将该工程委托给不具有相应资质等级的工程监理单位

B. 未按照工程建设强制性标准进行勘察

C. 未根据勘察成果文件进行工程设计

D. 指定了建筑材料、建筑构配件的生产厂、供应商

E. 未向建设行政主管部门或者其他有关部门移交建设项目档案

三、问答题

1. 简述质量管理体系。

2. 施工单位的质量责任有哪些？

3. 建设工程质量管理监督制度有哪些作用？

第 8 章　课后题答案.pdf

实训工作单一

班级		姓名		日期	
教学项目			建设工程质量管理法规		
任务	施工单位的质量责任	学习途径	本书中的案例分析，自行查找相关法律书籍		
学习目标		掌握施工单位的质量责任			
学习要点					
学习查阅记录					
评语			指导教师		

实训工作单二

班级		姓名		日期	
教学项目			建设工程质量管理法规		
任务	学习建设工程质量管理检测制度	学习途径	本书中的案例分析，自行查找相关法律书籍		
学习目标		掌握建设工程质量管理检测制度			
学习要点					
学习查阅记录					
评语			指导教师		

第 9 章　劳动合同法律法规

09

【学习目标】

1. 了解劳动合同法的基本概念
2. 熟悉劳动合同
3. 掌握劳动合同的履约、变更、解除、终止
4. 掌握劳动保护和劳动争议的处理

劳动合同法律法规.avi

【教学要求】

本章要点	掌握层次	相关知识点
劳动合同法概述	1. 了解劳动合同法的概念 2. 熟悉劳动合同法的类型 3. 掌握劳动合同法的效力	劳动合同法的概念 劳动合同法的类型 劳动合同法的效力
劳动合同的订立	1. 了解劳动合同订立原则 2. 熟悉劳动合同订立步骤 3. 掌握劳动合同订立内容	劳动合同的签订原则、步骤 和内容
劳动合同的履行和变更	1. 熟悉劳动合同的履约 2. 熟悉劳动合同的变更	劳动合同的履约 劳动合同的变更
劳动合同的解除和终止	1. 掌握劳动合同解除的方法 2. 掌握劳动合同终止的内容	劳动合同的解除 劳动合同的终止
劳动保护与劳动争议的 处理	1. 掌握劳动保护的内容 2. 掌握劳动争议的处理方法	劳动保护 劳动争议的处理

【项目案例导入】

冯某于 2010 年 11 月 3 日与某公司签订了为期 10 年的劳动合同，任销售部经理。2014 年 3 月，该公司与冯某协商解除劳动合同，冯某同意。经协商，该公司向冯某支付经济补偿 2.5 万元，双方解除了劳动合同。冯某解除劳动合同前 12 个月的平均工资为 1 万元。

【项目问题导入】

2014 年 5 月，冯某以该公司拖欠经济补偿为由，向当地劳动争议仲裁委员会提出仲裁，要求该公司补发经济补偿 2 万元并加付 50%的额外经济补偿金 1 万元。仲裁委审理后，是否会支持了冯某的请求？请说明理由支持你的观点。

9.1　劳动合同法概述

9.1.1　劳动合同法的概念

劳动合同法是为了完善劳动合同制度，明确劳动合同双方当事人的权利和义务，保护劳动者的合法权益，构建和发展和谐稳定的劳动关系而制定的法律。劳动合同法共分八章九十八条，包括：总则、劳动合同的订立、劳动合同的履行和变更、劳动合同的解除和终止、特别规定、监督检查、法律责任和附则。劳动合同法是规范劳动关系的一部重要法律，在中国特色社会主义法律体系中属于社会法。

9.1.2　劳动合同法的类型

劳动合同分为固定期限劳动合同、无固定期限劳动合同和以完成一定工作任务为期限的劳动合同。

固定期限劳动合同是指用人单位与劳动者约定合同终止时间的劳动合同。用人单位与劳动者协商一致，可以订立固定期限劳动合同。

无固定期限劳动合同是指用人单位与劳动者约定无确定终止时间的劳动合同。用人单位与劳动者协商一致，可以订立无固定期限劳动合同。有下列情形之一，劳动者提出或者同意续订、订立劳动合同的，除劳动者提出订立固定期限劳动合同外，应当订立无固定期限劳动合同。

属于无固定期限劳动
合同的情况.mp4

(1)　劳动者在该用人单位连续工作满十年的；

(2)　用人单位初次实行劳动合同制度或者国有企业改制重新订立劳动合同时，劳动者在该用人单位连续工作满十年且距法定退休年龄不足十年的；

(3)　连续订立二次固定期限劳动合同，且劳动者没有违反相关法律规定的情形，续订劳动合同的。用人单位自用工之日起满一年不与劳动者订立书面劳动合同的，视为用人单位与劳动者已订立无固定期限劳动合同。

完成一定工作任务为期限的劳动合同是指以完成一定工作任务为期限订立的合同，工作任务的完成即意味着合同的终止。

9.1.3　劳动合同法的效力

劳动合同依法成立，即具有法律效力，对双方当事人都有约束力。双方必须履行劳动合同中规定的义务。劳动合同由用人单位与劳动者协商一致，并经用人单位与劳动者在劳动合同文本上签字或者盖章生效。一般情况下，劳动合同依法成立，即双方当事人意思表示一致，签订劳动合同之日，就产生法律效力；双方当事人约定须公证方可生效的劳动合同，其生效时间始于公证之日。由于劳动合同的公证采取自愿原则，所以公证不是法律规定的劳动合同生效的必经程序。

9.2　劳动合同的订立

9.2.1　劳动合同订立原则

根据劳动合同法的规定，订立劳动合同必须遵循下列原则：

(1) 合法原则；

(2) 公平原则；

(3) 平等自愿、协商一致原则；

(4) 诚实信用原则。

拓展资源 1.pdf　劳动合同订立的原则.mp4

【案例 9-1】　王某到某公司应聘，填写录用人员情况登记表时，隐瞒了自己曾先后 2 次受行政、刑事处分的事实，与公司签订了 3 年期限的劳动合同。事隔 3 日，该公司收到当地检察院对王某不起诉决定书。经公司进一步调查得知，王某曾因在原单位盗窃电缆受到严重警告处分，又盗窃原单位苫布被查获，因王某认罪态度较好，故不起诉。

问题：

请问该公司调查之后，以王某隐瞒受过处分，不符合本单位录用条件为由，在试用期内解除了与王某的劳动关系是否合理？

9.2.2　劳动合同订立步骤

劳动合同的订立程序就是签订劳动合同必须履行的法律手续。按照合同的一般原理合同订立的程序有要约和承诺两个阶段。劳动合同虽然是一种合同但其订立程序与一般合同的订立程序有所不同。劳动合同的被要约方在开始时是不确定的，需要首先确定被要约方即确定与用人单位签订劳动合同的劳动者才能完成要约与承诺的全过程。劳动合同的订立程序可以概括为以下两个阶段。

1. 由用人单位提出要约邀请寻找并确定劳动者

这一阶段包括以下四个步骤：

(1) 公布招工简章或就业规则。公布的内容包括两个方面：一是招工条件，二是录用后的权利义务。涉及招工的工种或岗位、招收的名额、招收对象及条件、招工地区或范围、录用后的工资、福利待遇、劳动保护条件和应遵守的单位规章制度等。从法律角度看招工简章或就业规则具有要约的法律效力。

(2) 自愿报名。劳动者根据招工条件结合自身的志愿爱好自愿报名。根据我国劳动法规规定，单位招收职工必须招收年满 16 周岁的劳动者。符合条件的劳动者自愿报名应招是对公布内容的一种认可，表明愿意在此基础上与用人单位协商订立劳动合同。

(3) 全面考核。用人单位对报名的应招人员可以进行德、智、体全面考核。具体考核内容可以根据生产或工作的性质和需要有所侧重。例如招收学徒工人可以侧重文化考核；招收技术工人可以侧重该工种的技能考核；招收繁重体力劳动者可以侧重身体素质的考核。

(4) 择优录用。用人单位对应招人员进行全面考核后应严格按照公正、公平的原则进行评判不得徇私舞弊。对考核结果必须公开张榜，公布择优录用人员，接受群众监督。

经过上述四个步骤用人单位就能够确定受要约人，即愿意接受用人单位条件并与该单位协商订立劳动合同的劳动者，然后进入第二阶段。

2. 签订劳动合同

签订劳动合同即完成要约和承诺的全过程。经过上一阶段，受要约人确定后即由用人单位提出劳动合同的草案，劳动者如果完全同意，即视为承诺劳动合同成立。如果劳动者对劳动合同草案提出修改意见或要求增加新的内容应视为对要约的拒绝。双方继续经过新的要约——再要约，反复协商直至最终达成一致的协议。

劳动合同书应由用人单位的法定代表人或其书面委托代理人与劳动者签字(盖章)并注明签订日期。经双方当事人签字(盖章)的劳动合同书一式两份用人单位和劳动者各持一份。

9.2.3 劳动合同订立内容

劳动合同的内容可分为两方面，一方面是必备条款的内容，另一方面是协商约定的内容。

1. 必备条款

《劳动法》第十九条规定了劳动合同的法定形式是书面形式，其必备条款有七项：

(1) 劳动合同期限；

(2) 工作内容；

(3) 劳动保护和劳动条件；

(4) 劳动报酬；

(5) 劳动纪律；

拓展资源 2.pdf

(6) 劳动合同终止的条件；

(7) 违反劳动合同的责任。

2. 约定条款

劳动合同除上述规定的必备条款外，用人单位与劳动者可以约定试用期、保守秘密、福利待遇等其他事项。

约定试用期限
长短.mp4

根据《劳动部关于实行劳动合同制度若干问题的通知》规定，如果约定试用期，则试用期应包括在劳动合同期中，也就是说在试用期间用人单位应当为劳动者缴纳社会保险费用；试用期满，合同期未满而用人单位依据《劳动法》规定解除劳动合同计发经济补偿金时，应将试用期计算在工作时间内。约定试用期的长短应根据合同期限的长短而定，劳动合同期限在 6 个月以下的，试用期不得超过 15 天；劳动合同期限在 6 个月以上一年以下的，试用期不得超过 30 天；劳动合同期限在一年以上两年以下的，试用期不得超过 60 天；劳动合同期限在两年以上的，试用期不得超过 6 个月。

试用期是用人单位与劳动者建立劳动关系后为相互了解、选择而约定的考察期，一般情况下适用于初次就业或再次就业时改变劳动岗位或工种的劳动者。因此，在试用期内劳动者若被证明不符合录用条件，用人单位可随时解除合同，而劳动者在试用期内认为用人单位的工作不适合自己，也可随时解除合同。

劳动合同就是用人单位与劳动者的一种协议书，可以在其中约定商业秘密的内容。按照规定，可以约定在劳动合同终止前或该职工提出解除劳动合同后的一定时间内(不超过 6 个月)，调整其工作岗位，变更劳动合同的相关内容；也可以约定用人单位对掌握商业秘密的职工规定在终止或解除劳动合同后的一定期限内(不超过 3 年)，不得到生产同类产品或经营同类业务且有竞争关系的其他用人单位任职，也不得自己生产与原单位有竞争关系的同类产品或经营同类业务，但用人单位应当给予该职工一定数额的经济补偿。

经济补偿的标准，按劳动者在本单位工作的年限，以每满 1 年支付 1 个月工资的标准向劳动者支付。6 个月以上不满 1 年的，按 1 年计算；不满 6 个月的，向劳动者支付半个月工资的经济补偿。劳动者月工资高于用人单位所在直辖市、设区的市级人民政府公布的本地区上年度职工月平均工资 3 倍的，向其支付经济补偿的标准按职工月平均工资 3 倍的数额支付，向其支付经济补偿的年限最高不超过 12 年。月工资是指劳动者在劳动合同解除或者终止前 12 个月的平均工资。

9.3　劳动合同的履行和变更

9.3.1　劳动合同的履约

劳动合同一经依法订立便具有法律效力，用人单位与劳动者应当按照劳动合同的约定全面履行各自的义务。当事人双方既不能只履行部分义务，也不能擅自变更合同，更不能任意不履行合同或者解除合同，否则将承担相应的法律责任。

1. 用人单位应当履行向劳动者支付劳动报酬的义务

用人单位应当按照劳动合同约定和国家规定向劳动者及时足额支付劳动报酬。劳动报酬是指劳动者为用人单位提供劳动而获得的各种报酬，通常包括三个部分：

劳动报酬包括
哪些部分.mp4

(1) 货币工资，包括各种工资奖金、津贴、补贴等；

(2) 实物报酬，用人单位以免费或低于成本价提供给劳动者的各种物品和服务等；

(3) 社会保险，即用人单位为劳动者支付的医疗、失业、养老、工伤等保险金。

用人单位和劳动者可以在法律允许的范围内对劳动报酬的金额、支付时间、支付方式等进行平等协商。劳动报酬的支付要遵守国家的有关规定：

(1) 用人单位支付劳动者的工资不得低于当地的最低工资标准；

(2) 工资应当以货币形式按月支付劳动者本人，即不得以实物或有价证券等形式代替货币支付；

(3) 用人单位应当依法向劳动者支付加班费；

(4) 劳动者在法定休假日、婚丧假期间、探亲假期间、产假期间和依法参加社会活动期间以及非劳动者原因停工期间，用人单位应当依法支付工资。

用人单位故意拖欠或者未足额支付劳动报酬的，劳动者可以依法向当地人民法院申请支付令，人民法院应当依法发出支付令。

2. 依法限制用人单位安排劳动者加班

用人单位应当严格执行劳动定额标准，不得强迫或者变相强迫劳动者加班．用人单位安排加班的，应当按照国家有关规定向劳动者支付加班费。

3. 劳动者有权拒绝违章指挥、冒险作业

《劳动合同法》规定，劳动者对危害生命安全和身体健康的劳动条件，有权对用人单位提出批评、检举和控告。劳动者拒绝用人单位管理人员违章指挥、强令冒险作业的，不视为违反劳动合同。

4. 用人单位发生变动不影响劳动合同的履行

用人单位如果发生变更名称、法定代表人、主要负责人或者投资人等事项，不影响劳动合同的履行。用人单位发生合并或者分立等情况，原劳动合同继续有效。劳动合同由承继其权利和义务的用人单位继续履行。

9.3.2　劳动合同的变更

劳动合同的变更是指当事人双方对尚未履行或尚未完全履行的劳动合同，依照法律规定的条件和程序，对原劳动合同进行修改或增删的法律行为。劳动合同变更应遵守平等自愿、协商一致的原则，不得违反法律、行政法规的规定。用人单位与劳动者协商一致，可以变更劳动合同约定的内容。变更劳动合同，应当采用书面形式。变更后的劳动合同文本由用人单位和劳动者各执一份。劳动合同变更的条件应为订立劳动合同的主客观情况发生变化；其变更程序应与订立劳动合同的程序相同，如原劳动合同经过公证的，变更后的劳动合同也应当经过公证，方为有效变更。

劳动合同变更
的概念.mp4

1. 劳动合同可变更的情形

当劳动合同出现履行障碍时，法律允许双方当事人在劳动合同的有效期内，对原劳动合同的相关内容进行调整和变更。有下列情形之一的，合同双方可以变更本合同：

(1) 在不损害国家、集体和他人利益的情况下，双方协商一致的；

(2) 劳动合同订立时所依据的客观情况发生了重大变化，经合同双方协商一致的；

(3) 由于不可抗力的因素致使劳动合同无法完全履行的。不可抗力是指当事人所不能预见、不能避免并不能克服的客观情况，如自然灾害、意外事故、战争等；

(4) 劳动合同订立时所依据的法律、法规已修改的；

(5) 劳动者的身体健康状况发生变化、劳动能力丧失或部分丧失、所在岗位与其职业技能不相适应、职业技能提高了一定等级等，造成原劳动合同不能履行或者如果继续履行原合同规定的义务对劳动者明显不公平；

(6) 法律、法规规定的其他情形。

《劳动合同法》规定，用人单位与劳动者协商一致，可以变更劳动合同约定的内容。变更劳动合同，应当采用书面形式。变更后的劳动合同文本由用人单位和劳动者各执一份。

由于劳动法未明确规定劳动合同变更需采用书面形式，实践中用人单位随意变更劳动合同的现象比较严重，如随意调整劳动者工作岗位，随意降低劳动者工资标准，严重损害了劳动者的合法权益，为了规范劳动合同变更行为，劳动合同法明确规定了变更劳动合同，应当采用书面形式。

2. 劳动合同变更程序

(1) 提出变更的要约：用人单位或劳动者提出变更劳动合同的要求，说明变更合同的理由、变更的内容以及变更的条件，请求对方在一定期限内给予答复。

(2) 承诺：合同另一方接到对方的变更请求后，应当及时进行答复，明确告知对方同意或是不同意变更；

(3) 订立书面变更协议：当事人双方就变更劳动合同的内容经过平等协商，取得一致意见后签订书面变更协议，协议载明变更的具体内容，经双方签字盖章后生效。变更后的劳动合同文本由用人单位和劳动者各执一份。

9.4　劳动合同的解除和终止

9.4.1　劳动合同的解除

劳动合同的解除，是指当事人双方提前终止劳动合同、解除双方权利义务关系的法律行为，可分为协商解除、法定解除和约定解除三种情况。

1. 劳动者可以单方解除劳动合同的规定

劳动者提前 30 日以书面形式通知用人单位，可以解除劳动合同。劳动者在试用期内提前 3 日通知用人单位，可以解除劳动合同。

《劳动合同法》规定，用人单位有下列情形之一的，劳动者可以解除劳动合同：

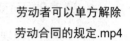

劳动者可以单方解除
劳动合同的规定.mp4

(1) 未按照劳动合同约定提供劳动保护或者劳动条件的；

(2) 未及时足额支付劳动报酬的；

(3) 未依法为劳动者缴纳社会保险费的；

(4) 用人单位的规章制度违反法律、法规的规定，损害劳动者权益的；

(5) 因《劳动合同法》第二十六条第一款规定的情形致使劳动合同无效的；

(6) 法律、行政法规规定劳动者可以解除劳动合同的其他情形。用人单位以暴力、威胁或者非法限制人身自由的手段强迫劳动者劳动的，或者用人单位违章指挥、强令冒险作业危及劳动者人身安全的，劳动者可以立即解除劳动合同，不需事先告知用人单位。

2. 用人单位可以单方解除劳动合同的规定

《劳动合同法》在赋予劳动者单方解除权的同时，也赋予用人单位对劳动合同的单方解除权，以保障用人单位的用工自主权。

《劳动合同法》规定劳动者有下列情形之一的，用人单位可以解除劳动合同：

用人单位不得解除劳
动合同的规定.mp4

(1) 在试用期间被证明不符合录用条件的；

(2) 严重违反用人单位的规章制度的；

(3) 严重失职，营私舞弊，给用人单位造成重大损害的；

(4) 劳动者同时与其他用人单位建立劳动关系，对完成本单位的工作任务造成严重影响，或者经用人单位提出，拒不改正的；

(5) 因《劳动合同法》第二十六条第一款第一项规定的情形致使劳动合同无效的；

(6) 被依法追究刑事责任的。

《劳动合同法》规定，有下列情形之一的，用人单位提前 30 日以书面形式通知劳动者本人或者额外支付劳动者 1 个月工资后，可以解除劳动合同：

(1) 劳动者患病或者非因工负伤，在规定的医疗期满后不能从事原工作，也不能从事由用人单位另行安排的工作的；

(2) 劳动者不能胜任工作，经过培训或者调整工作岗位，仍不能胜任工作的；

(3) 劳动合同订立时所依据的客观情况发生重大变化，致使劳动合同无法履行，经用人单位与劳动者协商，未能就变更劳动合同内容达成协议的。

【案例 9-2】 2015 年 1 月 10 日，小王入职时，公司告知他有三个月的试用期，但是没有与小王签订书面的劳动合同。2015 年 3 月 15 日，公司通知小王，由于他在试用期表现不佳，所以公司决定辞退他。

问题：

小王觉得很委屈，因为在试用期内他确实努力工作而且自认为表现是很好的。在这种情况下，小王应该怎么办？

3. 用人单位经济性裁员的规定

经济性裁员是指用人单位由于经营不善等经济原因，一次性辞退部分劳动者的情形。经济性裁员仍属用人单位单方解除劳动合同。

有下列情形之一，需要裁减人员 20 人以上或者裁减不足 20 人但占企业职工总数 10% 以上的，用人单位提前 30 日向工会或者全体职工说明情况，听取工会或者职工的意见后，裁减人员方案经向劳动行政部门报告，可以裁减人员：

(1) 依照企业破产法规定进行重整的；

(2) 生产经营发生严重困难的；

(3) 企业转产、重大技术革新或者经营方式调整，经变更劳动合同后，仍需裁减人员的；

(4) 其他因劳动合同订立时所依据的客观经济情况发生重大变化，致使劳动合同无法履行的。

裁减人员时，应当优先留用下列三种人员：

(1) 与本单位订立较长期限的固定期限劳动合同的；

(2) 与本单位订立无固定期限劳动合同的；

(3) 家庭无其他就业人员，有需要扶养的老人或者未成年人的。用人单位在 6 个月内重新招用人员的，应当通知被裁减的人员，并在同等条件下优先招用被裁减人员。

4. 用人单位不得解除劳动合同的规定

为了保护一些特殊群体劳动者的权益，《劳动合同法》规定，劳动者有下列情形之一的，用人单位不得依照该法规定解除劳动合同：

(1) 从事接触职业病危害作业的劳动者未进行离岗前职业健康检查，或者疑似职业病病人在诊断或者医学观察期间的；

(2) 在本单位患职业病或者因工负伤并被确认丧失或者部分丧失劳动能力的；

(3) 患病或者非因工负伤，在规定的医疗期内的；

(4) 女职工在孕期、产期、哺乳期的；

(5) 在本单位连续工作满 15 年，且距法定退休年龄不足 5 年的；

(6) 法律、行政法规规定的其他情形。

用人单位可以单方解除
劳动合同的规定.mp4

用人单位违反《劳动合同法》规定解除或者终止劳动合同，劳动者要求继续履行劳动合同的，用人单位应当继续履行；劳动者不要求继续履行劳动合同或者劳动合同已经不能继续履行的，用人单位应当依法向劳动者支付赔偿金。赔偿金标准为经济补偿标准的 2 倍。

9.4.2 劳动合同的终止

劳动合同的终止，是指劳动合同期满或者出现法定情形以及当事人约定的情形而导致劳动合同的效力消灭，劳动合同即行终止。

《劳动合同法》规定，有下列情形之一的，劳动合同终止：

(1) 劳动合同期满的；

(2) 劳动者开始依法享受基本养老保险待遇的；

(3) 劳动者死亡，或者被人民法院宣告死亡或者宣告失踪的；

(4) 用人单位被依法宣告破产的；

(5) 用人单位被吊销营业执照、责令关闭、撤销或者用人单位决定提前解散的；

劳动合同终止的情况.mp4

(6) 法律、行政法规规定的其他情形。

但是，在劳动合同期满时，有《劳动合同法》规定的情形之一的，劳动合同应当继续延续至相应的情形消失时才能终止。《工伤保险条例》规定：

(1) 劳动者因工致残被鉴定为 1 级至 4 级伤残的，即丧失劳动能力的，保留劳动关系，退出工作岗位，用人单位不得终止劳动合同；

(2) 劳动者因工致残被鉴定为 5 级、6 级伤残的，即大部分丧失劳动能力的，经工伤职工本人提出，该职工可以与用人单位解除或者终止劳动关系，否则，用人单位不得终止劳动合同；

(3) 职工因工致残被鉴定为 7 级至 10 级伤残的，即部分丧失劳动能力的，劳动合同期满终止。

9.5 劳动保护与劳动争议的处理

9.5.1 劳动保护

《中华人民共和国劳动合同法》(以下简称《劳动法》)对劳动者的工作时间、休息休假、工资、劳动安全卫生、女职工和未成年工特殊保护、社会保险和福利等作了法律规定。

1. 劳动者的工作时间和休息休假

工作时间(又称劳动时间)，是指法律规定的劳动者在一昼夜和一周内从事生产、劳动或工作的时间。休息休假(又称休息时间)，是指劳动者在国家规定的法定工作时间外，不从事生产、劳动或工作而由自己自行支配的时间，包括劳动者每天休息的时数、每周休息的天数、节假日、年休假、探亲假等。

拓展资源 3.pdf

工作时间、休息休假的相关知识详见二维码。

2. 劳动者的工资

工资，是指用人单位依据国家有关规定和劳动关系双方的约定，以货币形式支付给劳动者的劳动报酬，如计时工资、计件工资、奖金、津贴和补贴等。

工资基本规定、最低工资保障制度的相关知识详见二维码。

3. 劳动安全卫生制度

《劳动法》规定，用人单位必须建立、健全劳动安全卫生制度，严格执行国家劳动安全卫生规程和标准，对劳动者进行劳动安全卫生教育，防止劳动过程中的事故，减少职业危害。劳动安全卫生设施必须符合国家规定的标准。

【案例 9-3】　王某于 2015 年 10 月 9 日与某电脑公司签订劳动合同，被聘为技术员，聘期两年。双方当事人在劳动合同中约定了竞业禁止：合同解除或终止后，王某三年内不得在本地区从事与该公司相同性质的工作，如违约，王某须一次性赔偿电脑公司经济损失10 万元。因电脑公司拖欠王某 2016 年 9 月、10 月两个月的工资，2016 年 11 月 15 日，王某向区劳动争议仲裁委员会申请仲裁，要求解除劳动合同；补发两个月工资，给付经济补偿金；确认劳动合同中的竞业禁止约定条款无效。

问题：

根据所学的相关知识，试分析本案例中的纠纷如何解决？

4. 女职工和未成年工的特殊保护

国家对女职工和未成年工实行特殊劳动保护。

1)　女职工的特殊保护

《劳动法》规定，禁止安排女职工从事矿山井下、国家规定的第 4 级体力劳动强度的劳动和其他禁忌从事的劳动。不得安排女职工在经期从事高处、低温、冷水作业和国家规定的第 3 级体力劳动强度的劳动。不得安排女职工在怀孕期间从事国家规定的第 3 级体力劳动强度的劳动和孕期禁忌从事的活动。对怀孕 7 个月以上的女职工，不得安排其延长工作时间和夜班劳动。女职工生育享受不少于 90 天的产假。不得安排女职工在哺乳未满 1 周岁的婴儿期间从事国家规定的第 3 级体力劳动强度的劳动和哺乳期禁忌从事的其他劳动，不得安排其延长工作时间和夜班劳动。

按照《体力劳动强度分级》GB 3869—1997，体力劳动强度按劳动强度指数大小分 4级。《女职工劳动保护特别规定》还规定，用人单位应当遵守女职工禁忌从事的劳动范围(详见《女职工劳动保护特别规定》附录)的规定。用人单位应当将本单位属于女职工禁忌从事的劳动范围的岗位书面告知女职工。用人单位不得因女职工怀孕、生育、哺乳降低其工资、予以辞退、与其解除劳动或者聘用合同。女职工生育享受 98 天产假，其中产前可以休假 15 天；难产的，增加产假 15 天；生育多胞胎的，每多生育 1 个婴儿，增加产假 15 天。女职工怀孕未满 4 个月流产的，享受 15 天产假；怀孕满 4 个月流产的，享受 42 天产假。用人单位违反本规定，侵害女职工合法权益的，女职工可以依法投诉、举报、申诉，依法向劳动人事争议调解仲裁机构申请调解仲裁，对仲裁裁决不服的，可以依法向人民法院提起诉讼。

2)　未成年工的特殊保护

未成年工的特殊保护是针对未成年工处于生长发育期的特点，以及接受义务教育的需要，采取的特殊劳动保护措施。未成年工是指年满 16 周岁未满 18 周岁的劳动者。《劳动法》规定，禁止用人单位招用未满 16 周岁的未成年人。不得安排未成年工从事矿山井下、有毒有害、国家规定的第 4 级体力劳动强度的劳动和其他禁忌从事的劳动。用人单位应对未成年工定期进行健康检查。

未成年工的特殊
保护.mp4

《未成年工特殊保护规定》中规定，用人单位应根据未成年工的健康检查结果安排其从事适合的劳动，对不能胜任原劳动岗位的，应根据医务部门的证明，予以减轻劳动量或安排其他劳动，对未成年工的使用和特殊保护实行登记制度。用人单位招收未成年工除符合一般用工要求外，还须向所在地的县级以上劳动行政部门办理登记。未成年工上岗前用人单位应对其进行有关的职业安全卫生教育、培训。

5. 劳动者的社会保险与福利

《中华人民共和国社会保险法》(以下简称《社会保险法》)规定，国家建立基本养老保险、基本医疗保险、工伤保险、失业保险、生育保险等社会保险制度，保障公民在年老、疾病、工伤、失业、生育等情况下依法从国家和社会获得物质帮助的权利。

拓展资源 4.pdf

1)　基本养老保险

职工应当参加基本养老保险，由用人单位和职工共同缴纳基本养老保险费，用人单位应当按照国家规定的本单位职工工资总额的比例缴纳基本养老保险费，记入基本养老保险统筹基金。职工应当按照国家规定的本人工资的比例缴纳基本养老保险费，记入个人账户。

2)　基本医疗保险

职工应当参加职工基本医疗保险，由用人单位和职工按照国家规定共同缴纳基本医疗保险费。医疗机构应当为参保人员提供合理、必要的医疗服务。

3)　工伤保险

职工应当参加工伤保险，由用人单位缴纳工伤保险费，职工个人不缴纳工伤保险费。此外，《建筑法》还规定，"鼓励企业为从事危险作业的职工办理意外伤害保险，支付保险费。"

4)　失业保险

《社会保险法》规定，职工应当参加失业保险，由用人单位和职工按照国家规定共同缴纳失业保险费。职工跨统筹地区就业的，其失业保险关系随本人转移，缴费年限累计计算。

5)　生育保险

《社会保险法》规定，职工应当参加生育保险，由用人单位按照国家规定缴纳生育保险费，职工不缴纳生育保险费。用人单位已经缴纳生育保险费的，其职工享受生育保险待遇；职工未就业配偶按照国家规定享受生育医疗费用待遇。所需资金从生育保险基金中支付。

6)　福利

《劳动法》规定，国家发展社会福利事业，兴建公共福利设施，为劳动者休息、休养和疗养提供条件。用人单位应当创造条件，改善集体福利，提高劳动者的福利待遇。

9.5.2 劳动争议的处理

劳动争议(又称劳动纠纷)，是指劳动关系当事人之间因劳动的权利与义务发生分歧而引起的争议。

1. 劳动争议的范围

按照《劳动争议调解仲裁法》和《最高人民法院关于审理劳动争议案件适用法律若干问题的解释》的规定，劳动争议的范围主要是：

(1) 因确认劳动关系发生的争议；

(2) 因订立、履行、变更、解除和终止劳动合同发生的争议；

(3) 因除名、辞退和辞职、离职发生的争议；

(4) 因工作时间、休息休假、社会保险、福利、培训以及劳动保护发生的争议；

(5) 因劳动报酬、工伤医疗费、经济补偿或者赔偿金等发生的争议；

(6) 劳动者与用人单位在履行劳动合同过程中发生的纠纷；

(7) 劳动者与用人单位之间没有订立书面劳动合同，但已形成劳动关系后发生的纠纷；

(8) 劳动者退休后，与尚未参加社会保险统筹的原用人单位因追索养老金、医疗费、工伤保险待遇和其他社会保险而发生的纠纷；

(9) 法律、法规规定的其他劳动争议。

《最高人民法院关于审理劳动争议案件适用法律若干问题的解(二)》规定，下列纠纷不属于劳动争议：

(1) 劳动者请求社会保险经办机构发放社会保险金的纠纷；

(2) 劳动者与用人单位因住房制度改革产生的公有住房转让纠纷；

(3) 劳动者对劳动能力鉴定委员会的伤残等级鉴定结论或者对职业病诊断鉴定委员会的职业病诊断鉴定结论的异议纠纷；

(4) 家庭或者个人与家政服务人员之间的纠纷；

(5) 个体工匠与帮工、学徒之间的纠纷；

(6) 农村承包经营户与受雇人之间的纠纷。

2. 劳动争议的解决方式

《劳动法》规定，用人单位与劳动者发生劳动争议，当事人可以依法申请调解、仲裁、提起诉讼，也可以协商解决。调解原则适用于仲裁和诉讼程序。

1) 调解

劳动争议发生后，当事人可以向本单位劳动争议调解委员会申请调解。在用人单位内，可以设立劳动争议调解委员会。劳动争议调解委员会由职工代表、用人单位代表和工会代表组成。劳动争议调解委员会主任由工会代表担任。劳动争议经调解达成协议的，当事人应当履行。

2) 仲裁

对于调解不成，当事人一方要求仲裁的，可以向劳动争议仲裁委员会申请仲裁。当事人一方也可以直接向劳动争议仲裁委员会申请仲裁。

劳动争议仲裁委员会由劳动行政部门代表、同级工会代表、用人单位方面的代表组成。劳动争议仲裁委员会主任由劳动行政部门代表担任。

按照《劳动争议调解仲裁法》的规定，劳动争议申请仲裁的时效期间为 1 年。仲裁时效期间从当事人知道或者应当知道其权利被侵害之日起计算。前款规定的仲裁时效，因当事人一方向对方当事人主张权利，或者向有关部门请求权利救济，或者对方当事人同意履行义务而中断。从中断时起，仲裁时效期间重新计算。因不可抗力或者有其他正当理由，当事人不能在本条第一款规定的仲裁时效期间申请仲裁的，仲裁时效中止。从中止时效的原因消除之日起，仲裁时效期间继续计算。劳动关系存续期间因拖欠劳动报酬发生争议的，劳动者申请仲裁不受本条第一款规定的仲裁时效期间的限制；但是，劳动关系终止的，应当自劳动关系终止之日起1年内提出。

3) 诉讼

当事人也可以提请诉讼，诉讼指纠纷当事人通过向具有管辖权的法院起诉另一方当事人解决纠纷的形式。是一种法律行动，分为民事和刑事两类，前者原诉人是受害者当事人，因为有未可解决的争议，所以诉诸法律。后者涉及刑事犯罪，由政府当局控告疑犯。

9.6 案 例 分 析

1. 案例 1

2015 年 5 月，某公司有 5 名员工已在该企业工作超过 10 年，需要续签新的劳动合同。但该公司不打算再与其续签劳动合同。该公司依据原先的各地关于无固定期限劳动合同的做法与规定，向 5 位员工下发了到期不再续签劳动合同的书面通知。但 5 位工不服，认为在该公司工作了这么多年，公司不应该这样做。

案例问题

(1) 该 5 位员工坚决要求签订劳动合同，并且要求签订无固定期限劳动合同，依据《劳动合同法》的规定。是否应当签订无固定期限劳动合同？

(2) 在公司不同意的情况下，是否可以签订无固定期限劳动合同？

案例分析

(1) 依据《劳动合同法》第十四条第二款的规定，劳动者在该用人单位连续工作满 10 年的，劳动者提出或者同意续订、订立劳动合同的，应当订立无固定期限劳动合同。本案中，5 位员工已经在该公司工作超过 10 年，依据《劳动合同法》的规定，该公司必须与 5 位员工续签无固定期限劳动合同。

(2) 3 位员工要求续签无固定期限劳动合同，尽管公司单方面不同意，依据上述规定，公司也必须与其结签无固定期限劳动合同，否则将构成违法。

2. 案例 2

某建筑公司的某员工辞职，该公司聘请王女士于 2015 年 9 月 15 日接替了原员工的工作，并自该日起，王女士开始接手工作。9 月 30 日，王女士与该公司签订了劳动合同。由于王女士的职称级别与原职工相同，双方在商签劳动合同时对工资数额发生分歧，便在劳动合同中约定王女士工资暂定每月 3000 元，待年底视公司效益情况，再酌情给予一定的奖励。2015 年年底，王女士要求公司按照约定向其发放奖金，但公司说效益不好，不能发放王女士的奖金。后王女士提出，劳动合同中对其工资的约定不明确，应当按照同样工作岗位的员工工资补齐其差额部分，并应补发其劳动合同签订前自 9 月 15 日至 9 月 29 日的工资。

案例问题

(1)　王女士的要求是否合法？

(2)　该公司今后应当注意或者改进哪些做法？

案例分析

(1)　王女士的要求是合法的。

《劳动合同法》规定："用人单位未在用工的同时订立书面劳动合同，与劳动者约定的劳动报酬不明确的，新招用的劳动者的劳动报酬按照集体合同规定的标准执行；没有集体合同或者集体合同未规定的，实行同工同酬。"据此，由于王女士与该公司在劳动合同中关于工资待遇的规定不明确，作为同职称级别的王女士，应当享受原职工或者该公司同岗位人员的工资报酬待遇。

王女士在 9 月 15 日虽然还没有和公司签订书面劳动令同。但从这一天起，王女士就已经同该公司建立了劳动关系。用人单位应当以建立劳动关系的时间为工资发放的起始时间，向王女士补发劳动合同签订前自 9 月 15 日至 9 月 29 日的工资。

(2)　该建筑公司应当认真学习和严格执行《劳动合同法》的相关规定，在聘用员工后应立即签订书面劳动合同。并在劳动合同中将各项条款规定明确具体；在劳动合同履行过程中、不得少付甚至克扣劳动者的任何工资和福利待遇。否则将可能招致劳动争议或纠纷，甚至成为被告。

3. 案例 3

田某于 1992 年进入某厂任员工，后升任为干部，任现场整理课主管一职。2015 年 6 月，公司以其不胜任工作为由，将其调离现场，在不降低其薪资待遇的情况下，调任总务课。不久，该员工请假 7 天，请假期满，未到公司上班，也未办理续假手续。公司向其发出"上班通知"及"解除劳动合同通知"快递各一份。同时，田某以公司未支付双休日加班工资及擅自调岗变相解除劳动合同为由，向当地劳动仲裁委员会申请仲裁。

案例问题

该公司的做法是否合法？

案例分析

本案看似复杂，但争议点可以归纳为几个：一是调岗的合法性；二是公司是否因未足额支付加班工资，构成田某被迫解除劳动合同；三是田某请假后一直未上班的事实性质认定。《劳动法》第二十六条与《劳动合同法》第四十条规定："劳动者不能胜任工作，可以对其进行培训或调动工作岗位"，公司出具了田某任课长主管产品质量期间，该部门的产品质量异常统计单、返修单等质量单据，以及经田某签名确认的不改变薪资待遇的"人事异动单"。据此，仲裁委员会认为该员工不胜任工作，公司的调岗符合劳动法的规定。同时，结合该公司的规章制度，认定田某擅自离职不归，并在公司发出通知后仍不予答复，已经达到"严重违反用人单位规章制度"的程度，公司解除与田某的劳动合同合法。

本 章 小 结

通过本章的学习可以熟悉劳动合同的特征，让学生熟悉合同的订立、生效、履行、变更、解除和终止等相关知识；掌握劳动合同的形式及其应用过程；能够利用合同的法律效力解决生活中与息息相关的问题。

实 训 练 习

一、单选题

1. 订立劳动合同，应当遵守合法、(   )、平等自愿、协商一致、诚实信用原则。
   A. 公道   B. 公认   C. 公开   D. 公平

2. 无固定期限劳动合同，是指用人单位与劳动者约定无确定(   )时间的劳动合同。
   A. 解除   B. 续订   C. 终止   D. 中止

3. 以下属于劳动合同必备条款的是(   )。
   A. 劳动报酬   B. 试用期   C. 保守商业秘密 D. 福利待遇

4. 劳动合同期限一年以上不满二年的，试用期不得超过(   )。
   A. 一个月   B. 二个月   C. 半个月   D. 一个半月

5. 用人单位变更名称、法定代表人、主要负责人或者投资人等事项，(   )劳动合同的履行。
   A. 影响   B. 不影响   C. 不一定影响   D. 法律未规定是否影响

6. 用人单位拖欠或者未足额支付劳动报酬的，劳动者可以依法向当地人民法院申请(   )。
   A. 法律援助   B. 支付令   C. 社会救济   D. 法制裁用人单位

7. 劳动者可以随时解除劳动合同的法定情形是，用人单位(   )。
   A. 变更名称、法定代表人、主要负责人
   B. 发生合并或者分立
   C. 变更投资人
   D. 未依法为劳动者缴纳社会保险费

8. 劳动者拒绝用人单位管理人员违章指挥、强令冒险作业的，(   )违反劳动合同。
   A. 视为   B. 有时视为   C. 不视为   D. 部分视为

二、多选题

1. 按照劳动合同期限的不同，劳动合同可分为(　　)。
   A. 有固定期限的劳动合同　　　　　B. 无固定限期的劳动合同
   C. 长期劳动合同　　　　　　　　　D. 以完成一定工作为期限的劳动合同
   E. 短期劳动合同

2. 根据《劳动合同法》第十四条的规定，有下列情形的(　　)，劳动者提出或者同意续订、订立劳动合同的，除劳动者提出订立固定期限劳动合同外，应当订立无固定期限劳动合同。
   A. 劳动者在该用人单位连续工作满十年
   B. 劳动者在该用人单位连续工作满十五年
   C. 用人单位初次实行劳动合同制度或者国有企业改制重新订立劳动合同时，劳动者在该用人单位连续工作满十年且距法定退休年龄不足五年
   D. 连续订立二次固定期限劳动合同，且劳动者没有本法第三十九条和第四十条第一项、二项规定的情形，续订劳动合同的
   E. 劳动者在该用人单位连续工作满五年

3. 根据《劳动合同法》第十七条的规定，下列(　　)是劳动合同的必备条款。
   A. 工作内容和工作地点　　B. 试用期　　　　　C. 社会保险
   D. 劳动合同期　　　　　　E. 奖励

4. 用人单位符合下列情形之一的，应当认定属于"劳动者非因本人原因从原用人单位被安排到新用人单位工作(　　)。
   A. 劳动者仍在原工作场所、工作岗位工作，劳动合同主体由原用人单位变更为新用人单位
   B. 用人单位以组织委派或任命形式对劳动者进行工作调动
   C. 因用人单位合并、分立等原因导致劳动者工作调动
   D. 用人单位及其关联企业与劳动者轮流订立劳动合同
   E. 劳动者自愿从原用人单位被安排到新用人单位工作

5. 劳动合同用工是我国的企业基本用工形式。劳务派遣用工是补充形式，只能在(　　)工作岗位上实施。
   A. 临时性　　B. 辅助性　　C. 替代性　　D. 服务性　　E. 正式性

三、问答题

1. 简述劳动合同订立的步骤？
2. 简述劳动合同变更的情况？
3. 简述劳动合同终止的情况？

第 9 章　课后题答案.pdf

实训工作单一

班级		姓名		日期	
教学项目			劳动合同法律法规		
任务	劳动合同的履行和变更	学习途径	本书中的案例分析，自行查找相关法律书籍		
学习目标		掌握劳动合同的履行和变更			
学习要点					
学习查阅记录					
评语			指导教师		

实训工作单二

班级		姓名		日期	
教学项目			劳动合同法律法规		
任务	劳动合同的解除和终止	学习途径	本书中的案例分析，自行查找相关法律书籍		
学习目标		掌握劳动合同的解除和终止			
学习要点					
学习查阅记录					
评语			指导教师		

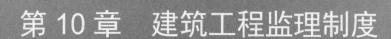

第 10 章 建筑工程监理制度教案.pdf

第 10 章　建筑工程监理制度

10

【学习目标】

1. 掌握建筑工程监理的概念
2. 掌握建筑工程监理机构的组成
3. 掌握建筑工程监理的程序和监理合同
4. 掌握建筑工程各阶段的监理

建筑工程监理制度.avi

【教学要求】

本章要点	掌握层次	相关知识点
建筑工程监理概述	1. 了解建筑工程监理依据和内容	工程监理的依据和内容
	2. 建筑工程监理性质和作用	工程监理的性质和作用
建筑工程监理机构	1. 熟悉项目监理机构人员的配备	监理机构人员配备情况
	2. 项目监理机构各类人员的基本职责	监理机构人员的职责
建筑工程监理的程序与建筑工程监理合同	1. 了解建筑工程监理的程序	工程监理程序
	2. 掌握建筑工程监理合同	工程监理合同
建筑工程各阶段的监理	1. 掌握施工阶段监理	施工阶段的监理
	2. 掌握保修阶段监理	保修阶段的监理

【项目案例导入】

业主将钢结构公路桥建设项目的桥梁下部结构工程发包给甲施工单位，将钢梁的制作、安装工程发包给乙施工单位。业主还通过招标选择了某监理单位承担该建设项目施工阶段监理任务。

监理合同签订后，总监理工程师组建了直线制监理组织机构，并重点提出了质量目标控制措施，其内容如下：

(1) 熟悉质量控制依据；

(2) 确定质量控制要点，落实质量控制手段；

(3) 完善职责分工及有关质量监督制度，落实质量控制责任；

(4) 对不符合合同规定质量要求的，拒签付款凭证；

(5) 审查承包单位的施工组织设计，同时提出了项目监理规划编写的几点要求：

① 为使该项目监理规划有针对性，要分别编写两份监理规划；

② 项目监理规划要把握项目运行的内在规律；

③ 项目监理规划的表达方式应规范化、标准化、格式化；

④ 根据桥梁架设进度，监理规划可分阶段编写。但编写完成后，应由监理单位审核批准并报业主认可，一经实施，就不得再行修改。

 【项目问题导入】

(1) 监理工程师在进行目标控制时应采取哪些方面的措施？上述总监理工程师提出的质量目标控制措施各属于哪一种措施？

(2) 上述总监理工程师提出的质量目标控制措施哪些属于主动控制措施，哪些属于被动控制措施？

(3) 逐条回答总监理工程师提出的上述监理规划编写要求是否妥当，为什么？

10.1 建筑工程监理概述

建筑工程监理，是指具有法定资质条件的工程监理单位，根据建设单位的委托，依照法律、行政法规及有关技术标准、设计文件和建筑工程承包合同，对承包单位在施工质量、建设工期和建设资金使用等方面，代表建设单位对工程施工实施监督的专门活动。

监理的概念.mp3

10.1.1 建筑工程监理概念和范围

1. 建设工程监理概念

建设工程监理制度是我国工程建设领域中项目管理体制的重大改革举措之一，它是与投资体制、承包经济责任体制、建筑市场开放体制、招标投标体制、项目业主体制等改革制度相匹配的改革制度，是为了适应社会化大生产的需要和社会主义市场经济发展而产生的。

建筑工程监理有广义和狭义之分。从广义上讲，它不仅包括建筑工程的前期咨询，建筑工程实施阶段的勘察设计、招标、投标、施工验收，还包括建筑后期的保修在内的各个阶段的管理与监督。从狭义上讲，它是指具有法定资质条件的工程监理单位，受建设单位的委托，依照法律、行政法规及有关技术标准、设计文件和建筑工程承包合同，对承包单位在施工质量、建设工期和建设资金使用等方面，代表建设单位对工程施工实施监督的专门活动。

作为建筑工程的投资者的建设单位(业主)，为了取得好的投资效益，保证工程质量，合理控制工期，需要对施工企业的施工活动实施必要的监督。但多数建设单位并不擅长工程建设的组织管理和技术监督，因此选择具有工程建设方面的专业知识和实践经验的人员组成的专业化的工程监理单位，接受建设单位的委托，代表建设单位对工程的施工质量、工期和投资使用情况进行监督，对于维护建设单位的利益，协调建设单位与工程承包单位的关系，保证工程质量，规范建筑市场秩序都有很大的优越性。

工程监理对建筑工程的监督与政府有关部门依照国家有关规定对建筑工程进行的质量监督在法律依据、监督性质以及建设单位承包单位的关系是不同的。工程监理单位是社会中介组织，是经过建设单位授权后，代表建设单位施工监督。在监督过程中，工程监理必须保持公平、公正的态度，它与建设承包单位以及建设单位三方之间是一种平等民事主体之间的关系。行政主管部门对建设单位实行监督的依据是法律、行政法规的规定，在性质上属于强制性的行政监督管理，与建设单位和工程承包单位属于管理与被管理的关系。不论工程建设单位与工程承包单位是否愿意，都必须服从行政主管部门依法进行的监督管理，对建设单位和工程承包单位的违法行为，政府主管部门有权依法作出处罚。

1) 建设工程监理的行为主体

实施监理的建设工程，由建设单位委托具有相应资质条件的工程监理企业实施监理。建设工程监理的行为主体是工程监理企业。

建设工程监理不同于建设行政主管部门的监督管理。后者的行为主体是政府部门，它具有明显的强制性，是行政性的监督管理，它的任务、职责、内容不同于建设工程监理。同样，总承包单位对分包单位的监督管理也不能视为建设工程监理。

建设工程监理实施的前提.mp3

2) 建设工程监理实施的前提

建设工程监理的实施需要建设单位的委托和授权。工程监理企业应根据委托监理合同和有关建设工程合同的规定实施监理。

建设工程监理只有在建设单位委托的情况下才能进行。只有与建设单位订立书面委托监理合同，明确了监理的范围、内容、权利、义务、责任等，工程监理企业才能在规定的范围内行使管理权，合法地开展建设工程监理活动。工程监理企业在委托监理的工程中拥有一定的管理权限，能够开展管理活动，是建设单位授权的结果。承建单位根据法律、法规的规定和它与建设单位签订的有关建设工程合同的规定接受工程监理企业对其建设行为进行的监督管理，接受并配合监理是其履行合同的一种行为。工程监理企业根据有关建设工程合同对建设行为实施监理，仅委托施工阶段监理的工程，只能根据委托监理合同和施工合同对施工行为实行监理；委托全过程监理的工程，可根据委托监理合同以及勘察合同、设计合同、施工合同对勘察单位、设计单位和施工单位实行监理。

2. 行业发展

我国自 1988 年实行工程建设项目监理制度以来，建立了一支为投资者提供工程管理服务的专业化监理队伍，打破了过去工程建设项目自筹、自建、自营的小生产管理状况，初步实现了工程管理方面与国际惯例的接轨。

推行工程建设监理制度，是我国深化基本建设体制改革，发展市场经济的重要措施，是我国与国际惯例接轨的一项重要制度。我国正处于工业化中期加速阶段，各行业的建设需求依然巨大，且随着我国经济体制改革的深化和投资主体的多元化发展，工程项目规模的扩大和复杂程度的加深，市场对工程监理服务的需求日益增长。虽然，我国工程监理行业尚处于摸索阶段，但市场发展潜力大，前景广阔。

监理行业已经走过了近三十年的风雨历程，在我国工程建设中起到了不可估量的作用。随着市场需求的变化，以及国家行业政策的出台，监理企业必将出现分化，一些有实力的监理企业将向项目管理公司的方向发展，规模较小的监理企业将停留在施工阶段的监理。监理行业在建设工程领域必将起到更大的作用。

未来，工程监理企业应从两方面入手提高竞争力：一是量，拓展企业规模，包括监理项目的数量和规模、企业的经营范围、监理的资质范围和等级、注册监理工程师和从业人员数量、客户面和客户获取渠道(尤其是政府投资项目的客户)、服务区域、服务行业、企业联盟和并购等，只有量达到一定的规模才能有质的飞跃，为质的飞跃打好基础；二是质，提高企业效能和核心竞争力，包括战略构想、品牌建设、文化建设、业绩管理、营销策划、管理能力、人员技能、知识管理、流程优化、绩效管理等，适应未来市场化、专业化发展的需要。

3. 建设工程监理的范围

1) 工程范围

《建设工程质量管理条例》对实行强制性监理的工程范围作了原则性规定，《建设工程监理范围和规模标准规定》规定了必须实行监理的建设工程项目的具体范围和规模标准。下列建设工程必须实行监理：

① 国家重点建设工程；
② 大中型公用事业工程；
③ 成片开发建设的住宅小区工程；
④ 利用外国政府或者国际组织贷款、援助资金的工程；
⑤ 国家规定必须实行监理的其他工程。

2) 阶段范围

建设工程监理可以适用于工程建设投资决策阶段和实施阶段，但目前主要是建设工程施工阶段。在施工阶段委托监理，其目的是更有效地发挥监理的规划、控制、协调作用，为在计划目标内建成工程提供最好的管理。

10.1.2 建筑工程监理依据和内容

1. 工程监理的依据

根据《建筑法》《建设工程质量管理条例》《建设工程安全生产管理条例》的有关规定，工程监理的依据包括以下内容。

1)　法律、法规

施工单位的建设行为是受很多法律、法规制约的。例如，不可偷工：减料等。工程监理在监理过程中首先就要监督检查施工单位是否存在违法行为，因此法律、法规是工程监理单位的依据之一。

2)　有关的技术标准

技术标准分为强制性标准和推荐性标准。强制性标准是各参建单位都必须执行的标准，而推荐性标准则是可以自主决定是否采用的标准。通常情况下，建设单位如要求采用推荐性标准，应当与设计单位或施工单位在合同中予以明确约定。经合同约定采用的推荐性标准，对合同当事人同样具有法律约束力，设计或施工未达到该标准，将构成违约行为。

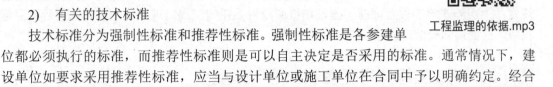

工程监理的依据.mp3

3)　设计文件

施工单位的任务是按图施工，也就是按照施工图设计文件进行施工。如果施工单位没有按照图纸的要求去修建工程就构成违约，如果是擅自修改图纸更构成了违法。因此，设计文件就是监理单位实施监理工作的依据之一。

4)　建设工程承包合同

建设单位和承包单位通过订立建设工程承包合同，明确双方的权利和义务。合同中约定的内容要远远大于设计文件的内容。例如，进度、工程款支付等都不是设计文件所能描述的。而这些内容也是当事人必须履行的义务。工程监理单位有权利也有义务监督检查承包单位是否按照合同约定履行这些义务。因此，建设工程承包合同也是工程监理的一个依据。

工程监理的内容.mp3

2. 工程监理的内容

工程监理在本质上是项目管理，是代表建设单位而进行的项目管理。其监理的内容与项目管理的内容是一致的。其内容包括三控制、三管理、一协调。

1)　"三控制"(进度控制、质量控制、成本控制)

对任何一项工程来说，质量、工期和投资往往是相互矛盾的，又相互统一的。要达到高标准的工程质量，工期就要长一点，投资很有可能要增加一些。要缩短工期，质量就可能低一些，投资也可能多一点。一般来说，三项目标不可能同时达到最佳状态。建设工程监理的任务就是根据业主的不同侧重要求，尽力实现三者的协调。

2)　"三管理"(安全管理、合同管理、信息管理)

①　合同管理。建设项目监理的合同贯穿于合同的签订、履行、变更或终止等活动的全过程。

②　安全管理。安全管理是围绕着动态目标控制展开的，而安全则是固定资产建设过程中最重要的目标控制的基础。

③信息管理。施工项目管理是一项复杂的现代化的管理活动，要依靠大量的信息以及对大量信息的管理，并应用电子计算机进行辅助。

3)　"一协调"(沟通协调)

"一协调"是指协调参与一项工程建设的各方的工作关系。这项工作一般是通过定期和不定期召开会议的形式来完成的，或者通过分别沟通情况的方式，达到统一意见，协调一致的目的。

但是由于监理单位是接受建设单位的委托代表建设单位进行项目管理的，其权限将取决于建设单位的授权。因此，其监理的内容也将不尽相同。为此，《建筑法》第三十三条规定："实施建筑工程监理前，建设单位应当将委托的工程监理单位、监理的内容及监理权限，书面通知被监理的建筑施工企业。"

10.1.3 建筑工程监理性质和作用

1. 建筑工程监理的性质

1) 服务性

建设工程监理具有服务性，是从它的业务性质方面定性的。建设工程监理的主要手段是规划、控制、协调，主要任务是控制建设工程的投资、进度和质量，最终应当达到的基本目的是协助建设单位在计划的目标内将工程建成并投入使用。监理人员利用自己的知识、技能和经验、信息以及必要的试验、检测手段，为建设单位提供管理服务。但工程监理企业不能完全取代建设单位的管理活动。它不具有工程建设重大问题的决策权，它只能在授权范围内代表建设单位进行管理。

建设工程监理的
性质.mp3

2) 科学性

科学性是由建设工程监理要达到的基本目的决定的。主要表现在：工程监理企业应当由组织管理能力强、工程建设经验丰富的人员担任领导；应当有足够数量的、有丰富的管理经验和应变能力的监理工程师组成的骨干队伍；要有一套健全的管理制度；要有现代化的管理手段；要掌握先进的管理理论、方法和手段；要积累足够的技术、经济资料和数据；要有科学的工作态度和严谨的工作作风；要实事求是、创造性地开展工作。

3) 公正性

公正性是监理行业能够长期生存和发展的基本职业道德标准。在开展建设工程监理过程中，工程监理企业排除各种干扰，客观、公正地对待监理的委托单位和承建单位。特别是两方发生利益冲突时，工程监理要以事实为依据，以法律和有关合同为准绳，在维护建设单位合法权益时，不损害承建单位的合法权益。

4) 独立性

独立性指的是不依附性，它在组织上和经济上不能依附于监理工作的对象(如承包商、材料和设备的供货商等)，否则它就不可能自主地履行其义务。按照独立性要求，工程监理单位应当严格地按照有关法律、法规、规章、工程建设文件、工程建设技术标准、建设工程委托监理合同、有关的建设工程合同等的规定实施监理；在委托监理的工程中，与承建单位不得有隶属关系和其他利害关系；在开展工程监理的过程中，必须建立自己的组织，按照自己的工作计划、程序、流程、方法、手段，根据自己的判断，独立地开展工作。

2. 建筑工程监理的作用

1) 有利于提高建设工程投资决策科学化水平

实施全方位、全过程监理时，工程监理企业可协助建设单位选择适当的工程咨询机构，管理工程咨询合同的实施，并对咨询结果(如项目建议书、可行性研究报告)进行评估，提出有价值的修改意见和建议；或者直接从事工程咨询工作，为建设单位提供建设方案。工程监理企业参与或承担项目决策阶段的监理工作，有利于提高项目投资决策的科学化水平，避免项目投资决策失误，也为实现建设工程投资综合效益最大化打下了良好的基础。

2) 有利于规范工程建设参与各方的建设行为

建设工程监理制贯穿于工程建设的全过程，采用事前、事中和事后控制相结合的方式，一方面，可有效地规范各承建单位的建设行为，最大限度地避免不当建设行为的发生，或最大限度地减少其不良后果，这是约束机制的根本目的；另一方面，工程监理单位可以向建设单位提出适当的建议，从而避免建设单位发生不当的建设行为，起到一定的约束作用。工程监理企业首先必须规范自身的行为，并接受政府的监督管理。

10.1.4 建筑工程监理实施的原则

监理单位受业主委托对建设工程实施监理时，应遵守以下基本原则。

1. 公正、独立、自主的原则

监理工程师在建设工程监理中必须尊重科学、尊重事实，组织各方协同配合，维护有关各方的合法权益。为此，监理单位必须坚持公正、独立、自主的原则。业主与承建单位虽然都是独立运行的经济主体，但他们追求的经济目标有差异，监理工程师应在按合同约定的权、责、利关系的基础上，协调双方的一致性。只有按合同的约定建成工程，业主才能实现投资的目的，承建单位也才能实现自己生产的产品的价值，取得工程款和实现盈利。

建设工程监理实施
的原则.mp3

2. 权责一致的原则

监理工程师承担的职责应与业主授予的权限相一致。监理工程师的监理职权，依赖于业主的授权。这种权力的授予，除体现在业主与监理单位之间签订的委托监理合同之中，而且还应作为业主与承建单位之间建设工程合同的合同条件。因此，监理工程师在明确业主提出的监理目标和监理工作内容要求后，应与业主协商，明确相应的授权，达成共识后明确反映在委托监理合同中及建设工程合同中。据此，监理工程师才能开展监理活动。总监理工程师代表监理单位全面履行建设工程委托监理合同，承担合同中确定的监理单位与业主方约定的义务和责任。因此，在委托监理合同实施中，监理单位应给总监理工程师充分授权，体现权责一致的原则。

3. 总监理工程师负责制的原则

总监理工程师是工程监理全部工作的负责人。要建立和健全总监理工程师负责制，就要明确权、责、利关系，健全项目监理机构，使其具有科学的运行制度、现代化的管理手段，形成以总监理工程师为首的高效能的决策指挥体系。

总监理工程师负责制的内涵包括：

(1) 总监理工程师是工程监理的责任主体。责任是总监理工程师负责制的核心，它构成了对总监理工程师的工作压力与动力，也是确定总监理工程师权力和利益的依据。所以总监理工程师应是向业主和监理单位所负责任的承担者。

(2) 总监理工程师是工程监理的权力主体。根据总监理工程师承担责任的要求，总监理工程师全面领导建设工程的监理工作，包括组建项目监理机构，主持编制建设工程监理规划，组织实施监理活动，对监理工作总结、监督、评价等。

4. 严格监理、热情服务的原则

严格监理，就是各级监理人员严格按照国家政策、法规、规范、标准和合同控制建设工程的目标，依照既定的程序和制度，认真履行职责，对承建单位进行严格监理。

监理工程师还应为业主提供热情的服务，"应运用合理的技能，谨慎而勤奋地工作"。由于业主一般不熟悉建设工程管理与技术业务，监理工程师应按照委托监理合同的要求多方位、多层次地为业主提供良好的服务，维护业主的正当权益。但是，不能因此而一味向各承建单位转嫁风险，从而损害承建单位的正当经济利益。

5. 综合效益的原则

建设工程监理活动既要考虑业主的经济效益，也必须考虑与社会效益和环境效益的有机统一。建设工程监理活动虽经业主的委托和授权才得以进行，但监理工程师应首先严格遵守国家的建设管理法律、法规、标准等，以高度负责的态度和责任感，既对业主负责，谋求最大的经济效益，又要对国家和社会负责，取得最佳的综合效益。只有在符合宏观经济效益、社会效益和环境效益的条件下，业主投资项目的微观经济效益才能得以实现。

【案例 10-1】 某化工厂建设项目分两期工程建设，项目业主与某一监理公司签订了监理委托合同，委托工作范围包括一期工程施工阶段监理和二期工程设计与施工阶段监理。

总监理工程师在该项目上配备了设计阶段监理工程师 8 人，施工阶段监理工程师 20 人，并分设计阶段和施工阶段制定了监理规划。在某次监理工作例会上，总监理工程师强调了设计阶段监理工程师下周的工作重点是审查二期工程的施工图预算，要求重点审查工程量是否准确、预算单价套用是否正确、各项取标准是否符合现行规定等内容。

子项监理工程师张工在一期工程的施工监理中发现承包方未经申报，擅自将催化设备安装工程分包给某工程公司并进场施工，立即向承包方下达了停工指令，要求承包方上报分包单位资质材料。承包方随后送来了该分包单位资质证明，张工审查后向承包方签署了同意该分包单位分包的文件。张工还审核了承包方送来的催化设备安装工程施工进度的保证措施，并提出了改进建议。承包方抱怨说，由于业主供应的部分材料尚未到场，有些保证措施无法落实，会影响工程进度。张工说："我负责给你们协调，我去施工现场巡视一下，就去找业主"。

问题：

(1) 请根据所学的相关知识，结合本案例简述建筑工程监理实施的原则？

（2）该项目的监理公司应派出几名总监理工程师？为什么？总监理工程师建立项目监理机构应选择什么结构形式？

10.2　建筑工程监理机构

10.2.1　项目监理机构人员的配备

1. 项目监理机构人员的构成

项目监理机构人员的组成，随着项目的监理阶段而异：

（1）总监理工程师、专业监理工程师和必要的辅助工作人员；

（2）总监理工程师、总监理工程师代表、专业监理工程师和监理员、专职或兼职的安全监督员、合同管理员、资料管理员，以及必要的辅助工作人员。

2. 项目监理机构人员配备的基本原则

（1）项目监理机构的监理人员应专业配套，数量满足工程项目监理工作的需要。

（2）项目监理机构监理人员的配备，要以保证监理工作的质量为前提。

（3）项目监理机构的监理人员的专业技术职称的结构应合理。总监理工程师应具有高级专业技术职称；专业监理工程师应具有中级以上专业技术职称，大型工程的主要专业监理工程师宜具有高级专业技术职称；监理员应至少具有初级职称并经过监理培训。

（4）项目监理机构的监理人员的年龄结构应搭配适当，注意老、中、青的搭配。

（5）总监理工程师应由具有至少 3 年以上同类工程监理工作经验的人员担任，总监理工程师代表应由具有 2 年以上同类工程监理工作经验的人员担任，专业监理工程师应由具有 1 年以上同类工程监理工作经验的人员担任。

（6）一名总监理工程师只宜担任一项委托监理合同项目的总监理工程工作。当需要同时担任多项委托监理合同的项目总监理工程师工作时，需经建设单位同意，且最多不得超过 3 项。

（7）项目监理机构组建后，监理单位应于委托监理合同签订后 10 日内将项目监理机构的组织形式、人员构成通知建设单位。当总监理工程师需调整时，应征得建设单位同意。更换专业监理工程师时要通知建设单位。

3. 监理员

从事建设工程监理工作，但尚未取得监理工程师注册证书的人员统称为监理员。在监理工作中，监理员和监理工程师的区别主要在于监理工程师具有相关岗位责任的签字权，而监理员没有相应岗位责任的签字权。

10.2.2　项目监理机构各类人员的基本职责

1. 总监理工程师职责

（1）确定项目监理机构人员及其岗位职责；

(2) 组织编制监理规划，审批监理实施细则；

(3) 根据工程进展情况安排监理人员进场，检查监理人员工作，调换不称职监理人员；

(4) 组织召开监理例会；

(5) 组织审核分包单位资格；

(6) 组织审查施工组织设计、(专项)施工方案、应急救援预案；

(7) 审查开复工报审表，签发开工令、工程暂停令和复工令；

(8) 组织检查施工单位现场质量、安全生产管理体系的建立及运行情况；

(9) 组织审核施工单位的付款申请，签发工程款支付证书，组织审核竣工结算；

(10) 组织审查和处理工程变更；

(11) 调解建设单位与施工单位的合同争议，处理费用与工期索赔；

(12) 组织验收分部工程，组织审查单位工程质量检验资料；

(13) 审查施工单位的竣工申请，组织工程竣工预验收，组织编写工程质量评估报告，参与工程竣工验收；

(14) 参与或配合工程质量安全事故的调查和处理；

(15) 组织编写监理月报、监理工作总结，组织整理监理文件资料。

2. 总监理工程师代表职责

(1) 在总监理工程师的领导下，负责总监理工程师指定或交办的监理工作；

(2) 按总监理工程师授权行使总监理工程师的部分职责与权力，对于重大的决策应先向总监理工程师请示后再执行；

(3) 作为总监理工程师的助手，还应协助总监理工程师处理各项日常工作；

(4) 定期或不定期地(如突然发生重大事件)向总监理工程师报告项目监理的各方面情况；

(5) 每日填写监理人员监理日记及工程项目监理日志。

总监理工程师不得将下列工作委托给总监理工程师代表完成：

(1) 组织编制监理规划，审批监理实施细则；

(2) 根据工程进展情况安排监理人员进场，调换不称职监理人员；

(3) 组织审查施工组织设计、(专项)施工方案、应急救援预案；

(4) 签发开工令、工程暂停令和复工令；

(5) 签发工程款支付证书，组织审核竣工结算；

(6) 调解建设单位与施工单位的合同争议，处理费用与工期索赔；

(7) 审查施工单位的竣工申请，组织工程竣工预验收，组织编写工程质量评估报告，参与工程竣工验收；

(8) 参与或配合工程质量安全事故的调查和处理。

3. 专业监理工程师职责

(1) 参与编写监理规划，负责编制监理实施细则；

(2) 审查施工单位提交的涉及本专业的报审文件，并向总监理工程师报告；

(3) 参与审核分包单位资格；

(4) 指导、检查监理员工作,定期向总监理工程师报告本专业监理工作实施情况;

(5) 检查进场的工程材料、构配件、设备的质量;

(6) 验收检验批、隐蔽工程、分项工程,参与验收分部工程;

(7) 处置发现的质量问题和安全事故隐患;

(8) 进行工程计量;

(9) 参与工程变更的审查和处理;

(10) 组织编写监理日志,参与编写监理月报;

(11) 收集、汇总、参与整理监理文件资料;

(12) 参与工程竣工预验收和竣工验收。

4. 监理员职责

(1) 检查施工单位投入工程的人力、主要设备的使用及运行情况;

(2) 进行见证取样;

(3) 复核工程计量有关数据;

(4) 检查工序施工结果;

监理员职责.mp3

(5) 发现施工作业中的问题,及时指出并向专业监理工程师报告。

【案例 10-2】 某工业厂房工程建设项目于 2012 年 3 月 12 日开工,2012 年 10 月 27 日竣工并验收合格。但在 2015 年 2 月,该厂房供热系统出现部分管道漏水。经业主检查发现,原施工单位所用管材与其向监理工程师所报验的不相符。若全部更换供热管道将损失人民币 30 万元,并将造成该厂部分车间停产,其损失合计人民币 20 万元。业主就此事件提出以下要求:

(1) 要求施工单位对厂房供热管道进行全部返工更换,并赔偿该厂停产损失的 60%(计人民币 12 万元);

(2) 要求监理公司对全部返工工程免费进行监理,并对停产损失承担连带赔偿责任,赔该厂停产损失的 40%(计人民币 8 万元)。

施工单位的答复是: 该厂房供热系统已超过国家规定的保修期,因此不予保修,也不同意返工,更不同意赔偿停产损失。

监理单位的答复是: 监理工程师已对施工单位报验的管材进行过检查,符合质量标准,已履行了监理职责。施工单位擅自更换管材,应由施工单位负责,监理单位不承担任何责任。

问题:

(1) 依据现行法律和行政法规,指出业主的要求以及施工单位、监理单位的答复中各有哪些错误,为什么?

(2) 简述施工单位和监理单位分别应负何种责任,为什么?

10.3 建筑工程监理的程序与建筑工程监理合同

10.3.1 建筑工程监理的程序

1. 确定项目总监理工程师

监理单位应根据建设工程的规模、性质、业主对监理的要求，委派称职的人员担任项目总监理工程师，总监理工程师是一个建设工程监理工作的总负责人，他对内向监理单位负责，对外向业主负责。

建设工程监理的
程序.mp3

监理机构的人员构成是监理投标书中的重要内容，是业主在评标过程中认可的，总监理工程师在组建项目监理机构时，应根据监理大纲内容和签订的委托监理合同内容组建，并在监理规划和具体实施计划执行中进行及时的调整。

2. 编制建设工程监理规划

建设工程监理规划是开展工程监理活动的纲领性文件。

3. 规范化地开展监理工作

监理工作的规范化体现在：

(1) 工作的时序性。这是指监理的各项工作都应按一定的逻辑顺序先后展开。

(2) 职责分工的严密性。建设工程监理工作是由不同专业、不同层次的专家群体共同来完成的，他们之间严密的职责分工是协调进行监理工作的前提和实现监理目标的重要保证。

(3) 工作目标的确定性。在职责分工的基础上，每一项监理工作的具体目标都应是确定的，完成的时间也应有时限规定，从而能通过报表资料对监理工作及其效果进行检查和考核。

4. 签署建设工程监理意见

建设工程施工完成以后，监理单位应在正式验交前组织竣工预验收，在预验收中发现的问题，应及时与施工单位沟通，提出整改要求。监理单位应参加业主组织的工程竣工验收，签署监理单位意见。

5. 向业主提交建设工程监理档案资料

建设工程监理工作完成后，监理单位向业主提交的监理档案资料应在委托监理合同文件中约定。如在合同中没有作出明确规定，监理单位一般应提交：设计变更、工程变更资料、监理指令性文件、各种签证资料等档案资料。

6. 监理工作总结

监理工作完成后，项目监理机构应及时从两方面进行监理工作总结。

其一，是向业主提交的监理工作总结，其主要内容包括：委托监理合同履行情况概述；

监理任务或监理目标完成情况的评价；由业主提供的供监理活动使用的办公用房、车辆、试验设施等的清单；表明监理工作终结的说明等。

其二，是向监理单位提交的监理工作总结，其主要内容包括：

(1) 监理工作的经验。可以是采用某种监理技术、方法的经验，也可以是采用某种经济措施、组织措施的经验，以及委托监理合同执行方面的经验或如何处理好与业主、承包单位关系的经验等；

(2) 监理工作中存在的问题及改进的建议。

10.3.2　建筑工程监理合同

实施监理的建筑工程，建设单位与其委托的工程监理单位之间应当订立书面委托合同。委托合同的主要条款应当包括：委托方的名称、住址和受托方的名称、住址；委托事项；酬金或费用；双方权利、义务；合同的变更、终止和解除；违约责任；发生争议的解决方式及其他有关事项。

建设工程监理
合同.mp3

实践中，委托监理合同采用建设部、国家工商局联合印发的《建设工程监理合同(示范文本)》。该示范文本包括建设工程委托监理合同、通用条件、专用条件和附录四部分。

建设单位和监理单位签订了委托监理合同就应当依照合同的规定履行义务，任何一方不能擅自违反合同的约定，否则将承担违约责任。

10.4　建筑工程各阶段的监理

10.4.1　设计阶段监理

1. 参与设计单位的设计方案比选

监理单位应参与设计方案的比选工作，促进优化设计。积极主动与设计单位进行技术磋商，共同确定控制设计标准和主要技术参数。参与主要工艺路线的确定，以及主要设备、材料的选型。

2. 协调设计单位与政府部门的关系

监理单位应在初步设计前提供工程初勘资料，在施工图设计前提供工程详勘资料，在分段委托设计时提供初步设计文件。监理单位要及时沟通设计单位与政府有关部门的联系，尽可能争取认可和通融。

3. 协调各设计单位各专业间的关系

当分段设计招标或分项、分专业设计招标时，监理单位要定期召集协调会，及时做好各阶段设计之间的协调工作。

4. 设计进度控制

监理单位应与设计单位商定出图进度计划，核查设计力量是否能切实保证，并进行各专业之间的进度协调。

5. 工程投资控制

监理单位要按专业或分项工程确定投资分配比例，以便控制总投资；调查当地造价水平和类似工程的成本资料，预测工程造价与材料价格的走势，并在审查项目的独特问题后估算造价；审查概算并与造价估算进行比较；在各设计阶段完成后签发支付设计费通知。

6. 设计质量控制

监理单位应分析、检验各专业之间设计成果的配套情况，从建筑形体、工艺路线、设备选型、施工组织等方面综合评价所采用的设计成果。检查图纸质量并审查各阶段设计文件。

审查内容包括：①依据资料的可靠性；②数据的正确性；③与国家规范、标准的相容性；④设计深度是否与设计阶段相适应等。

7. 设计合同履行

监理单位应按设计合同的内容检查设计成果、设计深度、设计质量和设计进度是否与合同要求相符合，督促设计单位履行设计合同。

8. 设计变更管理

监理单位要审核设计变更的必要性及其在费用、时间、质量、技术等方面的可行性，并审核设计变更必需的设计费用。

9. 设计文件验收

设计文件验收的主要工作是检查设计单位提交的各阶段设计文件组成是否齐全。所有文件都应有设计单位各专业主要设计、审核人员的签字盖章。监理单位在验收时，按交图目录和规定的份数逐一检查清点，代业主签收。

施工图纸一般还要经过会审(或交底)，经总监理工程师签认后，方可交施工单位依图施工。作为设计监理的延续，监理单位还应组织设计交底和图纸会审。

10.4.2 施工阶段监理

施工阶段的监理工作内容：

(1) 协助建设单位与承包单位编写开工报告，对承建商及选择的分包商进行资格审查；

(2) 组织设计交底和图纸会审；

(3) 审查承包单位提出的施工组织设计、施工进度计划、施工方案、施工质量保证体系等技术文件，并检查落实情况；

(4) 督促、检查承包单位严格执行工程承包合同、国家工程技术标准、施工规范，协调建设单位和承包单位之间的关系，处理违约事件；

（5）检查工程采用的主要设备及关键材料是否符合设计图纸或标书所规定的厂家、型号、规格和质量标准，严格核查主要材料、构配件的出厂合格证明、材质化验单；

（6）核查施工过程中的主要部位环节，做好隐蔽工程的复查和验收，组织分项工程检查验收；组织设计单位和承建商进行工程竣工初步验收，协助建设单位提出竣工验收申请报告；

（7）定期检查和汇报工程实际进展情况，审核承建商进度报表及付款申请，签发工程付款凭证；监管房地产预售款的专款专用，确保工程款的支付，书面通知房地产预售款监管机构向建设单位划款；

（8）做好现场的技术经济签证工作；

（9）参与处理工程质量事故，监督事故处理方案的实施；

（10）督促审查承包单位归整技术业务资料；建立技术经济档案，并将完整的原始施工技术资料移交建设单位；

（11）协助有关部门做好工程结算。

【案例 10-3】 某工程项目采用的是预制钢筋混凝土管桩基础。业主委托某监理单位承担该工程项目施工招标及施工阶段的监理任务。因该工程涉及土建施工、沉桩施工和管桩预制工作，业主对工程发包提出了两种方案：一种是采用平行发包模式，即土建、沉桩、管桩制作分别进行发包；另一种是采用总承包模式，即由土建施工单位总承包，沉桩施工及管桩制作列入总承包范围再进行分包。

问题：

（1）施工招标阶段，监理单位的主要工作内容有哪些？

（2）如果采取施工总承包模式，监理工程师应从哪些方面对分包单位进行管理？其主要手段是什么？

10.4.3　保修阶段监理

在工程竣工验收时，监理工程师应督促施工单位向业主提交工程质量保修书。当工程进入保修期，施工单位已撤离现场，而监理单位则根据工程项目的大小，宜在参加该项目施工阶段监理工作的监理人员中保留必要的人员。监理单位要与业主方密切联系，关注工程使用状况是否正常，随时听取用户意见。同时，与有关承包商保持电话联系，并且要求承包商指定一名联系人。组织承包商对工程使用情况进行回访，一般每半年进行一次为宜。听取建设单位的意见和要求，对

保修阶段监理.mp3

建设单位(或使用单位)提出的工程缺陷原因及责任进行调查，分析和确认并协助进行管理体制，回访应做好记录并存档。

监理工程师对用户反馈的意见及质量回访与检查中发现的质量问题与缺陷的原因进行详细调查分析，并确定质量缺陷的事实和责任。对比较严重的质量缺陷应由监理工程师组织业主、设计人员和承包商共同研究确定原因。关键是确定该工程质量缺陷是否在正常使用条件上产生的。若是在正常使用条件下产生的质量缺陷，则由承包商负责，无条件保修。监理工程师要及时发出工程保修通知书，要求承包商在接到通知书十日内派人进行保修。

对于比较重大的质量缺陷，如基础不均匀沉降和屋面、地下室渗漏等质量问题要求责任方提出缺陷的处理方案，并经过监理、设计人员、业主方共同审批后，由监理工程师监督实施处理。承包方若不按工程质量书约定进行保修，监理工程应书面通知业主，可由业主委托其他承包商完成。基础维修处理发生的费用依据施工合同规定在质量保修保证金中扣除。对非承包单位原因造成的工程质量缺陷，监理人员应核实修复工程的费用和签署工程款支付证书，并报建设单位；同时项目总监理工程师应组织有关监理人员做好保修期内的监理工作记录和总结。

工程验收合格并进入保修期后，有些使用单位擅自改变设计使用功能，即出现工程的非正常使用情况，例如，室内进行二次装修扩门拆墙，改变水、电管线；屋面擅自加设太阳能热水器、电视等无线接收设备，屋面和外墙面设置大型广告牌；屋面天沟灰尘和生活垃圾堆积，天沟流水不畅，个别水落堵塞等。监理工程师一旦发现上述情况，应立即书面通知业主或使用单位，并提出处理意见，协同相关单位加以解决。

10.5　案例分析

1. 案例 1

背景材料

某工程项目业主与监理单位及承建商分别签订了施工阶段的监理合同和工程施工承包合同。由于工期紧张，在设计单位仅交付地下室施工图的情况下，项目业主就要求承建商进场施工，同时向监理单位提出对工程质量把关的要求。

由于承建商不具备防水施工技术，故合同约定其地下防水工程可以分包。在承建商尚未确定防水分包单位的情况下，为保证质量和工期，业主代表自行选择了一家专门承建防水施工业务的施工企业，承担防水工程施工任务(尚未签订正式合同)，并书面通知总监理工程师和承建商，已确定分包单位进场时间，要求配合施工。

问题

(1) 你认为上述哪些做法不妥？

(2) 总监理工程师接到业主通知后应如何处理？

分析

(1) 在背景材料中有两处不妥。一是业主违背了有关法规和合同的规定，在未事先征得监理工程师同意的情况下，自行确定了分包单位；事先也未与承建单位进行充分协商，而是确定了分包单位以后才通知承建单位。二是在没有正式签订分包合同的情况下，就确定了分包单位的进场作业时间。

(2) 总监理工程师首先应及时与项目业主沟通，签发该分包意向无效的书面监理通知，并尽可能采取措施阻止分包单位进场，以避免问题进一步复杂化。同时，总监理工程师应对项目业主意向的分包单位进行资质审查，若资质审查合格，可与承建商协商，建议承建商与该合格的防水分包企业签订防水工程施工分包合同；若资质审查不合格，总监理工程师应与业主协商，建议由承建商另选合格的防水工程施工分包单位。总监理工程师应及时将处理结果报项目业主备案。

2. 案例 2

背景材料

某工程项目在设计文件完成后，项目业主委托了一家监理公司协助业主进行施工招标和承担施工阶段监理。

监理合同签订后，总监理工程师分析了项目规模和特点，拟按照组织结构设计、确定管理层次、确定监理工作内容、确定监理目标和制定监理工作流程等步骤，来建立本项目的监理组织机构。

施工招标前，监理单位编制了招标文件，其主要内容包括：

(1) 工程综合说明；

(2) 设计图纸和技术资料；

(3) 工程量清单；

(4) 施工方案；

(5) 主要材料与设备供应方式；

(6) 保证工程质量、进度、施工安全的主要技术组织措施；

(7) 特殊工程的施工要求；

(8) 施工项目管理机构；

(9) 合同条件。

为了使监理工作规范化进行，总监理工程师拟以工程项目建设条件、监理合同、施工合同、施工组织设计和各专业监理工程师编制的监理实施细则为依据，编制施工阶段监理规划。

监理规划中规定各监理人员的主要职责如下。

1) 总监理工程师职责

(1) 审核并确认分包单位资质；

(2) 审核签署对外报告；

(3) 负责工程计量、签署原始凭证和支付证书；

(4) 及时检查、了解和发现总承包单位的组织、技术、经济和合同方面的问题；

(5) 签发开工令。

2) 监理工程师职责

(1) 主持建立监理信息系统，全面负责信息沟通工作；

(2) 对所负责控制的目标进行规划，建立实施控制的分系统；

(3) 检查确认工序质量，进行检验；

(4) 签发停工令、复工令；

(5) 实施跟踪检查，及时发现问题及时报告。

3) 监理员职责

(1) 负责检查及检测材料、设备、成品和半成品的质量；

(2) 检查施工单位人力、材料、设备、施工机械投入和运行情况，并做好记录；

(3) 记好监理日志。

问题

(1) 监理组织机构设置步骤有何不妥？应如何改正？

(2) 常见的监理组织结构形式有哪些？若想建立具有机构简单、权力集中、命令统一、职责分明、隶属关系明确的监理组织机构，应选择哪一种组织结构形式？

(3) 施工招标文件内容中哪些不正确？为什么？

(4) 监理规划编制依据有何不恰当？为什么？

(5) 各监理人员的主要职责划分有哪些不妥？如何调整？

分析

(1) 监理组织机构设置步骤中不应包括"确定管理层次"，其他步骤顺序不对。正确的步骤应是："确定监理目标、确定监理工作内容、组织结构设计和确定监理工作流程"。

(2) 常见的组织结构形式有直线制、职能制、直线职能制和矩阵制。应选择直线制组织结构形式。

(3) 招标文件内容中的4、6、8条不正确，因为4、6、8条应是投标文件中的内容。

(4) 不恰当之处是监理规划编制依据中不应包括施工组织设计和监理实施细则。因为施工组织设计是由施工单位(或承包单位)编制的指导施工的文件，是监理工程师重点审查的文件之一；监理实施细则是根据监理规划编制的，即在总监理工程师的主持下编制完成监理规划后分专业编制监理实施细则。

(5) 各监理人员职责划分中的问题分析如下：

① 总监理工程师职责中的第3条、第4条不妥。第3条中的"工程计量、签署原始凭证"应是监理员职责；第4条应为监理工程师职责。

② 监理工程师职责中的第1条、第3条、第4条、第5条不妥。第3条、第5条应是监理员的职责；第1条、第4条应是总监理工程师的职责。

本 章 小 结

建筑工程监理，是指具有法定资质条件的工程监理单位，根据建设单位的委托，依照法律、行政法规及有关技术标准、设计文件和建筑工程承包合同，对承包单位在施工质量、建设工期和建设资金使用等方面，代表建设单位对工程施工实施监督的专门活动。通过本章的学习，学生可以从多方面了解了建筑工程监理，学习了建筑工程监理相关的知识。

实 训 练 习

一、单选题

1. 建设工程监理只有在( )委托的情况下才能进行。

    A. 施工单位   B. 建设单位   C. 政府机关   D. 设计单位

2. 下面不属于工程监理内容中"三管理"的是( )。

    A. 信息管理   B. 安全管理   C. 质量管理   D. 合同管理

3. 不属于工程监理性质的是(　　)。

 A. 服务性   B. 科学性   C. 公开性   D. 独立性

4. 项目监理机构监理人员的配备,要以保证监理工作的(　　)为前提。

 A. 质量   B. 安全   C. 工期   D. 费用

5. 我国建设工程监理制中,吸收了 FIDIC 合同条件的有关内容,对工程监理企业和监理工程师提出了(　　)的要求。

 A. 维护施工单位利益   B. 代表政府监理

 C. 独立、公正   D. 承担法律责任

6. 在工程建设程序中,建设单位进行工具、器具、备品、备件等的制造或订货是(　　)阶段的工作。

 A. 建设准备   B. 施工安装   C. 生产准备   D. 竣工验收

7. 按 FIDIC 道德准则,监理咨询工程师的正直性表现在(　　)。

 A. 在任何时候均为委托人的合法权益行使其职责,并且正直和忠诚地进行各种职业性的服务,给予相应的衡量标准和操作方式

 B. 在任何时候均为委托人的合法权益行使其职责,并且正直和忠诚地进行职业服务

 C. 在任何时候均为委托人的合法权益履行其义务,并且正直和忠诚地进行职业服务

 D. 在任何时候均为委托人的合法权益履行其权利,并且正直和忠诚地进行职业服务

8. 监理单位应当按照合同的规定认真履行自己的职责,这一要求体现了监理单位经营活动应遵循(　　)的准则。

 A. 守法   B. 诚信   C. 公正   D. 科学

二、多选题

1. 工程咨询公司可以为国际金融机构或国际援助机构提供(　　)服务。

 A. 合同咨询和技术咨询

 B. 对申请贷款的项目进行评估

 C. 协助进行工程和设备招标

 D. 对已接受贷款项目的执行情况进行检查和监督

 E. 对已完成项目进行后评估

2. 非代理型 CM 模式中 CM 单位与施工单位之间的关系与总分包模式中总分包关系的根本区别在于(　　)。

 A. CM 单位介入工程时间较早且不承担设计任务

 B. CM 单位对各分包商的资格预审、招标、议标和签约都对业主公开并必须经过业主的确认

 C. CM 单位在施工阶段才介入

 D. CM 单位对各分包商的资格预审、招标、议标和签约不需要对业主公开

 E. CM 单位并不向业主直接报出具体数额的价格,而是报 CM 费

3. 归档文件的质量要求有(　　)。

 A. 归档的工程文件一般应为原件

 B. 图纸按专业排列,同专业图纸按图号顺序排列

C. 所有竣工图均应加盖竣工图章

D. 工程文件要标出保管期限和保密级别

E. 工程文件中的文字材料幅面宜为 A4 幅面

4. 《建设工程质量管理条例》规定，建设工程承包单位的质量保修书中应当明确建设工程的保修(　　)等。

A. 主体　　　B. 范围　　　C. 内容　　　D. 期限　　　E. 责任

5. 《建设工程安全生产管理条例》中关于施工单位的安全责任的规定，表述正确的是(　　)。

A. 施工单位主要负责人依法对本单位的安全生产工作全面负责

B. 施工单位的项目负责人对建设工程项目的安全施工负责

C. 建设工程实行施工总承包的，由总承包单位、分包单位分别对施工现场的安全生产负责

D. 总承包单位和分包单位对分包工程的安全生产承担连带责任

E. 分包单位不服从管理导致生产安全事故的，由总承包单位承担主要责任

三、问答题

1. 简述建筑工程监理依据和内容？

2. 建筑工程监理依据是什么？

3. 简述施工监理的内容？

第 10 章　课后题答案.pdf

实训工作单一

班级		姓名		日期	
教学项目			建筑工程监理制度		
任务	建筑工程监理机构相关内容	学习途径	本书中的案例分析，自行查找相关法律书籍		
学习目标		掌握建筑工程监理机构相关内容			
学习要点					
学习查阅记录					
评语				指导教师	

实训工作单二

班级		姓名		日期	
教学项目			建筑工程监理制度		
任务	建筑工程各阶段的监理	学习途径	本书中的案例分析,自行查找相关法律书籍		
学习目标		重点掌握施工阶段监理			
学习要点					
学习查阅记录					
评语				指导教师	

第 11 章　建筑工程其他相关法规教案.pdf

【学习目标】

1. 了解法律责任
2. 掌握建设工程纠纷种类与处理方式
3. 了解建设工程绿色施工法规

建筑工程其他
相关法规.avi

【教学要求】

本章要点	掌握层次	相关知识点
建筑工程法律责任	1. 了解法律责任概述 2. 了解行政法律责任 3. 了解民事法律责任 4. 了解刑事法律责任	行政法律责任 民事法律责任 刑事法律责任
建设工程纠纷处理法规	1. 了解建设工程纠纷的种类与处理方式 2. 掌握和解与调解制度 3. 掌握仲裁制度 4. 掌握民事诉讼制度 5. 掌握行政复议和行政诉讼制度	纠纷的种类 纠纷的处理方式
建筑工程绿色施工法规	1. 熟悉环境保护法 2. 熟悉节约能源法 3. 熟悉水土保持法	环境保护法 节约能源法 水土保持法

【项目案例导入】

2011 年 12 月 29 日，济慈教育集团与建功集团签订建设工程承包合同，约定济慈教育集团将济慈中学一标段的全部土建工程和水、电、卫安装工程发包给建功集团施工，暂定造价 1650 万元。

2012 年 2 月 10 日，双方通过招投标又签订建筑施工合同。合同签订后，建功集团进场施工。

2012 年 9 月 6 日，济慈教育集团以保证正常的教学秩序及在校师生的安全为由，通知建功集团：要求在 9 月 14 日前完成对遗留工作的扫尾工作及存在严重缺陷工程的修补工作，并撤离全部施工人员，到期末完工的工作由济慈教育集团统一调度处理。施工期间，济慈教育集团先后共支付建功集团工程款 9692285 元。

2013 年 4 月 15 日，市建设局发出文件，认为在济慈教育集团的教育楼等工程项目招投标过程中，没有发放招标文件，没有接收投标文件，没有成立评标委员会，没有开标及评标，整个招标过程缺少必要的法定程序，宣布济慈中学教育综合楼等工程项目施工招投标结果无效。

工程大部分已投入使用后，济慈教育集团一直拖欠部分工程款未支付。之后，济慈教育集团以施工合同无效为由，要求从拖欠的工程款中扣除建功集团应得的利润，双方未能协商达成一致，建功集团遂向法院提起诉讼。

【项目问题导入】

根据本案例的情况，请结合所学的有关知识，试分析双方当事人在此案例中存在的过错，如何解决纠纷？

11.1 建筑工程法律责任

11.1.1 法律责任概述

法律责任是指因违反了法定义务或契约义务，或不当行使法律权利、权力所产生的，由行为人承担的不利后果。就其性质而言，法律关系可以分为法律上的功利关系和法律上的道义关系，与此相适应，法律责任方式也可以分为补偿性方式和制裁性方式。

法律责任的特点如下。

(1) 法律责任首先表示一种因违反法律上的义务关系而形成的责任关系，它是以法律义务的存在为前提的；

(2) 法律责任还表示为一种责任方式，即承担不利后果；

(3) 法律责任具有内在逻辑性，即存在前因与后果的逻辑关系；

(4) 法律责任的追究是由国家强制力实施或者潜在保证的。

法律责任的概述.mp4

根据违法行为所违反的法律的性质，可以把法律责任分为行政责任、民事责任、刑事责任、经济法责任、违宪责任和国家赔偿责任。

11.1.2　行政法律责任

行政法律责任是指行政主体和行政人因违反行政法规范而依法必须承担的法律责任，它主要是行政违法引起的法律后果。行政法律责任必须由有关国家机关依照行政法律规范，包括实行规范和程序规范所规定的条件和程序予以追究。

行政法律责任.mp4

1. 行政责任概念

行政责任作为人类社会制度一定发展阶段的产物，有其生成和发展的必然性和条件。在现代社会中，行政责任愈来愈成为国家政治生活的一个重要方面，从而使确立和确保行政责任产生了不同于以往的重要意义，主要表现在以下两个方面：

(1) 行政责任能够限制行政机关及其公务人员滥用行政权力

19 世纪末 20 世纪初，西方出现了行政国家现象。行政活动不再从属于政治，开始在国家政治生活中占据主导地位。总之，政府在立法、行政、司法三权分立的国家权力格局中，地位明显加强，政府权力、职能和活动范围明显扩展，在国家和社会生活中发挥越来越大的作用。

然而，政府行政权力的扩张也造成了一些问题，政府职权的扩张，增加了政府谋取自身利益以及侵犯社会公众合法权益的可能性。解决这一矛盾的重要途径之一，就是加强政府及其公务人员的行政责任。

(2) 行政责任能够提高减少政府工作失误，提高政府工作效率

20 世纪以来，特别是两次世界大战以来，社会发展的深刻变化对国家行政管理的方式、内容和范围都提出了新的要求，使得政府权力和职能明显扩张，政府组织结构更为复杂。由于现代政府组织规模庞大而职能复杂，人员众多而分工细致，为提高行政效率，就要求在行政组织内部建立起职权与职责相一致的工作责任制度，从而保证行政行为的规范化，克服官僚主义，减少行政失误，提高行政工作的效率。

2. 行政法律责任的基本特征

(1) 行政法律责任的主体是行政法律关系主体；

(2) 行政法律责任是行政法律关系主体的行政违法或行政不当所引起的行政法律后果；

(3) 有权追究行政法律责任的机关是国家权力机关和国家行政机关。

3. 行政法律责任的承担方式

(1) 行政主体承担行政法律责任的方式主要有：接受通报批评；赔礼道歉，承认错误；恢复名誉，消除影响；返还权益，恢复原状；停止违法行政行为；撤销违法决定，撤销违法的抽象行政行为；履行职责，纠正行政不当，重新作出行政行为、行政赔偿等。

(2) 行政相对人承担行政法律责任的方式主要有：承认错误，检讨；恢复名誉、返还原物；赔偿损失；行政处罚等。

11.1.3　民事法律责任

民事责任是指由于违反民事法律、违约或者由于民法规定所应承担的一种法律责任。包括 11 种：停止侵害，排除妨碍，消除危险，返还财产，恢复原状，修理、重作、更换，继续履行，赔偿损失，支付违约金，消除影响、恢复名誉，赔礼道歉等。

民事责任具有以下主要特征。

1. 强制性

民事责任的强制性是其区别于道德责任和其他社会责任的基本标志。民事责任强制性的表现主要有两点：

民事责任的特性.mp4

(1) 在民事主体违反合同或者不履行其他义务，或者由于过错侵害国家、集体的财产，侵害他人财产、人身时，法律规定应当承担民事责任。

(2) 当民事主体不主动承担民事责任时，可以通过国家有关权力机构强制其承担责任，履行民事义务。

2. 财产性

民事责任以财产责任为主，非财产责任为辅。一方不履行民事义务的行为，给他方造成财产和精神上的损失，通常通过财产性赔偿的方式予以恢复。但是仅有财产责任不足以弥补受害人的损失，因此，《民法通则》也规定了一些辅助性的非财产责任。

3. 补偿性

民事责任以弥补民事主体所受的损失为限。就违约责任而言，旨在使当事人的利益达到合同获得适当履行的状态；侵权责任，旨在使当事人的利益恢复到受损害以前的状态。

【案例 11-1】　原告田某(女)与被告谢某(男)均系哑人。1990 年 10 月经人介绍相识，1991 年 10 月 1 日结婚，婚后生一女孩。因夫妻双方性格不合，经常发生争执。1994 年田某向当地人民法院提起诉讼，要求与谢某离婚，并要求抚养女儿。人民法院受理案件后，认为原、被告均系哑人，于是分别通知原告之母席某与被告之父谢某某，分别作为原被告法定代理人参加诉讼。经审理，在双方当事人未到庭的情况下达成调解协议："同意原告与被告离婚；婚生女儿由原告田某抚养，被告谢某每月给付抚养费 50 元。"

问题：

请结合所学的相关知识，结合本案例简述民事法律责任？

11.1.4　刑事法律责任

刑事责任是指行为人因其犯罪行为所必须承受的，由司法机关代表国家所确定的否定性法律后果。包括主刑和附加刑。其中，主刑包括管制、拘役、有期徒刑、无期徒刑、死刑。附加刑包括罚金、剥夺政治权利、没收财产、驱逐出境。

刑事法律责任构成要件为犯罪的客体、犯罪的客观方面、犯罪的主体、犯罪的主观方面。

刑事法律责任.mp4

1. 犯罪的客体

客体是指犯罪行为侵犯的中国刑事法律所保护的社会关系。任何犯罪都必然要侵犯某一客体，不侵犯客体的犯罪是不存在的。例如，销售假药罪，侵犯的客体是国家对药品的监督管理制度以及公民的健康权利。如果侵犯的不是刑事法律所保护的社会关系如合同关系，就不构成犯罪。

2. 犯罪的客观方面

客观方面是指刑法所规定的犯罪活动的客观事实特征，包括危害社会的行为、危害后果及其因果关系等。危害社会的行为包括作为和不作为。作为是指不当为而为的积极行为，即实施法律所禁止的行为，如杀人。不作为是指当为而不为的消极行为，是指行为人有条件、有义务实施某些行为而不实施，以至于使刑法所保护的客体受到严重危害的行为，如玩忽职守。

3. 犯罪的主体

主体是指实施犯罪行为依法应当承担刑事责任的自然人或者单位。第一，关于自然人，刑法规定只有达到一定年龄并且精神正常的人，才能成为犯罪的主体。第二，关于单位犯罪主体，是指为牟取单位的非法利益，由单位负责人或者经单位集体讨论决定，实施《刑法》明文规定的单位犯罪的公司、企业、事业单位、机关团体，其中包括法人单位和非法人单位。《刑法》对单位犯罪基本上实行两罚制，既处罚单位，比如判处罚金，又处罚直接负责的主管人员和其他直接责任人员。只有法律有明文规定的，才实行单罚制。

4. 犯罪的主观方面

主观方面是指《刑法》规定的成立犯罪必须具备的犯罪主体对其实施的危害行为及其危害后果所持的心理态度。包括犯罪的故意、犯罪的过失、犯罪的目的和动机。犯罪的故意是指明知自己的行为会发生危害社会的结果，并且希望或者放任这种结果发生的心理态度，分为直接故意和间接故意。犯罪的过失是指应当预见自己的行为可能发生危害社会的结果，因为疏忽大意而没有预见，或者已经预见而轻信能够避免，以致发生这种结果的心理态度，分为疏忽大意的过失和过于自信的过失。

刑事责任与行政责任不同之处：一是追究的违法行为不同：追究行政责任的是一般违法行为，追究刑事责任的是犯罪行为；二是追究责任的机关不同：追究行政责任由国家特定的行政机关依照有关法律的规定决定，追究刑事责任只能由司法机关依照《刑法》的规定决定；三是承担法律责任的后果不同：追究刑事责任是最严厉的制裁，可以判处死刑，比追究行政责任严厉得多。

11.2　建设工程纠纷处理法规

11.2.1　建设工程纠纷的种类与处理方式

所谓法律纠纷，是指公民、法人以及其他组织之间因人身、财产或其他法律关系所发生的对抗冲突，主要包括民事纠纷、行政纠纷、刑事附带民事纠纷。民事纠纷是平等主体间的有关人身权、财产权的纠纷；行政纠纷是行政机关之间或行政机关同公民、法人和其他组织之间由于行政行为而产生的纠纷；刑事附带民事纠纷是因犯罪而产生的有关人身权、财产权纠纷。

建设工程项目通常具有投资规模大、建造周期长、技术要求高、合同关系复杂和政府监管严格等特点，因而在建设工程领域里常见的是民事纠纷和行政纠纷。

1. 建设工程民事纠纷

建设工程民事纠纷，是在建设工程活动中平等主体之间发生的以民事权利义务法律关系为内容的争议。民事纠纷主要是因为违反了民事法律规范或者合同约定而引起的。民事纠纷可分为两大类：一类是财产关系方面的民事纠纷，如合同纠纷、损害赔偿纠纷等；另一类是人身关系方面的民事纠纷，如名誉权纠纷、继承权纠纷等。民事纠纷的特点有三：第一，民事纠纷主体之间的法律地位平等；第二，民事纠纷的内容是对民事权利义务的争议；第三，民事纠纷的可处分性(针对有关财产关系的民事纠纷具有可处分性，而有关人身关系的民事纠纷多具有不可处分性)。在建设工程领域，较为普遍和重要的民事纠纷主要是合同纠纷、侵权纠纷。

2. 建设工程行政纠纷

建设工程行政纠纷，是在建设工程活动中行政机关之间或行政机关向公民、法人和其他组织之间由于行政行为而引起的纠纷。在行政法律关系中，一方面行政机关对公民、法人和其他组织行使行政管理职权，应当依法行政；另一方面公民、法人和其他组织也应当依法约束自己的行为，做到自觉守法。

行政机关的行政行为具有以下特征：

(1) 行政行为是执行法律的行为。任何行政行为均须有法律根据，没有法律的明确规定或授权，行政主体不得作出任何行政行为。

(2) 行政行为具有一定的裁量性。这是由立法技术本身的局限性和行政管理的广泛性、变动性、应变性所决定的。

(3) 行政主体在实施行政行为时具有单方意志性，不必与行政相对方协商或征得其同意，便可依法自主做出。

(4) 行政行为是以国家强制力保障实施的，带有强制性。行政相对方必须服从并配合行政行为，否则行政主体将予以制裁或强制执行。

(5) 行政行为以无偿为原则，以有偿为例外。只有当特定行政相对人承担了特别公共负担，或者分享了特殊公共利益时，方可为有偿的。

行政行为具有哪些
特征.mp4

《合同法》规定，当事人可以通过和解或者调解解决合同争议。当事人不愿和解、调解或者和解、调解不成的，可以根据仲裁协议向仲裁机构申请仲裁。涉外合同的当事人可以根据仲裁协议向中国仲裁机构或者其他仲裁机构申请仲裁。当事人没有订立仲裁协议或者仲裁协议无效的，可以向人民法院起诉。当事人应当履行发生法律效力的判决、仲裁裁决、调解书；拒不履行的，对方可以请求人民法院执行。

3. 民事纠纷的解决途径

民事纠纷的法律解决途径主要有四种，即和解、调解、仲裁、诉讼。

和解是民事纠纷的当事人在自愿互谅的基础上，就已经发生的争议进行协商、妥协与让步并达成协议，无须第三方介入，完全自行解决争议的一种方式。

调解是指双方当事人以外的第三方应纠纷当事人的请求，以法律、法规、政策或合同约定以及社会公德为依据，居中调停，对纠纷双方进行疏导、劝说，促使其互谅互让，自愿协商达成协议，解决纠纷的一种方式。

仲裁是当事人根据在纠纷发生前或纠纷发生后达成的协议，自愿将纠纷提交中立第三方作出裁决，纠纷各方都有义务执行该裁决的一种解决纠纷的方式。

诉讼是指人民法院在当事人和其他诉讼参与人的参加下，以审理、裁判、执行等方式解决民事纠纷的活动，以及由此产生的各种诉讼关系的总和。

4. 行政纠纷的解决途径

行政纠纷的法律解决途径主要有两种。即行政复议和行政诉讼：

所谓的行政复议是公民、法人或其他组织(作为行政相对人)认为行政机关的具体行政行为侵犯其合法权益，依法请求法定的行政复议机关审查该具体行政行为的合法性、适当性，该复议机关依照法定程序对该具体行政行为进行审查，并作出行政复议决定的法律制度。

行政诉讼是指公民、法人或其他组织依法请求法院对行政机关具体行政行为的合法性进行审查并依法裁判的法律制度。

11.2.2　和解与调解制度

1. 和解

和解制度是指法院在受理破产案件后，丧失偿债能力的债务人与债权人之间在相互谅解、取得一致意见的基础上，就延期、分期清偿债务或者全部免除或部分免除债务人债务达成协议，以中止破产程序、防止债务人破产的制度。

和解.mp4

1)　和解程序

一般先由债务人提出和解申请及和解协议草案，然后由债权人会议讨论通过，再经法院认可或批准后生效执行。

2)　和解的缺陷

和解制度虽然有助于债务人摆脱破产境地，但其存在下列缺陷：

(1) 在债务人已发生破产原因后才能开始和解程序，往往使其重整事业的时机过迟、难以奏效。

(2) 和解协议对有物权担保的债权人无约束力，债务人在同债权人会议达成和解后，为避免担保物被执行，往往还需要与有物权担保的债权人个别达成和解，在实践中存在一定困难。

(3) 缺乏保障和解协议履行的手段。和解协议生效后，和解程序便告终结，对债务人如何整顿企业，如何保证和解协议履行、清偿债务，法律并无规定，债权人的利益没有充分保障。

由此可见，对于债权人来讲，和解并不是没有风险，和解的成效是很有限的。

2. 调解

调解制度是指经过第三者的排解疏导、说服教育、促使发生纠纷的双方当事人依法自愿达成协议，解决纠纷的一种活动。它已形成了一个调解体系，主要的有人民调解、法院调解、调解组织、行政调解、仲裁调解等。

人民调解即民间调解，是人民调解委员会对民间纠纷的调解，属于诉讼外调解。目前规范人民调解工作的法律依据，主要是《中华人民共和国宪法》、《中华人民共和国民事诉讼法》、《人民调解委员会组织条例》以及《人民调解工作若干规定》等法律法规。

法院调解这是人民法院对受理的民事案件、经济纠纷案件和轻微刑事案件进行的调解，是诉讼内调解。对于婚姻案件，诉讼内调解是必经的程序。至于其他民事案件是否进行调解，取决于当事人的自愿，调解不是必经程序。法院调解书与判决书有同等效力。对于调解不成的情况，《民事诉讼法》第九十一条规定，调解未达成协议或者调解书送达前一方反悔的，人民法院应当及时判决。

行政调解主要有两种：一种是基层人民政府，即乡、镇人民政府对一般民间纠纷的调解，这是诉讼外调解；另一种是国家行政机关依照法律规定对某些特定民事纠纷、经济纠纷或劳动纠纷等进行的调解，这些都是诉讼外调解。

仲裁调解，即仲裁机构对受理的仲裁案件进行的调解，调解不成即行裁决，这也是诉讼外调解。

11.2.3 仲裁制度

仲裁制度是指民(商)事争议的双方当事人达成协议，自愿将争议提交选定的第三者根据一定程序规则和公正原则作出裁决，并有义务履行裁决的一种法律制度。仲裁通常为行业性的民间活动，是一种私人行为，即私人裁判行为，而非国家裁判行为，它与和解、调解、诉讼并列为解决民(商)事争议的方式。但仲裁依法受国家监督，国家通过法院对仲裁协议的效力、仲裁程序的制定以及仲裁裁决的执行和遇有当事人不自愿执行的情况时可按照审判地法律所规定的范围进行干预。因此，仲裁活动具有司法性，是中国司法制度的一个重要组成部分。

仲裁具有以下基本特点：

1. 自愿原则

自愿原则是仲裁制度的基本原则，是仲裁制度存在和发展的基础。仲裁的自愿原则主要体现在：

(1) 当事人是否将他们之间发生的纠纷提交仲裁，由双方当事人自愿协商决定；

仲裁具有哪些基本特点.mp4

(2) 当事人将哪些争议事项提交仲裁，由双方当事人自行约定；

(3) 当事人将他们之间的纠纷提交哪个仲裁委员会仲裁，由双方当事人自愿协商决定；

(4) 仲裁庭如何组成，由谁组成，由当事人自主选定；

(5) 双方当事人还可以自主约定仲裁的审理方式、开庭方式等有关的程序事项。

2. 根据事实、符合法律规定、公平合理解决纠纷原则

这一原则是对"以事实为根据，以法律为准绳"原则的肯定和发展。即仲裁要坚持以事实为根据、以法律为准绳的原则，同时，在法律没有规定或者规定不完备的情况下，仲裁庭可以按照公平合理的一般原则来解决纠纷。

3. 独立仲裁原则

仲裁法明确规定仲裁应依法独立进行，不受行政机关、社会团体和个人的干涉。独立仲裁原则体现在仲裁与行政脱钩，仲裁委员会独立于行政机关，与行政机关没有隶属关系，仲裁委员会之间也没有隶属关系。同时，仲裁庭独立裁决案件，仲裁委员会以及其他机关、社会团体和个人不得干预。

4. 保密性原则

仲裁以不公开审理为原则。同时当事人以及有关人员也要遵守保密义务，不得对外界透漏案件实体和程序的有关情况。因此，可以有效保护当事人的商业的秘密和商业信誉。

5. 快捷性原则

仲裁实行一裁终局制度，仲裁裁决一经作出即发生法律效力。仲裁裁决不能上诉，这使得当事人之间的纠纷能够迅速得以解决。

6. 执行的强制性和广泛性原则

对于生效的仲裁书，当事人有权向人民法院申请强制执行。

仲裁的基本制度分别是协议仲裁制度、或裁或审制度和一裁终局制度。

(1) 协议仲裁制度。仲裁协议是当事人仲裁意愿的体现。当事人申请仲裁、仲裁委员会受理仲裁案件以及仲裁庭对仲裁案件的审理和裁决都必须依据当事人之间订立的有效的仲裁协议，没有仲裁协议就没有仲裁制度。

(2) 或裁或审制度。仲裁与诉讼是两种不同的争议解决方式。因此，当事人之间发生的争议只能在仲裁或者诉讼中选择其一加以采用，有效的仲裁协议即可排除法院的管辖权，只有在没有仲裁协议或者仲裁协议无效的情况下，法院才可以行使管辖权。

(3) 一裁终局制度。我国仲裁法明确规定，仲裁实行一裁终局制度。即仲裁庭作出的

仲裁裁决即为终局裁决，裁决作出后，当事人就同一纠纷再申请仲裁或者向人民法院起诉，仲裁委员会或者人民法院不予受理。当事人应当自动履行裁决，一方当事人不履行的，另一方当事人可以向法院申请执行。

【案例11-2】甲房地产开发公司(以下简称甲公司)与乙房地产开发公司(以下简称乙公司)签订的《H项目合作开发合同》中约定：双方合作开发H项目，乙公司在取得市发改委项目建议书批复文件10日内向甲公司支付补偿金700万元，如乙公司不能按时付款，即作废，乙公司应向甲公司支付300万元违约金。合同还约定："因本合同引起的或与本合同有关争议，均提请B仲裁委员会仲裁。仲裁裁决是终局的，对双方均有约束力。"因乙公司在取得H项目批复文件后未支付补偿金，甲公司通知解除合同并向B仲裁委员会申请仲裁。乙公司在收到B仲裁委员会的仲裁通知及相关资料后提出了管辖异议，称合同中虽有仲裁条款，但合同已经解除，乙公司认为B仲裁委员会没有管辖权。

问题：
本案中的B仲裁委员会对此案是否具有管辖权?

11.2.4 民事诉讼制度

民事诉讼是指人民法院在当事人和全体诉讼参与人的参加下，依法审理和解决民事纠纷的活动，以及由这些活动所发生的诉讼关系。

1. 民事诉讼的法院管辖

民事诉讼中的管辖是指各级法院之间和同级法院之间受理第一审民事案件的分工和权限。包括级别管辖、地域管辖、移送管辖和指定管辖。

民事诉讼管辖的
概念.mp4

级别管辖是指按照一定的标准，划分上下级法院之间受理第一审民事案件的分工和权限。我国法院有四级，分别是：基层人民法院、中级人民法院、高级人民法院和最高人民法院，每一级均受理一审民事案件。我国《民事诉讼法》主要根据案件的性质、复杂程度和案件影响来确定级别管辖。在实践中争议标的金额的大小，往往是确定级别管辖的重要依据，但各地人民法院确定的级别管辖争议标的数额标准不尽相同。

地域管辖是指按照各法院的辖区和民事案件的案属关系，划分同级法院受理第一审民事案件的分工和权限。地域管辖实际上是以法院与当事人、诉讼标的以及法律事实之间的隶属关系和关联关系中确定的，主要包括以下几种情况。

1) 一般地域管辖

一般地域管辖辖是以当事人与法院的隶属关系来确定诉讼管辖，通常实行原告就被告原则，即以被告住所地作为确定管辖的标准。根据《民事诉讼法》第二十二条规定：

(1) 对公民提起的民事诉讼，由被告住所地人民法院管辖；被告住所地与经常居住地不一致的，由经常居住地人民法院管辖。其中，公民的住所地是指该公民的户籍所在地。经常居住地是指公民离开住所至起诉时已连续居住满1年的地方，但公民住院就医的地方除外。

(2)　对法人或者其他组织提起的民事诉讼，由被告住所地人民法院管辖。被告住所地是指法人或者其他组织的主要办事机构所在地或者主要营业地。

2)　特殊地域管辖

特殊地域管辖是指以被告住所地，诉讼标的所在地、法律事实所在地为标准确定的管辖。我国《民事诉讼法》规定19种特殊地域管辖的诉讼，其中与工程建设领域关系最为密切的是因合同纠纷提起的诉讼。

《民事诉讼法》规定：因合同纠纷提起的诉讼，由被告住所地或者合同履行地人民法院管辖。合同履行地是指合同约定的履行义务的地点，主要是指合同标的的交付地点。合同履行地应当在合同中明确约定，没有约定或约定不明的，当事人既不能协商确定，又不能按照合同有关条款和交易习惯确定的，按照《合同法》第六十二条的有关规定确定。对于购销合同纠纷，《最高人民法院关于在确定经济纠纷案件管辖中如何确定购销合同履行地的规定》中规定：对当事人在合同中明确约定履行地点的，以约定的履行地点为合同履行地。当事人在合同中未明确约定履行地点的，以约定的交货地点为合同履行地。合同中约定的货物到达地，到站地、验收地、安装调试地等，均不应视为合同履行地。对于建设工程施工合同纠纷，《最高人民法院关于审理建设工程施工合同纠纷案件适用法律问题的解释》中规定：建设工程施工合同纠纷以施工行为地为合同履行地。

发生合同纠纷的，《民事诉讼法》还规定了协议管辖制度。所谓协议管辖，是指合同当事人在纠纷发生前后，在法律允许的范围内，以出面形式约定案件的管辖法院。协议管辖仅适用于合同纠纷。《民事诉讼法》规定。合同的当事人可以在书面合同中协议选择被告住所地、合同履行地、合同签订地、原告住所地、标的物所在地人民法院管辖，但不得违反本法对级别管辖和专属管辖的规定。

3)　专属管辖

专属管辖是指法律规定某些特殊类型的案件专门由特定的法院管辖。专属管辖是排他性管辖，排除了诉讼当事人协议选择管辖法院的权利。专属管辖与一般地域管辖和特殊地域的关系是：凡法律规定为专属管辖的诉讼，均适用专属管辖。

《民事诉讼法》中规定了3种适用专属管辖的案件，其中因不动产纠纷提起的诉讼，由不动产所在地人民法院管辖，如房屋买卖纠纷，土地使用权转让纠纷等。应当注意的是，根据《最高人民法院关于审理建设工程施工合同纠纷案件适用法律问题的解释》的规定，建设工程施工合同纠纷不适用专属管辖，而应当按照《民事诉讼法》第二十四条的规定，适用合同纠纷的地域管辖原则，即由被告住所地或合同履行地人民法院管辖。发包人和承包人也可根据《民事诉讼的规定》在发包人住所地、合同签订地、施工行为地(工程所在地)的范围内，通过协议确定管辖法院。

4)　第三种管辖方式

移送管辖和指定管辖是除级别管辖和地域管辖的第三种管辖方式。

(1)　移送管辖

人民法院发现受理的案件不属于本院管辖的，应当移送有管辖权的人民法院，受移送的人民法院应当受理。受移送的人民法院认为受移送的案件依照规定不属于本院管辖的，应当报请上级人民法院指定管辖，不得再自行移送。

(2) 指定管辖

有管辖权的人民法院由于特殊原因，不能行使管辖权的，由上级人民法院指定管辖。人民法院之间因管辖权发生争议。由争议双方协商解决；协商解决不了的，报请其共同上级人民法院指定管辖。

管辖权异议是指当事人向受诉法院提出的该法院对案件无管辖权的主张，《民事诉讼法》规定，人民法院受理案件后，当事人对管辖权有异议的，应当在提交答辩状期间提出。人民法院对当事人提出的异议，应当审查。异议成立的，裁定将案件移交有管辖权的人民法院，异议不成立的，裁定驳回。根据《最高人民法院关于审理民事级别管辖异议案件若干问题的规定》，受诉人民法院应当在受理异议之日起15日内作出裁定，对人民法院就级别管辖异议作出的裁定，当事人不服提起上诉的，第二审人民法院应当依法审理并作出裁定。

【案例11-3】 2015年4月20日上午，兴山县技术监督局(以下简称监督局)的两名人员到宜昌市宏兴实业有限责任公司(以下简称宏兴公司)进行食品卫生检查，发现宏兴公司在其门市部部口设有一小摊，出售日用百货和副食品。经抽样检查，发现其中部分食品存在过期和其他质量问题，但在准备查封时，被门市部营业员阻挠，致使查封工作不能进行。之后技术监督局又要求宏兴公司自行清理整顿并作出检讨。4月21日晚，监督局以本局名义在兴山县有线电视台上播发了《提请消费者注意》的书面文稿，文中称："宏兴公司门市部经销大量过期变质食品，请消费者注意，不要只注意价格而忽视质量上当受骗。"宏兴公司认为监督局的上述行为侵犯了其名誉权，于是向兴山县人民法院提起诉讼，要求被告监督局更正此报道的内容，并赔偿因此而造成的经济损失。一审法院认为，监督局在有线电视台播出具有批评性质的文稿，是侵犯他人名誉权的行为，因此，将案件定性为侵害名誉权的民事侵权诉讼。而二审法院认为，本案是一起因行政执法机关在行政执法过程中的行政行为引起行政关系相对人认为损害其名誉权而形成的诉讼，因此，应定性为行政诉讼。

问题：

本案是否属于民事诉讼的受案范围？

2. 民事诉讼的参与人

民事诉讼是指人民法院在当事人和其他诉讼参与人的参加下，以审理、裁判、执行等方式解决民事纠纷的活动，以及由此产生的各种诉讼关系的总和。诉讼参与人包括原告、被告、第三人、代理人、证人、鉴定人、勘验人等。

诉讼参与人包括
哪些.mp4

民事诉讼中的当事人，是指因民事权利和义务发生争议，以自己的名义进行诉讼，请求人民法院进行裁判的公民、法人或其他组织。狭义的民事诉讼当事人包括原告和被告。广义的民事诉讼当事人包括原告、被告、共同诉讼人和第三人。

共同诉讼人是指当事人一方或双方为2人以上(含2人)，诉讼标的是共同的，或者诉讼标的是同一种类、人民法院认为可以合并审理并经当事人同意，一同在人民法院进行诉讼的人。

第三人是指对他人争议的诉讼标的有独立的请求权，或者虽无独立的请求权，但案件的处理结果与其有法律上的利害关系，而参加到原告、被告已经开始的诉讼中进行诉讼的人。

诉讼代理人是指根据法律规定或当事人的委托，代理当事人进行民事诉讼活动的人。与代理分为法定代理、委托代理和指定代理相一致，诉讼代理人通常也可分为法定诉讼代理人，委托诉讼代理人和指定诉讼代理人。在建设工程领域，最常见的是委托诉讼代理人。

《民事诉讼法》规定，当事人、法定代理人可以委托一至二人作为诉讼代理人。律师、当事人的近亲属、有关的社会团体或者所在单位推荐的人、经人民法院许可的其他公民，都可以被委托为诉讼代理人。

委托他人代为诉讼的，须向人民法院提交由委托人签名或盖章的授权委托书，授权委托书必须记明委托事项和权限。《民事诉讼法》规定：诉讼代理人代为承认、放弃、变更诉讼请求，进行和解、提起反诉或者上诉，必须有委托人的特别授权。针对实践中经常出现的授权委托书仅写"全权代理"而无具体授权的情形，最高人民法院还特别规定，在这种情况下不能认定为诉讼代理人已获得特别授权，即诉讼代理人无权代为承认、放弃、变更诉讼请求，进行和解、提起反诉或者上诉。

诉讼代理人的相关
概念.mp4

鉴定人是指受公安司法机关或个人的指派或者聘请，运用自己的专门知识或技能，对案件中的专门性问题进行分析判断并提出科学意见的人。

在民事诉讼过程中，勘验物证或现场是人民法院在当事人的申请之下进行的取证或固定证据的行为。勘验人可以是人民法院内部的专职的勘验人，也可以是审判庭成员，还可以是在特殊技术领域内聘请的其他成员。

3. 民事诉讼的证据和诉讼时效

1) 证据

证据，是指在诉讼中能够证明案件真实情况的各种资料。当事人要证明自己提出的主张，需要向法院提供相应的证据资料。

掌握证据的种类才能正确收集证据；掌握证据的保全才能不使对自己有利的证据灭失；掌握证据的应用才能真正发挥证据的作用。

根据《民事诉讼法》的规定，根据表现形式式的不同，民事证据有以下 7 种，分别是：书证、物证、视听资料、证人证言、当事人的陈述、鉴定结论、勘验笔录。

2) 诉讼时效

诉讼时效，是指权利人在法定的时效期间内，未向法院提起诉讼请求保护其权利时，依据法律规定消灭其胜诉权的制度。

超过诉讼时效期间，在法律上发生的效力是权利人的胜诉权消灭。超过诉讼时效期间权利人起诉，如果符合《民事诉讼法》规定的起诉条件，法院仍然应当受理。如果法院经受理后查明无中止、中断、延长事由的，判决驳回诉讼请求。但是，依照《最高人民法院关于审理民事案件适用诉讼时效制度若干问题的规定》，当事人来提出诉讼时效抗辩，法院不应对诉讼时效问题进行释明及主动适用诉讼时效的规定进行裁判。当事人违反法律规定，约定延长或者缩短诉讼时效期间、预先放弃诉讼时效利益的，法院不予认可。

应当注意的是，根据《民法通则》的规定，超过诉讼时效期间，当事人自愿履行的，不受诉讼时效限制。《最高人民法院关于贯彻执行(中华人民共和国民法通则)若干问题的意见(试行)》中规定，超过诉讼时效期间，义务人履行义务后以超过诉讼时效为由反悔的，不予支持。

4. 民事诉讼的审判程序

民事案件适用民事诉讼法规定的审判程序，审判程序有一审普通程序，简易程序，二审程序，特殊程序，审判监督程序，执行程序等程序。

一审普通程序流程介绍如下。

1) 起诉和受理

当事人提起诉讼，应向法院递交起诉状，经法院审查符合起诉条件的，受理后七日内立案；认为不符合条件的，在七日内裁定，不服的可提起上诉。

2) 审理前的准备

法院立案后五日内将起诉状副本发送被告，被告应在 15 日内提答辩状，法院组成合议庭审检诉讼材料进行必要的审理前的准备工作。

3) 开庭审理

(1) 开庭三日前通知诉讼参与人；

(2) 审理前核对讼诉参与人，宣布法庭纪律，告知当事人有关诉讼权利与义务，询问是否提出回避申请；

(3) 法庭调查。①当事人陈述起诉请求和理由；②证人作证知道案件情况的单位和个人都有义务作证；③出示证据；④宣读鉴定结论；⑤宣读勘验笔录；⑥当事人在法庭上可以提出所有的证据；⑦质证双方就赔偿争议所得供的证据应互相质证。

(4) 法庭辩论，原告发言，被告答辩，第三人发言及答辩后互相答辩。

(5) 法庭辩论终结，双方当事人争议核实清楚后法庭调查结束，应依法作出判决。

(6) 法庭能够调解的进行调解，调解不成的应及时判决。

普通程序的审判应当在立案之日起 6 个月内审结。有特殊情况需要延长的，由本院院长批准，可以延长。

一审普通程序结束后，如果当事人不服而提出上诉，则一审裁判不生效力，而进入二审程序。

二审法院的判决和裁定，是终审的具有法律效力的裁判，一经宣告或送达当事人就具有法律效力。对此裁判，当事人即不能再行起诉或上诉。

5. 民事诉讼的执行程序

执行程序是指人民法院的执行机构依照法定的程序，对发生法律效力并具有给付内容的法律文书以国家强制力为后盾，依法采取强制措施，迫使具有给付义务的当事人履行其给付义务的行为。

执行根据是当事人申请执行，人民法院移交执行以及人民法院采取强制措施的依据。执行根据是执行程序发生的基础，没有执行根据，当事人不能向人民法院申请执行，人民法院也不得采取强制措施。

11.2.5　行政复议和行政诉讼制度

1. 行政复议

行政复议是指公民、法人或者其他组织不服行政主体作出的具体行政行为，认为行政主体的具体行政行为侵犯了其合法权益，依法向法定的行政复议机关提出复议申请，行政复议机关依法对该具体行政行为进行合法性、适当性审查，并作出行政复议决定的行政行为。

1)　主要性质

(1)　行政复议是具有一定司法性因素的行政行为。行政复议的司法性是指有行政复议权的行政机关借用法院审理案件的某些方式审查行政复议，即行政复议机关作为第三人对行政机关和行政相对人之间的行政争议进行审查并作出裁决。

(2)　行政复议是行政机关内部监督和纠错机制。行政复议是行政机关对下级或者政府对所属的行政机关作出的违法或者不当的具体行政行为实施的一种监督和纠错行为。

(3)　行政复议是国家行政救济机制的重要环节。行政救济包括行政诉讼、行政赔偿、行政复议、行政监督。行政复议是其中不可或缺的一种。

2)　基本原则

行政复议基本原则，是指由行政复议法确立和体现的，反映行政复议基本特点，贯穿于行政复议全过程，并对行政复议起规范和指导作用的基本行为准则。

(1)　合法、公正、公开、及时和便民原则。

合法原则，是任何行政行为和司法行为都必须遵守的基本原则。

公正原则，是指行政复议要符合公平、正义的要求。

公开原则，此原则要求行政复议的依据、程序及其结果都要公开，复议参加人有获得相关情报资料的权利。

及时原则，是指复议机关应当在法律许可的期限内，以效率为目标，及时完成复议案件的审理工作。

便民原则，要求行政复议要方便行政相对人获得该种行政救济，而不因此遭受拖累。

(2)　书面审查原则。

行政复议则是一种行政司法行为，它具有行政性，不仅要追求公平，更要追求效率。行政复议不可能像行政诉讼那样要经过严格的开庭辩论程序，只需根据双方提供的书面材料就可以审理定案，以求实现行政效率。

(3)　合法性和适当性审查原则。

这一原则要求，行政复议机关在实施行政复议时，不仅应当审查具体行政行为的合法性，还要审查它的合理性。

2. 行政诉讼

行政诉讼是个人、法人或其他组织认为行政主体以及法律法规授权的组织作出的行政行为侵犯其合法权益而向法院提起的诉讼。行政诉讼是诉讼的一种有效方法。

1) 特征

(1) 行政诉讼所要审理的是行政案件。

这是行政诉讼在受理、裁判的案件上与其他诉讼的区别。刑事诉讼解决的是被追诉者刑事责任的问题；民事诉讼解决的是民商事权益纠纷的问题，而行政诉讼解决是行政争议，即行政机关或法律、法规授权的组织与公民、法人或者其他组织在行政管理过程中发生的争议。

(2) 行政诉讼是人民法院通过审判方式进行的一种司法活动。

这是行政诉讼与其他解决行政争议的方式和途径的区别。在中国，行政争议的解决途径不止行政诉讼一种，还有行政复议机关的行政复议等。而行政诉讼是由人民法院运用诉讼程序解决行政争议的活动。

(3) 行政诉讼是通过对被诉行政行为合法性进行审查以解决行政争议的活动。

其中进行审查的行政行为为具体行政行为，审查的根本目的是保障公民、法人或者其他组织的合法权益不受违法行政行为的侵害。这就决定了行政诉讼与刑事诉讼和民事诉讼在审理形式和裁判形式上有所不同。如行政诉讼案件不得以调解方式结案；证明具体行政行为合法性的举证责任由被告承担；行政诉讼的裁判以撤销、维持判决为主要形式等。

(4) 行政诉讼是解决特定范围内行政争议的活动。

行政诉讼并不解决所有类型的行政争议，有的行政争议不属于人民法院行政诉讼的受案范围，而刑事诉讼和民事诉讼均无类似于行政诉讼的受案范围的限制。至于，不属于行政诉讼解决的行政争议只能通过其他的救济途径解决。

(5) 行政诉讼中的当事人具有恒定性。

行政诉讼的原告只能是行政管理中的相对方，即公民、法人或者其他组织；行政诉讼的被告只能是行政管理中的管理方，即作为行政主体的行政机关和法律、法规授权的组织。

2) 概念区别

行政诉讼和行政复议的区别：

(1) 二者受理的机关不同。行政诉讼由法院受理；行政复议由行政机关受理，一般由原行政机关的上级机关受理，特殊情况下，由本级行政机关受理。

(2) 二者解决争议的性质不同。人民法院处理行政诉讼案件属于司法行为，适用行政诉讼法；行政机关处理行政争议属于行政行为的范围，应当适用行政复议法。

(3) 二者适用的程序不同。行政复议适用行政复议程序，而行政诉讼适用行政诉讼程序。行政复议程序简便、迅速、廉价，但公正性有限；行政诉讼程序复杂且需要更多的成本，但公正的可靠性大。行政复议实行一裁终局制度；而行政诉讼实行二审终审制度等。

(4) 二者的审查强度不同。根据《行政诉讼法》的规定，原则上法院只能对行政主体行为的合法性进行审查；而根据《行政复议法》的规定，行政复议机关可以对行政主体行为的合法性和适当性进行审查。

(5) 二者的受理和审查范围不同。《行政诉讼法》和《行政复议法》对于受理范围均做了比较详细的规定。从列举事项来看，《行政复议法》的受案范围要广于《行政诉讼法》。此外，《行政复议法》还规定对国务院的规定、县级以上地方各级人民政府及其工作部门的规定、乡镇人民政府的规定等规范性文件可以一并向行政复议机关提出审查申请。

行政复议与行政诉讼是两种不同性质的监督，且各有所长，不能互相取代。因此，现代国家一般都同时创设这两种制度。在具体的制度设计上，或将行政复议作为行政诉讼的前置阶段；或由当事人选择救济途径，或在当事人选择复议救济途径之后，仍允许其提起行政诉讼。

11.3　建筑工程绿色施工法规

11.3.1　环境保护法

18 世纪末 19 世纪初的产业革命，使社会生产力大发展，也使大气污染和水污染日趋严重。20 世纪后，化学和石油工业的发展对环境的污染更为严重。一些国家先后采取立法措施，以保护人类赖以生存的生态环境。一般先是地区性立法，后发展成广泛性立法，其内容最初只限于工业污染，后来发展为全面的环境保护立法。随着全球性的环境污染和破坏的发生，《国际环境法》应运而生。改革开放后，中国经济建设迅猛发展，环境问题也日益突出，有必要对环境进行立法保护，因此中华人民政府在《国际环境法》的基础上，产生了《中华人民共和国环境保护法》。

中华人民共和国环境保护法是为保护和改善环境，防治污染和其他公害，保障公众健康，推进生态文明建设，促进经济社会可持续发展制定的国家法律，由中华人民共和国第十二届全国人民代表大会常务委员会第八次会议于 2014 年 4 月 24 日修订通过，现将修订后的《中华人民共和国环境保护法》公布，自 2015 年 1 月 1 日起施行。

《中华人民共和国环境保护法》全法设总则、环境监督管理、保护和改善环境、防治环境污染和其他公害、法律责任及附则六章，共计四十七条，结构合理，内容较齐全，法律条文的语言也相对比较规范、严谨。该法确立了中国环境保护的基本原则和基本制度。

《中华人民共和国环境保护法》在立法目的上采取了二元论，即保护环境资源和促进经济建设。但是这一立法目的并没有明确体现可持续发展的指导思想。对于环境法意义上的"环境"的概念，该法在第二条以概括和列举相结合的方式阐明了其内涵，即影响人类生存和发展的各种天然的和经过人工改造的自然因素的总体，包括大气、水、海洋、土地、矿藏、森林、草原、野生生物、自然遗迹、人文遗迹、自然保护区、风景名胜区、城市和乡村等。

11.3.2　节约能源法

第十届全国人大常委会第三十次会议修订通过了《中华人民共和国节约能源法》。修订后的节约能源法的颁布施行，对于推动全社会节约能源，提高能源利用效率，保护和改善环境，促进经济社会全面协调可持续发展，有着重要意义。

1. 推动全社会节约能源

能源是人类赖以生存和发展的重要物质基础。能源利用涉及社会生产、生活的各个领域、各个方面，节能工作需要全社会的共同努力。节约能源法以法律形式确定了我国节约能源的基本原则、制度和行为规范，其最直接的目的是推动全社会节约能源。

2. 提高能源利用效率

推动全社会节约能源，不是要抑制和减少人类的生产、生活需求，其关键是加强用能管理，采取技术上可行、经济上合理以及环境和社会可以承受的措施，提高能源利用效率。为实现节约能源，一方面应当通过调整产业结构、淘汰落后的耗能过高的产品、设备和生产工艺，减少能源使用量。更为重要的是要通过加强用能管理，采用先进的节能技术，努力提高能源利用效率。因此，制定节约能源法将提高能源利用效率作为重要的目的之一。

3. 保护和改善环境

能源的不合理使用和能源消费的快速增长，对我国环境造成了严重破坏，经济发展面临巨大的环境压力。制定节约能源法，通过推动全社会节约能源，有利于保护和改善环境，有效缓解因环境破坏而产生的经济损失和人类健康等问题。

4. 促进经济社会全面协调可持续发展

节约能源是缓解能源供需矛盾、解决环境问题的根本措施，是提高经济增长质量的和效益的重要途径，是增强企业竞争力的必然需求，是实现经济社会可持续发展的必由之路。因此制定节约能源法，对促进经济社会全面协调可持续发展具有重要意义。

11.3.3　水土保持法

许多国家多通过立法手段来保证和促进水土保持工作，如美国于 1935 年制定了水土保持法。我国于 1957 年发布了《中华人民共和国水土保持暂行纲要》，1982 年发布了《水土保持工作条例》。此后，国务院及其有关部门和地方人民政府还制定了许多专门的水土保持规定。这些法律文件，对水土保持的任务、措施和组织管理等作了具体规定。

水土保持法是人们在预防和治理水土流失活动中所应遵循的法律规范。《中华人民共和国水土保持法》已由中华人民共和国第十一届全国人民代表大会常务委员会第十八次会议于 2010 年 12 月 25 日修订通过，2011 年 3 月 1 日起施行。

水土保持法的建立、实施对我国有重大的意义，以前我们过于片面追求经济的发展，而忽略了对水土等方面的关注。水土保持法不仅是改变山区、丘陵区、风沙区面貌，治理江河，建立良好的生态环境，发展农业生产的一项根本措施，也是预防和治理水土流失，保护和合理利用水土资源，减轻水、旱、风沙灾害，保障经济社会可持续发展的重要措施。

11.4　案　例　分　析

1. 案例 1

某建筑企业与建设单位在施工合同中约定：如发生争议便提交有管辖权的人民法院解决。后双方因工程价款的拨付发生争议又协商不成，拟向人民法院提起诉讼以解决争议。

案例问题

本案中应当是哪一地、哪一级的人民法院具有管辖权？

案例分析

(1) 根据《最高人民法院关于适用〈中华人民共和国民事诉讼法〉的解释》的规定，建设工程施工合同纠纷适用专属管辖。所以，本案应当由建设工程所在地的人民法院管辖。

(2) 根据双方争议金额(即诉讼标的额)，按照最高人民法院《关于调整高级人民法院和中级人民法院管辖第一审民商事案件标准的通知》的规定，可以确定有管辖权的第一审人民法院管辖。也就是说，当事人可根据双方争议金额在该工程所在地的相应级别的人民法院提起诉讼。

2. 案例 2

某工程发包人长期拖欠工程款，施工单位因多种原因在诉讼时效期限内未行使请求权。后双方发生争议，施工单位将发包人诉至法院。

案例问题

(1) 法院是否应受理此案？

(2) 法院是否可以直接驳回诉讼请求？

(3) 如果施工合同中约定工程价款请求权的诉讼时效为 1 年，应当如何处理？

案例分析

(1) 法院应当受理此案。对于超过诉讼时效但符合《民事诉讼法》规定的起诉条件的案件，法院仍然应当受理。但是，如果法院经受理后查明无中止、中断、延长事由的，可判决驳回诉讼请求。

(2) 没有当事人的诉讼时效抗辩，法院不可以直接或者依职权驳回原告的诉讼请求。依照《最高人民法院关于审理民事案件适用诉讼时效制度若干问题的规定》，当事人未提出诉讼时效抗辩，法院不应对诉讼时效问题进行释明及主动适用诉讼时效的规定进行裁判。

(3) 如果施工合同中约定工程价款的请求权诉讼时效为 1 年，法院将不予认可。根据《最高人民法院关于审理民事案件适用诉讼时效制度若干问题的规定》，当事人违反法律规定，约定延长或者缩短诉讼时效期间、预先放弃诉讼时效利益的，法院不予认可。

本 章 小 结

通过本章学习可以让学生了解建筑其他相关法，同时让学生熟悉建设工程纠纷的种类和处理方式，为以后解决实际问题打下一个夯实的基础。

实 训 练 习

一、单选题

1. 关于调解与和解，以下说法正确的是(　　)。

A. 和解与调解的区别在于是否有第三人参加

B. 诉讼阶段当事人达成的和解协议，立即具有强制执行效力

C. 在人民法院执行程序中，任何一方均无权申请法院进行调解

D. 当事人按约定对纠纷申请仲裁后，就不能再通过和解方式解决争议

2. 人民法院发现所受理的案件不属于本院管辖的，应当(   )。

   A. 报请上级法院指定管辖   B. 移送给有管辖权的法院

   C. 应当直接进行审理   D. 应当征求当事人的意见

3. 法院以调解的方式解决民事纠纷，必须贯彻(   )原则。

   A. 自愿   B. 合法   C. 着重调解   D. 自愿和合法

4. 在下列选项中，(   )属于我国法定的民事证据种类。

   A. 直接证据   B. 间接证据   C. 证人证言   D. 原始证据

5. 以他人名义参加诉讼的诉讼参与人是(   )。

   A. 法定代表人   B. 第三人   C. 证人   D. 诉讼代理人

6. 《行政复议法》第4条要求行政复议机关履行行政复议职责，必须坚持(   )。

   A. 以事实为依据，以法律为准绳   B. 有错必纠

   C. 实事求是   D. 自愿

7. 以作出裁决的依据不同为标准，仲裁可以分为(   )。

   A. 临时仲裁和机构仲裁   B. 国内仲裁和涉外仲裁

   C. 合法仲裁和衡平仲裁   D. 民间仲裁和行政仲裁

8. 以进行仲裁的仲裁机构地位和性质不同为标准，可以把仲裁分为(   )。

   A. 临时仲裁和机构仲裁   B. 国内仲裁和涉外仲裁

   C. 合法仲裁和衡平仲裁   D. 民间仲裁和行政仲裁

二、多选题

1. 下列有关仲裁与民事诉讼的说法正确的有(   )。

A. 所有民事纠纷既可以用仲裁的方式解决，也可以用诉讼的方式解决

B. 请求仲裁机构解决纠纷，应以双方当事人之间有仲裁协议为条件，而进行民事诉讼则不要求双方当事人之间有民事诉讼协议

C. 仲裁案件通常情况下不公开审理，而法院审理民事案件一般应公开审理

D. 仲裁机构属国家事业单位，人民法院属国家司法机构

E. 仲裁机构裁决案件实行一裁终局制度，法院审理案件实行两审终审制度

2. 仲裁和诉讼都是解决纠纷的方式，与诉讼相比，仲裁具有以下(   )特点。

A. 当事人对仲裁庭的组成有权选定；诉讼中审判庭人员是由法院指定的

B. 仲裁是基于当事人的协议授权；而诉讼的基础是国家权力

C. 仲裁制度是基于当事人的协议授权，可以自由选择仲裁委员会；诉讼制度实行强制管辖，当事人不能随意选择管辖法院

D. 仲裁制度尊重当事人有处分权的私权利纠纷；而诉讼可以解决一切私权利纠纷

E. 仲裁裁决的效力低于诉讼判决

3. 仲裁协议中必不可少的内容有(   )。

A. 仲裁事项　　　　　B. 仲裁委员会名称　　　C. 服从仲裁的意思表示

D. 请求仲裁的意思表示　　　E.自觉履行仲裁裁决的意思表示

4. 仲裁过程中，如当事人双方达成了调解协议，则仲裁庭下述作法正确的有(　　)。

A. 制作调解书　　　　B. 制作裁决书　　　　C. 驳回申请

D. 撤销案件　　　　　E. 要求当事人撤回申请

5. 下列情形中，仲裁协议无效的有(　　)。

A. 约定的事项属于法律规定的仲裁范围

B. 无民事行为能力人订立的仲裁协议

C. 一方采取胁迫手段，迫使对方订立仲裁协议的

D. 当事人对仲裁事项约定不明确未达成补充协议的

E. 当事人在补充协议中约定仲裁委员会的

三、问答题

1. 简述民事法律责任。

2. 仲裁制度适用于什么情况？

3. 环境保护法的意义？

第 11 章　课后题答案.pdf

实训工作单

班级		姓名		日期	
教学项目			建筑工程其他相关法规		
任务	建设工程纠纷处理法规	学习途径	本书中的案例分析，自行查找相关法律书籍		
学习目标		重点掌握民事诉讼制度			
学习要点					
学习查阅记录					
评语			指导教师		

参 考 文 献

[1] 全国一级建造师执业资格考试用书编写委员会. 建设工程法规及相关知识[M]. 3 版. 北京：中国建筑工业出版社，2017.

[2] 全国二级建造师执业资格考试用书编写委员会. 建设工程法规及相关知识[M]. 3 版. 北京：中国建筑工业出版社，2017.

[3] 陈东佐. 建筑法规概论[M]. 2 版，北京：中国建筑工业出版社，2005.

[4] 刘文锋等. 建设法规教程[M]. 北京：中国建材工业出版社，2001.

[5] 王小莉. 土地法[M]. 北京：法律出版社，2003.

[6] 中国土木工程学会，北京交通大学. 建设工程法规及相关知识[M]. 北京：中国建筑工业出版社，2005.

[7] 奉承敏，高珂强. 房地产法规[M]. 北京：北京大学出版社，2009.

[8] 张培新. 建筑工程法规[M]. 北京：中国电力出版社，2006.

[9] 徐占发. 建设法规与案例分析[M]. 2 版. 北京：机械工业出版社，2012.

[10] 李清立. 建设工程监理[M]. 2 版，北京：机械工业出版社，2011.

[11] 徐锡权，金从. 建设工程监理概论[M]. 北京：北京大学出版社，2009.

[12] 高玉兰. 建设工程法规[M]. 北京：北京大学出版社，2010.

[13] 黄安永. 建设法规[M]. 南京：东南大学出版社，2007.

2017 年最新建设工程
法规梳理.pdf

建设工程质量管理条例
(2017 年 10 月 7 日修正版).pdf

建设工程勘察设计管理
条例(2017 年修订).pdf

国务院关于修改《建设项目环境
保护管理条例》的决定.pdf

建设项目环境保护
管理条例.pdf

建筑工程设计招标投标
管理办法——新版意义.pdf

建筑工程设计招标投标管理办法——条文.pdf